Kursbuch Religion 11+

EIN ARBEITSBUCH FÜR DIE GYMNASIALE OBERSTUFE

Calwer Verlag Stuttgart
Verlag Moritz Diesterweg Frankfurt am Main

Kursbuch Religion 11 +
von Ulrich Kämmerer, Gerhard Kraft, Dieter Petri,
Hartmut Rupp, Heinz Schmidt, Christa Spilling-Nöker
und Jörg Thierfelder

Alle Bibeltexte sind grundsätzlich nach der revidierten Luther-Fassung von 1984 wiedergegeben. Wo aus Gründen des besseren Verständnisses davon abgewichen wurde, ist dies angegeben.

Die Zulassung/Genehmigung in den einzelnen Bundesländern ist aus den jeweils gültigen Lernmittellisten/Schulbuchlisten zu ersehen. In Zweifelsfällen geben die Verlage gerne Auskunft.

Neue Rechtschreibung

ISBN 3-7668-3283-2 (Calwer)
ISBN 3-425-07877-1 (Diesterweg)

Gedruckt auf Papier aus chlorfrei gebleichtem Zellstoff
Umschlagabbildung: Dietrich Lusici, Berlin
Umschlaggestaltung: Ellen Steglich, Stuttgart
Layout und Satz: ES Typo-Graphic, Stuttgart
Druck: Wilhelm Röck, Weinsberg
Bindearbeiten: Großbuchbinderei Röck, Weinsberg

Inhalt

Nach Religion fragen

Die Antwort, die ich lebe

Vor der Entscheidung

Die Bibel

Erläuterung der Vignetten:

Impuls, Arbeitsaufgabe, Aufforderung
zum eigenen Nachdenken

Gelegenheit zur schriftlichen Äußerung,
Referat, Hausaufgabe, Stellungnahme,
Dokumentation

Nach Religion fragen

Die »Gretchenfrage«

Margarete Verſprich mir, Heinrich!
Fauſt Was ich kann!
Margarete Nun ſag', wie haſt du's mit der Religion?
 Du biſt ein herzlich guter Mann,
 allein ich glaub', du hältſt nicht viel davon.
Fauſt Laſſ das, mein Kind! Du fühlſt, ich bin dir gut;
 Für meine Lieben ließ ich Leib und Blut,
 Will niemand ſein Gefühl und ſeine Kirche rauben.
Margarete Das iſt nicht recht, man muſſ dran glauben!
Fauſt Muſſ man?
Margarete Ach, wenn ich etwas auf dich könnte!
 Du ehrſt auch nicht die heil'gen Sacramente.
Fauſt Ich ehre ſie.
Margarete Doch ohne Verlangen.
 Zur Meſſe, zur Beichte biſt du lange nicht gegangen.
 Glaubſt du an Gott?
Fauſt Mein Liebchen, wer darf ſagen: Ich glaub' an Gott?
 Magſt Prieſter oder Weiſe fragen,
 Und ihre Antwort ſcheint nur Spott über den Frager zu ſein.
Margarete So glaubſt du nicht?

Goethe

Liebe Schülerinnen, liebe Schüler,

das erste Kapitel dieses Buches stellt Ihnen die berühmte »Gretchenfrage«: »Wie hast du's mit der Religion?«
Doch keine Angst! Sie sollen keine Bekenntnisse ablegen (»Glaubst Du an Gott?«) oder zum Glauben an Gott gezwungen werden (»… man muß dran glauben!«).
Wir möchten Sie vielmehr dazu ermutigen, sich kritisch und kreativ mit der Frage nach dem Wesen von Religion und ihrer Bedeutung für die Menschen zu beschäftigen. Dazu

- fragen wir nach der Anwesenheit und der Erfahrbarkeit von Religion in unserer säkularisierten Alltagswirklichkeit,
- untersuchen wir, in welcher Weise Religion menschliches Leben begleitet, prägt und mitgestaltet,
- klären wir das spannungsreiche Verhältnis von religiösem Glauben und (natur-)wissenschaftlicher Erkenntnis,
- lassen wir uns auf die besondere Art religiösen Sprechens in Symbolen ein,
- erörtern wir den Beitrag des Religionsunterrichts an Ihrer Bildung und Erziehung.

Auf diese Weise wollen wir Sie zugleich in den Religionsunterricht in der gymnasialen Oberstufe einführen.

Lassen Sie sich in diesem Sinn die »Gretchenfrage« stellen!?

»Wir gehen einer völlig religionslosen Zeit entgegen«

Der evangelische Theologe Dietrich Bonhoeffer (*1906) wurde am 5. 4. 1943 wegen seiner Mitwirkung im Widerstand gegen den Nationalsozialismus verhaftet. Trotz ergebnisloser Untersuchungen wurde er in Berliner Gefängnissen und später im Konzentrationslager Flossenbürg festgehalten, wo er am 9. 4. 1945 umgebracht wurde. In Briefen und Aufzeichnungen aus dieser Haft, die unter dem Titel »Widerstand und Ergebung« herausgegeben wurden, setzte sich Bonhoeffer unter dem Eindruck des »3. Reiches« und des 2. Weltkrieges u. a. mit der Zukunft der Religion und des christlichen Glaubens auseinander. Im Frühjahr und Sommer 1944 beschäftigte er sich intensiv mit den Folgen, die aus der Mündigkeit des modernen Menschen und der Religionslosigkeit von Gegenwart und Zukunft zu ziehen seien.

30. 4. 44 Die Zeit, in der man alles den Menschen durch Worte – seien es theologische oder fromme Worte – sagen könnte, ist vorüber; ebenso die Zeit der Innerlichkeit und des Gewissens, und das heißt eben die Zeit der Religion überhaupt. *Wir gehen einer völlig religionslosen Zeit entgegen; die Menschen können einfach, so wie sie nun einmal sind, nicht mehr religiös sein.*

8. 6. 44 Der Mensch hat gelernt, in allen wichtigen Fragen mit sich selbst fertig zu werden ohne Zuhilfenahme der »Arbeitshypothese: Gott«. … es zeigt sich, dass alles auch ohne »Gott« geht, und zwar ebenso gut wie vorher.

8. 7. 44 Ich will also darauf hinaus, dass man Gott nicht noch an irgendeiner allerletzten heimlichen Stelle hineinschmuggelt, sondern dass man die Mündigkeit der Welt und des Menschen einfach anerkennt, dass man den Menschen in seiner Weltlichkeit nicht »madig macht«, sondern ihn an seiner stärksten Stelle mit Gott konfrontiert.

Klären Sie Bonhoeffers Verständnis von »Religion«.
In welcher Weise könnte die zeitgeschichtliche und seine eigene Situation Bonhoeffers Gedanken beeinflusst haben? Teilen Sie Bonhoeffers »Analyse«? Erkennen Sie Verbindungen zwischen dem Bild Magrittes und Bonhoeffers Gedanken?

Bonhoeffers Argumentation erschließt sich insbesondere aus folgenden Aufzeichnungen.

30. 4. 44 … ich möchte von Gott nicht an den Grenzen, sondern in der Mitte, nicht in den Schwächen, sondern in der Kraft, nicht also bei Tod und Schuld, sondern im Leben und im Guten des Menschen sprechen … Gott ist mitten in unserem Leben jenseitig.

25. 5. 44 In dem, was wir erkennen, sollen wir Gott finden, nicht aber in dem, was wir nicht erkennen; nicht in den ungelösten, sondern in den gelösten Fragen will Gott von uns begriffen sein … (Das) gilt auch für die allgemein menschlichen Fragen von Tod, Leiden und Schuld. Es ist heute so, dass es auch für diese Fragen menschliche Antworten gibt, die von Gott ganz absehen können … nicht erst an den Grenzen unserer Möglichkeiten, sondern mitten im Leben muss Gott erkannt werden.

Gehen Sie dem Gedanken der Jenseitigkeit Gottes »mitten in unserem Leben« nach. Versuchen Sie, in Gesprächen mit möglichst vielen unterschiedlichen Menschen zu erfahren, ob und wie Gotteserfahrung bzw. Gotteserkenntnis heute geschieht. Hat sich Bonhoeffers »Prophezeiung« von einer »völlig religionslosen Zeit« erfüllt?

René Magritte (1898–1967), Le Rossignol
Das französische Wort »le rossignol« bedeutet »die Nachtigall«, aber auch »der Ladenhüter« und, in umgangssprachlicher Verwendung, »der Esel«.

»Religion« im Alltag

Setzen Sie sich (noch einmal) kritisch mit D. Bonhoeffers Erwartung einer »völlig religionslosen Zeit« auseinander, indem Sie nach religiösen Spuren, Motiven, Symbolen in Ihrer Alltagswelt suchen.

Welche Motive finden sich auf Wandbemalungen in Klassen, Kursräumen und Fluren Ihrer Schule? Welche Erfahrungen und Hoffnungen stecken hinter solchen Motiven? Erkennen Sie Zusammenhänge mit der Lebenswirklichkeit und der Alltagserfahrung außerhalb der Schule? Entwerfen Sie Motive für die Gestaltung Ihres Kurs-/Jahrgangs-/Oberstufenraumes.

Nehmen Sie Stellung zu den Äußerungen der Verkäuferin Elisabeth und des Theologen Eimuth. (Vgl. S. 44 f.)

Wandbild aus einer Schulklasse

»Die Dinger sind im Moment wahnsinnig in«

Kreuze als Halsschmuck auch bei Moslems beliebt

Ob gradlinig oder sanft geschwungen, ob es als eisernes Kreuz an die Kette gelegt wird oder am engen, schwarzen Samtband leichten Druck auf den Kehlkopf ausübt – zu einer Glaubensfrage wird das für die Kreuz-Trägerinnen nicht. Die 20-jährige Elisabeth, die jeden Tag Kreuze in allen Größen, aber der einen unverwechselbaren Geometrie an modebewußte Kundinnen verkauft, hat selbst vier verschiedene zu Hause: »Ich finde die Form so schön, mit Religion hat das für mich wirklich überhaupt nichts zu tun.« Auch für die 18-jährige Josephine hat das Kreuz keinen symbolischen, sondern nur noch modischen Wert, »denn die Dinger sind im Moment einfach wahnsinnig in«.

Nur wenige Zentimeter unter den gekreuzten Riesenteilen am Lederband lugt oft ein nackter Bauchnabel hervor; rutscht der Blick noch tiefer, dann wedeln einem häufig geblümte Hosenbeine mit gigantischer Weite entgegen. Vor allem durch die Anhänger der Flower-Power-Hippie-Klamotten gelangt das Kreuz zu neuen Ehren. Ein anderes Lieblingsstück aus den Siebzigern würde Kurt-Helmuth Eimuth, der Leiter der evangelischen Arbeitsstelle für Religions- und Weltanschauungsfragen, gerne an den Jugendlichen sehen. »Mir wäre die Friedenstaube als Kette lieber, weil das Kreuz ja nicht das Symbol der Auferstehung, sondern des Todes ist.«

Der Modetrend zum Kreuz ist aber dennoch in seinem Sinne. Er wittert darin eine Zeitströmung, die die Religion durch die Hintertür wieder in die Gesellschaft schleuse. »Denn«, so sein Fazit als Mann der Kirche, »der Heilige Geist weht, wohin er will.«

Another Day in Paradise

She calls out to the man on the street:
»Sir, can you help me?
It's cold and I'm nowhere to sleep.
Is there somewhere you can tell me?«

He walks on – doesn't look back,
He pretends he can't hear her,
Starts to whistle as he crosses the street,
Seems embarrassed to be there.

Oh,
Think twice,
'cause it's another day for you and me
in Paradise.
Oh,
Think twice,
'cause it's another day for you,
you and me in Paradise.

Think about it …

She calls out to the man on the street.
He can see she's been crying.
She's got blisters on the soles of her feet.
She can't walk but she's trying.

Oh,
Think twice …

Just think about it …

Oh Lord,
Is there nothing more anybody can do?
Oh Lord,
There must be something
you can say!

You can tell from the lines
on her face,
You can see that she's been
there.
Probably been moved on
from every place,
'cause she didn't fit in there.

Oh,
Think twice …

Think about it …

It's just another day
For you and me
In Paradise

It's just another day …
Paradise

Just think about it
Paradise …

Phil Collins

Madonna

Untersuchen Sie möglichst aktuelle Texte aus der Rock- und Popmusik nach religiösen Themen, Motiven, Symbolen.

Untersuchen Sie Musik-Videoclips auf die Verwendung religiöser Themen und Symbole hin.

Welche Erfahrungen, welche Gefühle und Bedürfnisse drücken sich in diesen Texten aus?

Untersuchen Sie mit Unterstützung Ihrer Musiklehrerin/Ihres Musiklehrers die musikalische Gestaltung dieser Lieder und das Verhältnis von Musik und Text.

Vergleichen Sie Texte der Rock- und Popmusik mit Texten von Kirchenliedern aus verschiedenen Jahrhunderten. Beachten Sie dabei auch Lieder der letzten Kirchentage.

Vergleichen Sie Ihre Beobachtungen zum Auftreten von Religion in der Alltagswelt insbesondere Jugendlicher mit Untersuchungen zur »Gottesfrage im Jugendalter« (z. B. Karl Ernst Nipkow, Erwachsenwerden ohne Gott. Gotteserfahrung im Lebenslauf, S. 43–92).

Sammeln Sie weitere Anzeigen mit dem Motiv des (freigemachten) Weges. Wofür werben, was versprechen, worauf zielen diese Anzeigen?
Welche Bedeutung hat das Symbol »Weg«? (Vgl. S. 46)
Vergleichen Sie Ihre Beobachtungen mit den Erfahrungen, die im »Lobgesang des Mose« ausgedrückt sind. Beziehen Sie in Ihre Überlegungen den Zusammenhang ein, in dem das Lied steht:

Damals sangen Mose und die Israeliten dies Lied dem Herrn und sprachen:

Ich will dem Herrn singen, denn er hat eine herrliche Tat getan,
Ross und Mann hat er ins Meer gestürzt.
Der Herr ist meine Stärke und mein Lobgesang
und ist mein Heil.
Das ist mein Gott, ich will ihn preisen,
er ist meines Vaters Gott, ich will ihn erheben.
Der Herr ist der rechte Kriegsmann, Herr ist sein Name.
Des Pharao Wagen und seine Macht warf er ins Meer,
seine auserwählten Streiter versanken im Schilfmeer.
Die Tiefe hat sie bedeckt,
sie sanken auf den Grund wie die Steine.
Herr, deine rechte Hand tut große Wunder;
Herr, deine rechte Hand hat die Feinde zerschlagen.
Und mit deiner großen Herrlichkeit hast du deine Widersacher gestürzt;
denn als du deinen Grimm ausließest,
verzehrte er sie wie Stoppeln.
Durch dein Schnauben türmten die Wasser sich auf,
die Fluten standen wie ein Wall; die Tiefen erstarrten mitten im Meer.
Der Feind gedachte: Ich will nachjagen und ergreifen
und den Raub austeilen und meinen Mut an ihnen kühlen.
Ich will mein Schwert ausziehen,
und meine Hand soll sie verderben.
Da ließest du deinen Wind blasen, und das Meer bedeckte sie,
und sie sanken unter wie Blei im mächtigen Wasser.
Herr, wer ist dir gleich unter den Göttern?
Wer ist dir gleich, der so mächtig, heilig, schrecklich,
löblich und wundertätig ist?

2 Mose 15,1–11

Lesen Sie die Erzählung von Jakobs Traum in 1 Mose 28, 10–22 (Jakob schaut die Himmelsleiter).

Beachten Sie bei Ihrer Deutung besonders das Symbol der Leiter und die Beziehung zwischen Gott und Jakob.

Überprüfen Sie anhand weiterer Werbeanzeigen die Aufnahme und Verwendung biblischer Motive und Symbole.

Vergleichen Sie illustrierte Bibelausgaben: Wie deuten bildende Künstler die Jakobs-Erzählung?

Zur Diskussion:

Als im Sommer 1993 ein großer Elektronikmarkt auf Plakaten und in Zeitungsanzeigen mit dem Satz »Ihr sollt keine anderen Anzeigen lesen neben dieser hier!« für ein Funktelefon warb, wurde dies von kirchlicher Seite z. T. heftig kritisiert. Zahlreiche Christen empfanden eine solche Werbung als empörend und fühlten sich in ihren religiösen Gefühlen verletzt. Der Elektronikfirma wurde vorgeworfen, »um eines kurzen, erhofften Vorteils willen« »mit der Ausschlachtung religiöser Motive auf ihre Produkte aufmerksam« zu machen. Das Unternehmen wandte gegen diese Kritik ein, dass Motive und Worte aus der Bibel schon immer in die Umgangssprache eingegangen seien.

»Ich bin getauft auf deinen Namen …«

Mit Luther im Museum

Für getaufte Schüler/innen:
Kennen Sie Ihren Taufspruch? Sprechen Sie mit Ihren Mitschülern/innen über die Bedeutung Ihrer Taufe, Ihres Taufspruches und Ihres/Ihrer Taufpaten/-patin für Ihr bisheriges Leben. Wären Sie selbst gern Taufpate/-patin? Sofern Sie bereits Pate/Patin sind: Wie nehmen Sie Ihr Patenamt wahr?

Für nicht getaufte Schüler/innen:
Was bedeutet es für Sie, nicht getauft zu sein? Welche Motive könnten Sie dazu veranlassen, sich taufen zu lassen? Wären Sie selbst gern Taufpate/-patin? Welchen Taufspruch würden Sie Ihrem Patenkind gern mit auf seinen Lebensweg geben?

Britmila (jüdische Beschneidungsfeier)

In der Synagoge der Israelitischen Kultusgemeinde München in der Reichenbachstraße konnte am 15. Mai wieder einmal eine religiöse Feier begangen werden, die zu großer Freude Anlass gab: eine Britmila. Das Ehepaar Karl W. und Liora Schubsky ließ seinen jüngsten Sohn in der Synagoge der Kultusgemeinde beschneiden.

Der kleine Junge wurde zunächst von der Präsidentin der IKG, Charlotte Knobloch, danach von Frau Diskin und schließlich von Rabbiner Diskin selbst in die Synagoge getragen. Hier verfolgten alle Anwesenden mit Andacht und Interesse die Zeremonie, von Mohel Dr. Samuel Adler-Sternbuch aus Zürich mit großer Frömmigkeit und Geschicklichkeit durchgeführt.

Konrektor Israel Schwierz aus Würzburg, ein langjähriger Freund der Familie Schubsky, fungierte als Sandek. Nachdem die Beschneidung durchgeführt und das Kind den Namen Samuel ben Schlomo erhalten hatte, übergab Schwierz das neue Gemeindemitglied an Rabbiner Katz, der es hielt, während Gemeinderabbiner Ehrenberg mit Berachot und weiteren Gebeten die religiöse Zeremonie beendete. Danach versammelten sich die Teilnehmer an der Feier im Eingangsbereich der Synagoge, wo sie ein hervorragend vorbereiteter Kiddusch erwartete. Nach einem »Le Chaim« und nachdem der erste Hunger gestillt war, bedankte sich der Vater des Kindes, Karl W. Schubsky, auch im Namen seiner Frau Liora, bei allen Anwesenden für ihre Teilnahme an der Feier.

Alle, die daran teilgenommen haben, wünschen dem kleinen Samuel Schubsky, aber auch seinen Eltern und seinen beiden Geschwistern Simon und Mirjam alles nur erdenkliche Gute.

Informieren Sie sich über die Wurzeln dieser Feier und klären Sie die Bedeutung der hebräischen Begriffe »Mohel«, »Sandek«, »Berachot«, »Kiddusch« und »Le Chaim«. Welche Elemente weist der Ablauf der Feier auf? Welche Bedeutung hat die Feier für den kleinen Jungen, für die Familie und für die Gemeinde? Informieren Sie sich/Ihre Mitschüler/innen über Initiationsriten in anderen Religionen und Weltanschauungen. Sprechen Sie mit Muslimen über Ursprung, Ablauf und Bedeutung der Beschneidung im Islam.

Klären Sie die Bedeutung der Taufe im Christentum mithilfe der folgenden Texte aus dem Neuen Testament: Röm 6, 1–14; Mt 28, 16–20; Apg 2, 37–42; Joh 3,3–5.

»Merkwürdig, alle haben eine Fahrkarte, aber kaum einer fährt mit.«

In der evangelischen Kirche wird die Taufe oft als das große Angebot der Liebe Gottes und seine Einladung zur Freiheit bezeichnet; so wird vor allem die Kindertaufe als Zeichen dafür verstanden, dass Gott seine Verheißungen ohne Wollen, Verdienst und Verstehen den Menschen schenkt. Wie stehen Sie zu diesem Verständnis der Taufe?

TAUFLIED

Melodie: Erna Woll
Text: Lothar Zenetti

2. Segne dieses Kind und hilf uns, ihm zu helfen, dass es hören lernt mit seinen eignen Ohren auf den Klang seines Namens, auf die Wahrheit der Weisen, auf die Sprache der Liebe und das Wort der Verheißung.

3. Segne dieses Kind und hilf uns, ihm zu helfen, dass es greifen lernt mit seinen eignen Händen nach der Hand seiner Freunde, nach Maschinen und Plänen, nach dem Brot und den Trauben und dem Land der Verheißung.

4. Segne dieses Kind und hilf uns, ihm zu helfen, dass es reden lernt mit seinen eignen Lippen von den Freuden und Sorgen, von den Fragen der Menschen, von den Wundern des Lebens und dem Wort der Verheißung.

5. Segne dieses Kind und hilf uns, ihm zu helfen, dass es gehen lernt mit seinen eignen Füßen auf den Straßen der Erde, auf den mühsamen Treppen, auf den Wegen des Friedens in das Land der Verheißung.

Vergleichen Sie dieses neuere Tauflied mit älteren Taufliedern aus dem Kirchengesangbuch.

Besuchen Sie einen Tauf- bzw. Taufgedächtnisgottesdienst und machen Sie sich mit der Taufliturgie bzw. -agende vertraut! Arbeiten Sie auf diese Weise die Bedeutung des »Initiationsritus Taufe« in unserer (noch) christlichen Kultur heraus.

Kennen Sie neben der Taufe auch andere, eher »weltliche« Initiationsriten in unserer Kultur?

»Sakrament der zuvorkommenden Gnade«
»Kirchliche Schluckimpfung« – »Zwangschristianisierung« …?

Bereiten Sie eine Diskussion in Ihrem Kurs zur Frage der Kindertaufe vor bzw. tragen Sie in einem Referat unterschiedliche Positionen dazu vor.

Lassen Sie sich von Ihrer Religionslehrerin/Ihrem Religionslehrer oder von Ihrer Pfarrerin/Ihrem Pfarrer Material zum Thema »Taufe« geben.

Berücksichtigen Sie dabei nicht nur theologische und kirchliche Aspekte, sondern beziehen Sie dabei auch die Bedeutung ein, die Rituale an sogenannten Knotenpunkten in der Lebensgeschichte von Menschen haben können.

Konfirmation

Durch die Konfirmation (lat. »Befestigung« im Glauben) werden junge Christen, die getauft und im Glauben der ev. Kirche unterwiesen sind, in die Gemeinde der Erwachsenen aufgenommen. Sie bekennen in der Konfirmationsfeier ihren Glauben an den Dreieinigen Gott. Unter Handauflegung durch den Pfarrer und unter Fürbitte der Gemeinde wird ihnen der Segen Gottes zugesprochen (daher volkstümlich Einsegnung), sie werden zum heiligen Abendmahl zugelassen, erhalten das Recht, Pate zu werden, sowie ein Bibelwort (Konfirmationsspruch) für ihren Lebensweg.

Welche Erinnerungen haben Sie an Ihre Konfirmation? Was hat Ihre Konfirmation für Sie bedeutet? Würden Sie sich wieder konfirmieren lassen?

Konfirmation in der Lebensgeschichte

In einem selbst gestalteten »Vorstellungsgottesdienst« haben Konfirmandinnen und Konfirmanden ihre »Vorbilder« beschrieben:

Vorbilder für mich sind Menschen, die anderen helfen, wenn sie Probleme haben, die sich aber auch selbst helfen lassen.

Vorbilder für mich sind Menschen, die ihre Fehler eingestehen können. Menschen, die anderen helfen und nicht nur an sich selbst denken; die mit anderen teilen, obwohl sie selbst nicht viel besitzen.

Vorbilder sind Personen, die den Mut haben, ihre Meinung zu sagen, auch wenn die anders ist als die der Mehrheit.

Vorbilder für mich sind Menschen, die in einer hoffnungslosen Situation nicht aufgeben.

Vorbild für mich ist jemand, der bei Problemen standhaft bleibt.

Vorbild ist für mich ein Mensch, der andere so akzeptiert, wie sie sind. Einer, der zuhören kann und in schwierigen Situationen zu mir hält.

Vorbild für mich ist, wer seine eigenen Fehler einsieht und versucht, sich zu ändern; wer sich selber kritisch beurteilen kann.

In welcher lebensgeschichtlichen Phase befinden sich Konfirmandinnen und Konfirmanden?
Warum werden Jugendliche gerade in diesem Alter konfirmiert?
Welche anderen Motive neben theologischen könnte »die Kirche« dafür haben?

Zeiten ritueller Übergänge

Rituelle Handlungen finden nicht nur zu festgelegten Zeiten statt. Sie können genauso gut Reaktionen auf neue Ereignisse sein. Sie haben nicht nur mit dem Dauerhaften zu tun, sondern auch mit Wechselfällen und Krisenzeiten. Sie richten sich nicht nur am Kalender aus, sondern haben auch auf neue Ereignisse zu reagieren. Rituale geben an schwierigen Punkten des Lebenslaufs und zu Zeiten des Wechsels den nötigen Tiefgang.

Die sogenannten Übergangsriten beschäftigen sich mit den bedeutenden Zeiten des Übergangs im Leben – Geburt, Erreichen der Volljährigkeit, Beitritt zu religiösen Gemeinschaften, Heirat und Tod –, aber auch mit jedem bedeutsamen Wechsel des gesellschaftlichen Status. Der neue Status bedarf ritueller Bestätigung, und die dafür vorgesehene Handlung ist die einzige angemessene Weise, um dieses Ziel zu erreichen. Durch ihren demonstrativen Charakter verleihen Rituale der neuen Situation Realität und Würde.

Übergangsriten der Volljährigkeit wie auch Rituale der alljährlichen Erneuerung zeigen in besonders eindeutiger Weise, was einer Gemeinschaft heilig ist. Der Zweck der Handlung ist die Einführung in die Verantwortung und Verpflichtung des Erwachsenenlebens im Gegensatz zum vorherigen jugendlichen oder profanen Status. Es wird ebenso viele Arten von Einführungsritualen geben, wie es verschiedene Arten von Gesellschaften und Gesellschaftsebenen gibt. Die Betonung kann auf der Sexualität, auf wirtschaftlichen oder Überlebenstechniken, auf metaphysischer Kenntnis, heiligen Schriften oder Sakramenten liegen. Übergangsriten haben nicht immer mit der Sozialisation Heranwachsender zu tun. Es kann sich auch um Übergänge handeln, bei denen der Status eines Erwachsenen vom Säkularen zum Religiösen wechselt, wie in Riten der Ordination beim Eintritt in eine religiöse Gemeinschaft oder wie bei den inneren Einführungsriten, denen sich Schamanen unterziehen.

William E. Paden

In diesem Text wird die Bedeutung von »Übergangs-« oder »Passage«-riten entfaltet. Welche Begründung und Erklärung ergibt sich für die Konfirmation aus dieser religionswissenschaftlichen Perspektive? Inwiefern kann die Konfirmation als ein solcher Übergangsritus verstanden werden? Wie wird dies im Konfirmationsgottesdienst selbst deutlich?

Zur Diskussion :

»Der eigentliche Übergangsritus in unserer Gesellschaft ist nicht mehr die Konfirmation, sondern der Führerschein!«
Was meinen Sie zu dieser Behauptung?

… oder Jugendweihe?

JUGENDWEIHE URKUNDE

NUR DERJENIGE HANDELT SITTLICH
UND WAHRHAFT MENSCHLICH,
DER SICH AKTIV FÜR DEN SIEG
DES SOZIALISMUS EINSETZT.

WALTER ULBRICHT

(1964)

GELÖBNIS

LIEBE JUNGE FREUNDE!

Seid ihr bereit, als junge Bürger unserer Deutschen Demokratischen Republik mit uns gemeinsam, getreu der Verfassung, für die große und edle Sache des Sozialismus zu arbeiten und zu kämpfen und das revolutionäre Erbe des Volkes in Ehren zu halten, so antwortet:

JA, DAS GELOBEN WIR!

Seid ihr bereit, als treue Söhne und Töchter unseres Arbeiter-und-Bauern-Staates nach hoher Bildung und Kultur zu streben, Meister eures Fachs zu werden, unentwegt zu lernen und all euer Wissen und Können für die Verwirklichung unserer großen humanistischen Ideale einzusetzen, so antwortet:

JA, DAS GELOBEN WIR!

Seid ihr bereit, als würdige Mitglieder der sozialistischen Gemeinschaft stets in kameradschaftlicher Zusammenarbeit, gegenseitiger Achtung und Hilfe zu handeln und euren Weg zum persönlichen Glück immer mit dem Kampf für das Glück des Volkes zu vereinen, so antwortet:

JA, DAS GELOBEN WIR!

Seid ihr bereit, als wahre Patrioten die feste Freundschaft mit der Sowjetunion weiter zu vertiefen, den Bruderbund mit den sozialistischen Ländern zu stärken, im Geiste des proletarischen Internationalismus zu kämpfen, den Frieden zu schützen und den Sozialismus gegen jeden imperialistischen Angriff zu verteidigen, so antwortet:

JA, DAS GELOBEN WIR!

(1984)

Nach der »Wende«

Auch nach der sogenannten »Wende« erfreut sich die Jugendweihe in den östlichen Bundesländern großer Beliebtheit: 1992 nahmen etwa 50.000, 1993 sogar 70.000 Jugendliche an ihr teil. Dabei sprachen sie ein neues Gelöbnis, das als »Wort zur Jugendweihe« bezeichnet wird:

Unser Wort zur Jugendweihe:

In dieser feierlichen Stunde versprechen wir, ehrlich und aufrichtig zu leben und anderen Menschen mit Achtung und Verständnis zu begegnen. Unsere Träume und Lebenswünsche können sich nur im Frieden erfüllen; wir werden ihn behüten und für eine friedliche Erde und gesunde Umwelt eintreten.
Durch fleißiges Lernen und gute Arbeit wollen wir dazu beitragen, unsere Heimat für alle Menschen lebenswert zu gestalten.
Aus der wechselvollen Geschichte und reichen Kultur unseres Volkes wollen wir lernen und seine humanistischen und antifaschistischen Traditionen fortsetzen.
Wir setzen uns ein für Demokratie und Gerechtigkeit, für tatkräftige Solidarität und ein freundschaftliches Zusammenleben aller Völker.

Eine der Jugendweihe vergleichbare Tradition gibt es auch in Westdeutschland. Hier bieten Humanisten, Freidenker und sogenannte »Freigeistige Landesgemeinschaften« Jugendlichen die Teilnahme an einer »Humanistischen Jugendfeier« an.

Humanistische Jugendfeier 1993

Seit Urzeiten feiern Völker Feste. Dabei werden traditionell bestimmte Ereignisse oder Lebensabschnitte besonders hervorgehoben.
In dieser Tradition steht auch die humanistische Jugendfeier/Jugendweihe.
Vor mehr als 100 Jahren entstand sie als Alternative zum christlichen Fest der Konfirmation.
Mitte des vorigen Jahrhunderts hatten sich viele Menschen aus religiösen Bindungen zur Kirche gelöst. Für ihre Kinder wollten sie eine weltliche Form des Eintritts in das Erwachsenenleben.

Ivan Steiger

Gerade in der heutigen Zeit, in der die Kirchen kaum noch zuständig sind für Orientierung, Moral und Sinn stiftende Ideale, erscheint es notwendig, junge Menschen auf ihrem Weg zum Erwachsenwerden selbstverantwortlich und ohne göttliche Heilslehren im Diesseits zu begleiten.

Ziel der Jugendfeier ist es, den Jugendlichen beim Start in das Erwachsenenleben Werte wie Toleranz und Humanität zu vermitteln.
Wir bemühen uns, die Jugendlichen selbst aktiv an der Vorbereitung und Durchführung der Feier zu beteiligen, z. B. durch einen Redebeitrag zu einem selbst gewählten Thema.
Nicht zufällig wählten mehrere Jugendliche bei einem solchen Versuch in Berlin einen Ausspruch der Hopi-Indianer: »Erst wenn der letzte Baum abgeschlagen, der letzte Fisch gestorben ist, werdet ihr merken, dass ihr euer Geld nicht essen könnt.«

Es waren eindrucksvolle Beispiele von hohem politisch-moralischem Bewußtsein, die da zu hören waren, ganz im Gegensatz zum Vorurteil, Jugendliche seien nur konsumgierig.
Die Feier selbst enthält ein jugendgemäßes Rahmenprogramm. Im Mittelpunkt steht eine Rede an die Jugendlichen.
Vor der eigentlichen Jugendfeier finden Vorbereitungstreffen statt. Bei dieser Vorbereitung versuchen wir, die beteiligten Jugendlichen darüber zu informieren, dass es neben der christlichen auch eine humanistische Ethik gibt und dass sie, nur weil sie möglicherweise keine Säuglingstaufe erlebt haben, keine schlechteren Menschen sind. Dies alles erfolgt in einer kinder- und jugendgerechten Form durch geschulte MitarbeiterInnen unserer Interessenvertretung für Konfessionslose.
Die Jugendfeier beinhaltet kein Gelöbnis auf den Staat oder auf eine religiöse Gemeinschaft.

aus: Informationsblatt der Freigeistigen Landesgemeinschaft Nordrhein-Westfalen

Vergleichen Sie anhand des folgenden Auszugs aus einer neueren Konfirmationsagende Konfirmation und Jugendweihe/Jugendfeier als Rituale an einem wichtigen »Knotenpunkt« des Lebens: Welche Unterschiede, welche Gemeinsamkeiten erkennen Sie hinsichtlich der Begründungen und Ziele?
Vergleichen Sie den Ablauf der Feiern und achten Sie dabei besonders auf die Kommunikationsstrukturen: Wer sagt, gelobt, verspricht wem was, wer verpflichtet sich wozu?
Warum lassen sich nach wie vor noch viele Jugendliche konfirmieren? Aus welchen Gründen sind Jugendweihe/Jugendfeier für viele eine interessante Alternative? Kritiker von Jugendweihe und Jugendfeier verweisen darauf, dass auch diese einen »religiösen« bzw. »konfessionellen« Charakter hätten. Sprechen Sie mit Jugendlichen, die daran teilgenommen haben, über deren Beweggründe und Erfahrungen.

Einsegnung – Ermutigung

Wir wollen diese Mädchen und Jungen jetzt segnen,
ihnen Mut zusprechen
für den Weg des Glaubens, der Hoffnung und Liebe,
für den Weg, der zum Frieden führt.
Wir tun das im Namen Gottes,
im Vertrauen auf Jesus und den guten heiligen Geist.

Keiner kann von sich aus so leben,
wie es uns mit dem Glauben zugemutet ist.
Wir brauchen dazu Ermutigung und Hilfe.
So lasst uns für unsere Konfirmandinnen und Konfirmanden beten.

Die KonfirmandInnen treten am besten als ganze Gruppe rechts und links im zur Gemeinde offenen Halbkreis neben den Altar.

Gib ihnen Mut und Geduld,
der Spur Jesu zu folgen
und der Verführung zu widerstehen.

Und wenn sie irren und fallen,
dann lass sie Verständnis und Hilfe finden,
Einsicht und neue Hoffnung.

Dir vertrauen wir sie an,
Gott Vater, der uns beschützt,
Jesus Christus, der uns befreit,
Geist, der uns zur Wahrheit leitet.

Zur Einsegnung/Ermutigung treten jeweils zwei bis vier aus der Gruppe der KonfirmandInnen heran und danach wieder zurück.

Der Gott des Friedens bestärke euch
in seinem Geist;
dass ihr euch für Gerechtigkeit und
Güte einsetzt
und dem Verachten und Zerstören widersteht,
so werdet ihr ein Segen sein.

aus einer Konfirmationsagende

Früher oder später konfirmieren …? – Streit um das richtige Konfirmationsalter.
Informieren Sie sich über (die) Stufen der Glaubensentwicklung bei Kindern, Jugendlichen und jungen Erwachsenen.
Sprechen Sie mit Pfarrern/innen, Pädagogen/innen, Psychologen/innen über den richtige(re)n Konfirmationszeitpunkt. Ordnen und gewichten Sie deren Argumente.
Für welchen Zeitpunkt des Konfirmandenunterrichts und der Konfirmation entscheiden Sie sich?

Not lehrt beten …?

Beten nur die Schwachen?
Gebet als Ausdruck von Demut und Unterwerfung?

Sammeln Sie weitere Abbildungen Betender. Achten Sie auf deren Körpersprache (Gebetshaltungen und -gesten). Stellen Sie Gebetsanlässe und -formen zusammen und ordnen Sie diese den verschiedenen Gebetshaltungen und -gesten zu.
Sprechen Sie mit Muslimen über die Bedeutung des Gebets im Islam. Besuchen Sie gegebenenfalls eine Moschee und nehmen Sie dort an einem Gebet teil.
Klären Sie die religiöse, kultische, existentielle und psychologische Bedeutung des Gebets: Beten wirklich nur die Schwachen? Lehrt erst Not beten?
Wo sehen Sie Gefahren bzw. Grenzen des Gebets? Wann wird das Gebet missbraucht?
Wie halten Sie selbst es mit dem Beten?

Abends mit Kindern beten

Der folgende Text spricht vom gemeinsamen Gebet von Eltern und Kindern. Er kann helfen, wichtige Elemente und Funktionen des Gebets zu verdeutlichen.

Abendsituationen in der Familie sind ritualträchtig. Sie sind Übergangssituationen von den Aktivitäten des Tages in die Ruhe der Nacht, von der Erfahrung des Miteinanders in die Welt der eigenen Träume. Abendsituationen sind Abschiedssituationen, in denen sich Eltern und Kinder loslassen müssen mit dem Vertrauen, beim Erwachen wieder füreinander da zu sein. Es gibt viele Eltern, die aus dem unbestimmten Gefühl heraus, dass ihr Kind etwas Gestaltetes braucht, an erlebten oder gehörten Formen festhalten, ohne im Einzelnen noch viel mit ihren Inhalten anfangen zu können. Sie sprechen mit ihren Kindern ein Gebet oder singen ein Lied, um der Abendsituation Gestalt zu geben …
Worum geht es? Das Kind braucht die Nähe einer Bezugsperson, um den Tag abzuschließen und Sicherheit für die Nacht zu gewinnen … In Situationen des Überganges die Beziehung zu Gott zu pflegen und sich ihrer als einer verläßlichen zu versichern gibt Sicherheit. Die gemeinsame Bezogenheit von Eltern und Kind auf ihn schafft eine gute Basis der Geborgenheit.
Worte und Gebetsteile, die sprachlich dicht sind, ihre sprach-rhythmische Form haben und auch so gesprochen werden, vermitteln über den Wortsinn hinaus in ihrem Rhythmus am Abend das, was ich den Kindern mitteilen will: die Verlässlichkeit und Stetigkeit Gottes in allen Lebenssituationen, auch jetzt im Übergang vom Tag in die Nacht.
So ist die Abendsituation zunächst dazu da, dem Kind stabilisierende Erfahrungen zu vermitteln … Alles Gott erzählen heißt auch, ihn für sich und andere in Anspruch nehmen. Das Stichwort wäre: Was und wer mir wichtig ist, den lege ich Gott ans Herz …
Alles Gott erzählen, ihm ans Herz legen, ermöglicht auch, kleinen und großen Kummer loszuwerden. Vom Leid, das zugefügt und erlitten wurde, von Schuld kann ebenso gesprochen werden. Auch Vergebung und die Gewissheit, dass Gott Böses zum Guten wenden kann, gehören zu den tröstenden und ermutigenden Erfahrungen des Glaubens.
… Auch die Gebetshaltung soll nicht unerwähnt bleiben. Sie kann sich aus dem Zusammensein beim Gespräch ergeben. Es muß nicht das klassische Händefalten sein. Auch eng umschlungen oder aneinandergelehnt, Geborgenheit spürend, kann eine Gebetshaltung schon mitteilen, was im Gebet erfahren werden kann. Übrigens: Beten ersetzt nicht andere Formen der Kommunikation, sondern führt sie weiter vor Gott. Das heißt auch, dass Beten nicht das gemeinsame Gespräch von Eltern und Kindern ersetzt, genauso wenig wie es anstelle einer Auseinandersetzung stehen darf, die zu einer Konfliktlösung bereitmachen oder führen kann.
Die Abendsituation ist nur eine exemplarische Übergangssituation, die das Kind zu durchschreiten hat. Jeder Abschluss im Kindergarten wird zu gestalten sein, so durch Lied, Gebet und/oder stärkende und versichernde Gesten, wenn Kinder sich zum Abschied an den Händen fassen, um die Nähe des anderen Kindes zu spüren und die Nähe Gottes zu ahnen.

Volker Fritz

Wer betet mit wem zu wem? Welcher Anlass liegt vor, in welchen Formen kann gebetet werden? Und vor allem: Was bedeutet/»leistet« das Gebet für den/die Betenden?

Beten ist Revolte

Psalm 13

Herr, wie lange willst du mich so ganz vergessen? / Wie lange verbirgst du dein Antlitz vor mir?
Wie lange soll ich sorgen in meiner Seele und mich ängsten in meinem Herzen täglich? / Wie lange soll sich mein Feind über mich erheben?
Schaue doch und erhöre mich, Herr, mein Gott! / Erleuchte meine Augen, dass ich nicht im Tode entschlafe,
dass nicht mein Feind sich rühme, er sei meiner mächtig geworden, / und meine Widersacher sich freuen, dass ich wanke.
Ich aber traue darauf, dass du so gnädig bist; mein Herz freut sich, dass du so gerne hilfst. / Ich will dem Herrn singen, dass er so wohl an mir tut.

»In diesem toten Leben bleibe ich nicht!«

Wir wissen heute nicht mehr, was genau das Unglück dieses Beters war. Wir wissen nicht, wer seine Feinde waren, gegen die er vor Gott redet. Aber wie dieser Beter sich verhält, das gefällt uns. Zuerst etwas ganz Wichtiges: Er nennt die Sachen beim Namen. Er sagt nicht: »Ja, ja, so ist das Leben!« Er nennt sein Unglück. Er übt sich ein, nicht einverstanden zu sein mit seinem Unglück. Er stellt Gott ein paar Fragen, fast drohend stellt er sie: Wie lange willst du mich vergessen? Wie lange willst du noch wegschauen, wenn meine Feinde mich verfolgen? Wie lange soll ich mich noch kaputtmachen lassen?
Wie lange soll das Unrecht noch über die Armen siegen? Wer Fragen stellt, der übt sich darin ein, nicht einverstanden zu sein mit dem kaputten Leben. Wer so fragt, in dem ist Aufruhr: der hat den ersten Schritt schon getan zum Widerstand gegen das Unrecht, das ihm und den anderen angetan wird. Wer sein Unglück genau benennt, der fordert sein Glück. »Schau mich an«, sagt er zu Gott. »In diesem toten Leben bleibe ich nicht!« Das ist nicht die schwächliche Sprache dessen, der alles nimmt, wie es kommt, und der seinen Kopf für alles hinhält. Er verlangt von Gott, was dieser versprochen hat. »Ich verlasse mich auf dich!«, sagt er. Beten heißt, sich darin einüben, große Wünsche zu haben.
Diese großen Wünsche nach Gerechtigkeit, nach dem Sieg über das Unrecht, nach Glück und Heil, nach einem menschenwürdigen Leben, die hat man nicht einfach so im Bauch. Man muss sie lernen. Und man lernt sie, indem man sie ausspricht. Das Unglück der Armen besteht nicht nur darin, dass sie kein Brot und kein Wasser und keine Kleider haben. Es besteht auch darin, dass sie die großen Wünsche für sich selber verlieren, dass sie sich kaum noch vorstellen können, dass das Leben anders ist. Beten ist Revolte. Wer betet, sagt nicht: »So ist es und Amen!« Er sagt: »So ist es! Und so soll es nicht sein! Und das soll geändert werden!«

Dorothee Sölle / Fulbert Steffensky

Welche Reaktionen und Gedanken lösen Albrecht Dürers »Betende Hände« bei Ihnen aus? Suchen Sie Handhaltungen, in denen sich andere Gebetsverständnisse ausdrücken, z. B. das des nebenstehenden Textes.

Aktualisieren Sie Ps 13, indem Sie die Fragen des Psalmbeters in Bitten umformulieren oder durch eine Collage aus Abbildungen und Überschriften aus Tageszeitungen und Illustrierten visualisieren. Vergleichen Sie damit die Bedeutung des Vaterunsers (S. 139 f.).

Feste im Jahreslauf

Judentum	Islam	Buddhismus	Hinduismus
Rosh ha-Shana	Neujahr	Neujahr	Neujahr
Jom Kippur	Aschura-Tag	Buddhas Geburtstag	Pongal-Fest
Sukkot	Geburtstag des Propheten Mohammed	Verstorbenengedenktag	Durga-Fest
Simchat Thora	Ramadan	Kinder-Laternenfest	Divali-Fest
Chanukka	Nacht der Bestimmung		
Purim	Fastenbrechen		
Pessach	Opferfest		
Schawuot			
Schabbat			

»Unser Leben sei ein Fest ...«

Informieren Sie sich über Herkunft, Bedeutung und Gestaltung der angeführten Feste. Untersuchen Sie die Verwandtschaft mit christlichen Festen. Welche genuin christlichen Feste kennen Sie?
Erörtern Sie gegebenenfalls mit Vertretern anderer Religionen vor Ort, wie Sie an deren Festen teilnehmen können!
Welches Fest ist abgebildet?

Die alljährliche Erneuerung

Bei wichtigen Festen wird der zu erneuernde geheiligte Gegenstand besonders hervorgehoben; hierdurch offenbart sich viel deutlicher, als durch das Dogma allein möglich, was es eigentlich ist, das eine Gemeinschaft als das ansieht, worauf ihr Leben gegründet ist. Es ist die Existenz in ihrer Idealform, die in Bewegung gesetzt wird. Ein idealer Mikrokosmos wird postuliert und dargestellt. Das Ritual gleicht sozusagen einem Theaterstück, das die wirklichen, latenten und zu erneuernden Bedürfnisse und Werte einer Gemeinschaft auf präzise Weise detailliert aufführt.

Die jährlichen Feiern intensivieren die religiösen Werte einer Gesellschaft. Obwohl Puritaner keine heiligen Tage feierten, sondern den Sabbat begingen, waren gewisse Sonntage dem tiefen Nachdenken über ihr bisheriges und künftiges Leben gewidmet. Neben Fasten und Buße wurden Gottesdienste der »Erneuerung des Bundes« gefeiert. Die beiden Hauptanlässe waren ein Frühlingsfasten und ein Thanksgiving (Erntedankfest) im Herbst. Welcher Kalender konnte diesem »mageren« Glauben besser Ausdruck verleihen?

William E. Paden

Warum ist das regelmäßige Feiern solcher Feste für den einzelnen Menschen bedeutsam?
Untersuchen Sie nicht-religiöse Feste und Feiertage (wie z. B. den 1. Mai oder den 3. Oktober) und die Art und Weise, wie sie begangen werden, auf religiöse Strukturen und Funktionen hin!

Moratorium, Unterbrechung des Alltags: das Fest

Feste zu feiern ist menschlich; und ich glaube: es ist nur menschlich. Weder Sterne, Meere, Steine, Feuersbrünste noch Pflanzen noch Tiere feiern Feste. Zwar gibt es auch Menschen, die ungern Feste feiern: etwa Festmuffel, wie ich einer bin. Aber selbst diese feierschwachen Menschen können gar nicht umhin, die stets nötigen und unentwegt wiederkehrenden menschlichen Feste mitzufeiern: Willkommen zu sagen zu Menschen, wenn sie geboren sind; Abschied zu nehmen von Menschen, wenn sie gestorben sind; gute Wünsche zu sagen an Menschen, wenn sie Wichtiges vorhaben; Dank zu sagen für das, was gut und zugleich nicht selbstverständlich war; und schließlich dabei allüberall Gott die Ehre zu geben oder – hilfsweise – seinen Surrogaten, auf die Menschen offenbar nicht verzichten können, sobald sie auf Gott verzichten wollen. Die Menschen sind – unvermeidlich – feiernde und also festliche Lebewesen.
Der Mensch ist unter den Lebewesen der Exzentriker. Alle anderen Lebewesen leben ihr Leben; der Mensch lebt sein Leben nicht nur, sondern verhält sich auch noch zu ihm, und das kann er nur, weil er auf Distanz geht zu seinem Leben. Darum braucht und hat er das Fest. Sein Leben leben: das ist beim Mensch sein Alltag. Auf Distanz gehen zu seinem Leben: das ist beim Menschen das Fest. Man könnte sagen: Tiere haben nur den Alltag: sie leben. Gott hat nur den Sonntag: er schaut. Die Menschen aber haben beides: sie leben und distanzieren sich vom Leben; sie arbeiten und feiern; sie haben den Alltag und das Fest. So gehört das Fest zur Lebensexzentrizität des Menschen: als eine Art Auseinandersetzung, Unterbrechung des Alltags, als eine Art Moratorium des Alltags.
Ich möchte hier dieses Moratorium des Alltags verteidigen, das das Fest ist. Das ist häufig getan worden und scheint fast überflüssig. Aber ich möchte das Fest anders verteidigen, als es bisher meistens geschah. Bisher hat man das Fest fast immer nur (mit völligem Recht) gegen den Alltag verteidigt … Aber man muss das Fest auch dadurch verteidigen, dass man den Alltag gegen das Fest verteidigt und dadurch das Fest gegen das Fest: gegen die Perversion des Festes. Denn das Fest hört auch dann auf, Fest zu sein, wenn es an die Stelle des Alltags tritt und dadurch den Alltag auslöscht. Das Fest neben dem Alltag: das ist gut. Das Fest statt des Alltags: das ist problematisch und muss bös enden. Die eine Gefahr für das Fest ist der totale Alltag, der das Fest nicht mehr gelten lässt. Aber es gibt eben auch die andere Gefahr für das Fest: dass das Fest zum Fest ohne Alltag wird; denn auch dann wird das Fest zerstört und hört auf, Fest zu sein. Alltag und Fest: beide gehen dann unter in dem, was man das totale Fest nennen könnte, im totalen Moratorium des Alltags.

Odo Marquard

Überprüfen Sie anhand eigener Beobachtungen und Erfahrungen Odo Marquards Verständnis des Festes und seiner Bedeutung für Menschen: Wann, wo, wie feiern Sie Ihre Feten bzw. Parties? Erläutern und erörtern Sie Marquards Verteidigung des Festes »gegen das Fest«.

Lesen Sie die Erzählung vom »großen Abendmahl« (Lk 14,15–24) und deuten Sie sie vor dem Hintergrund von Odo Marquards Ausführungen. Ordnen Sie den Bibeltext in den Zusammenhang der Verkündigung Jesu ein. Welche Bedeutung erhält das christliche Abendmahl im Lichte dieser Erzählung?

Das Fest der Befreiung …?

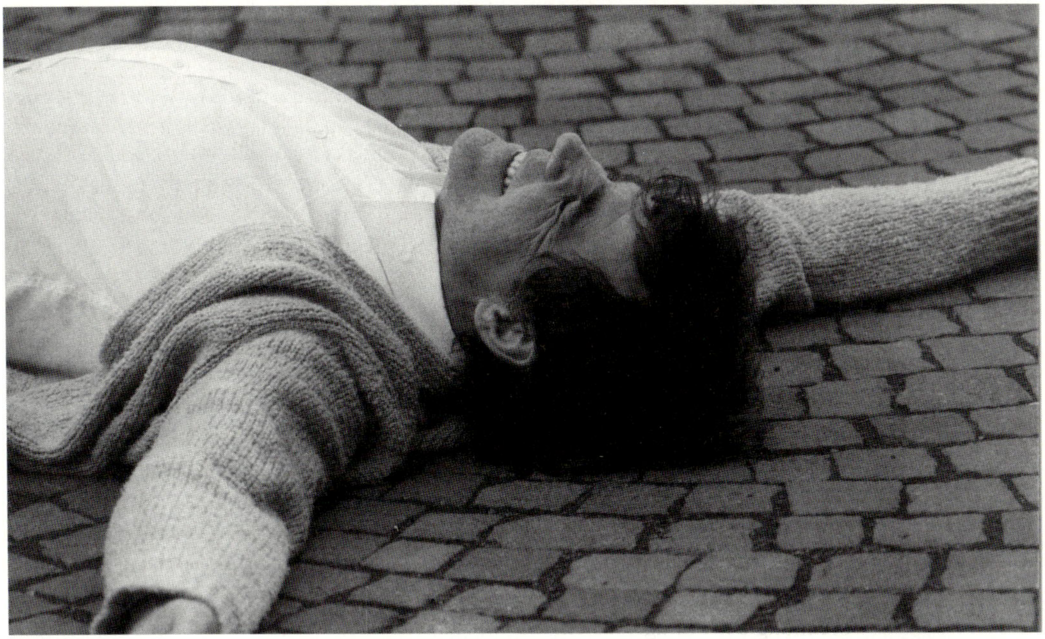

Armer Sonntag

Armer Sonntag.
Eilige Verse auf
die Ölwolken der Autobusse,
auf Schneisen im Ahornlaub,
die abgekartete Schönheit.

Armer Sonntag,
blaugestreift, blaugepunktet,
die Schaukeln sind ausgehängt,
ins Museum der Tröstungen
geifert die Sonne ein
und zeigt auf den fröhlichen Staub.

Armer Sonntag.
Stunde der Prächtigen
keine verstohlene Wollust
im toten Winkel,
alle Segel gehisst und mit starren
Brustwarzen in die Gesundheit.

Günter Eich

Sabbat II

Heute ist
die Haut der Erde
zart

das Messer schläft
das Feuer schläft

Am Scheitel der Mutter
der Friedensengel
bewacht das Haus

Weißbrot und Wein
Gast
unser König

Wir singen
den siebenten Tag
wir rühmen
die Ruh

Rose Ausländer

Welchen Stellenwert hat der Sonntag in unserer Gesellschaft?

Wie »feiern« Sie selbst den Sonntag?

Vielleicht lassen Sie sich durch die Gedichte zu eigenen »Sonntags«-Gedichten (oder Geschichten) anregen!

Sabbat und Sonntag

Das biblische Gebot zur Sonntagsheiligung zielt ursprünglich auf den jüdischen Sabbat. Der folgende Text beschreibt die Bedeutung des Sabbatgebotes.

Das Sabbatgebot ist in beiden Fassungen des Dekalogs das ausführlichst begründete. Seine zentrale Bedeutung zeigt sich aber auch in der Art der Begründung. Exodus* 20, 8 ff. begründet die Ruhe des Sabbats in einem Rekurs auf die Schöpfung damit, dass Gott selbst am siebten Tag geruht habe; Deuteronomium* 5, 12ff. blickt auf den Exodus zurück und stellt das in den »Zehn Geboten« gewiesene befreite Leben dem Sklavenhaus gegenüber. Beide Begründungen zusammen verweisen auf Gott als Schöpfer und Befreier aus dem »Haus der Arbeit«. Sklave ist, wer nur arbeitet, der befreite Mensch soll, so bestimmt es das Sabbatgebot, nicht nur arbeiten. So wird in der Erinnerung (Exodus 20, 8: Gedenke des Sabbattages!) und Praxis (Deuteronomium 5, 12: Bewahre den Sabbattag!) etwas vom »paradiesischen« Leben partiell-konkret wiederholt. In die Ruhe des Sabbat sind mit den Menschen explizit die Tiere und, indem sie an diesem Tag unbearbeitet bleibt, die Erde einbegriffen. Diese Ruhe bedeutet Frieden mit allen Mitgeschöpfen. Jede naturverändernde Arbeit unterbleibt. Der Sabbat ist aber kein Tag der Askese; Kommunikation und Freude haben an diesem Tag ihren besonderen Ort.

* = 2 Mose
* = 5 Mose

Jürgen Ebach

Wie wird der Sabbat (bis heute) im Judentum gefeiert? Lesen Sie z. B. in den Erinnerungen von Bella Chagall (»Brennende Lichter«, S. 34 ff.) nach.
Informieren Sie sich über Entstehung und Bedeutung des Sonntags in der christlichen Tradition.
Inwiefern kann man den Sonntag als »Fest der Befreiung« auch in der Tradition des Sabbats betrachten und feiern?

Rexrodt: Mehr Sonntagsarbeit

Bonn (AP). Bundeswirtschaftsminister Günter Rexrodt (FDP) hat sich für ein neues Arbeitszeitrecht ausgesprochen. Es gelte, den Gesundheitsschutz der Arbeitnehmer mit der Notwendigkeit von mehr Flexibilität in den betrieblichen Arbeitszeiten zu verbinden. An Sonn- und Feiertagen müsse mehr gearbeitet werden, um die Maschinenlaufzeiten zu verlängern, die in Deutschland kürzer als im Ausland seien.

***Zur Diskussion*:**

Den Sonntag am Sonntag feiern ...?
Sind Sie für den arbeitsfreien Sonntag nach Möglichkeit für alle oder bevorzugen Sie einen beliebigen arbeitsfreien Tag in der Woche (u. U. nach Absprache im Betrieb)?

Das Sabbatjahr: Nicht das Letzte herausholen ...

Mit dem Grundgedanken des Sabbats hängen die in der hebräischen Bibel in je verschiedener Situation formulierten Forderungen des Sabbatjahrs zusammen (Exodus 23, 10 ff.; Levitikus* 25; Deuteronomium 15, 1 ff.). In unterschiedlicher Gewichtung wird hier für jedes siebte Jahr die Brache des Ackerlandes gefordert, aber auch der Erlass von Schulden und die Befreiung von Sklaven. Wiederum zeigt sich, dass »Natur«, »Ökonomie« und »Gesellschaft« zusammen bedacht sind.

* = 3 Mose

Was also ist der Sinn der – praktizierten! – Bestimmungen? Nicht das Letzte herausholen – das ist sein Leitgedanke. Würde heute theologisch mehr über eine Ethik des Unterlassens nachgedacht (und nicht vor allem über eine Ethik des Tuns), dann könnten Sabbat und Sabbatjahr auch in unserer Gesellschaft neue Bedeutung bekommen. Es bedarf kaum eines Hinweises auf die Aktualität; die Stichworte »gerechte Verteilung der Arbeit« und »Flexibilisierung der Arbeitszeit« (einschließlich der Disposition über den Sonntag und das Wochenende) genügen. Eine Praxis, die weder aus der Erde noch aus den Mitmenschen noch aus dem Kapital das letzte herausholen wollte, käme – das wären auch heute erwünschte Folgen – zudem ökologisch und sozial der Gerechtigkeit, dem Frieden und der Bewahrung der Schöpfung näher.

Jürgen Ebach

Beziehen Sie den Grundgedanken, auf dem das Sabbatjahr beruht, in die Diskussion um den arbeitsfreien Sonntag ein.
Wie könnte eine »Ethik des Unterlassens« – nicht nur in Bezug auf den Sonntag – konkret aussehen? Welche Lebensbereiche könnten davon wie betroffen sein?

Als im Herbst 1993 das Oberverwaltungsgericht Münster ein Aufführungsverbot des Musicals »Starlight Express« an Sonntagen und hohen kirchlichen Feiertagen verfügte, nahm der Sprecher der humanistisch orientierten »Freigeistigen Landesgemeinschaft Nordrhein-Westfalen« in einem Leserbrief dazu Stellung. Was meinen Sie zu seiner Argumentation?

Ungerechtfertigte Privilegien

Betr.: WR-Bericht »Feiertagspause für ›Starlight Express‹ «

Was muss eigentlich noch alles geschehen, damit Richter und Richterinnen am Oberverwaltungsgericht Münster zur Kenntnis nehmen, dass wir nicht im 19. Jahrhundert leben? Im letzten Monat wurde dort entschieden, dass Kruzifixe in Klassenräumen von Gemeinschaftsschulen erlaubt sind. Jetzt zwingt uns das gleiche Gericht sein Urteil »über einen feiertäglichen angemessenen ernsthaften Charakter« einer kulturellen Veranstaltung auf. Niemand wird etwas dagegen haben, wenn Christen ihren christlichen Feiertag angemessen gestalten. Aber warum sollen lebenslustige Menschen diesen Tag nicht in einer Disko, auf einer öffentlichen Tanzveranstaltung, bei einem Besuch im Zirkus oder beim »Starlight Express« verbringen dürfen? Irgendwann muss auch einmal Schluss sein mit den ungerechtfertigten Privilegien in einer zunehmend säkularisierten Gesellschaft.

Dieter Grützner
Freigeistige Landesgemeinschaft NRW
Dortmund

»Der Sonntag repräsentiert den Sinn«

Der Philosoph Robert Spaemann hat sich bei einer Anhörung im Stuttgarter Landtag 1988 zum Thema »Schutz des Sonntags – Am Sonntag arbeiten?« eindeutig für den Schutz des arbeitsfreien Sonntags und gegen jede Kosten-Nutzen-Rechnung mit dem Sonntag ausgesprochen.

Die Frage: »Was kostet uns der Sonntag?« oder »Wieviel wollen wir ihn uns höchstens kosten lassen?«, ist eine heimtückische Frage, die selbst schon der entscheidende Anschlag auf den Sonntag ist. Der Sonntag ist nämlich gerade dadurch Sonntag, dass er nichts kostet und – im ökonomischen Sinne – nichts bringt. Die Frage, was sein Schutz als arbeitsfreier Tag kostet, setzt nämlich voraus, dass wir gedanklich den Sonntag bereits in einen Arbeitstag verwandelt haben und dann den Ertrag berechnen, den wir verlieren, wenn wir auf diesen Arbeitstag verzichten.
Aber eben diese Rechnung hat bereits den fundamentalen Sinn zerstört, der den Sonntag in den christlichen Ländern, den Samstag bei den Juden und den Freitag im Islam definiert. Dieser Sinn liegt darin, dass der Sonntag nicht Teil des funktionalen Systems unserer Daseinssorge ist. An diesem Tag sind wir nicht Knechte, sondern Herren. Nicht zu etwas gut, sondern einfach da und alles andere ist gerade gut genug für uns.
Der Sonntag repräsentiert in unserem Lebensrhythmus, was nicht funktional, nicht »gut zu etwas« ist, sondern das, was aller Funktionalität erst Sinn gibt. Der Sonntag repräsentiert den Sinn.
Es gibt dagegen das Argument, solche nicht-funktionalen Elemente des Lebens seien archaische Fremdkörper, die nur Hindernisse auf dem Fortschritt zu einer befriedeten Menschheit darstellten. In der Tat: Freiheit und Menschenwürde sind »mystische« Begriffe, wenn wir unter mystisch das verstehen, was nicht funktional, nicht durch Zweckmäßigkeit definiert werden kann, sondern was selbst den Zweck repräsentiert. Jedes Volk, jede Zivilisation lebt in ihrem Kern von einem solchen Mystischen oder Sakralen. Wir sprechen alle mit Schaudern von Menschen, denen nichts heilig ist, für die alles verwertbar und eine Frage der Zweckmäßigkeit ohne Zweck ist. Wo es das Mystische, das Heilige in der Mitte einer Kultur nicht gibt, da wird alles möglich; jeder Wert hat seinen Preis. Der Preis des Heiligen aber, des Unbedingten, ist immer zu hoch. Was kostet es uns, keine Sklaverei zu haben? Was kostet es uns, keine Menschenversuche machen zu können? Was kostet es uns, Grund und Boden für Friedhöfe auszuweisen? Was kostet es uns, alte Menschen und geistig Behinderte am Leben zu lassen?
Wenn das Grundgesetz den Sonntag als Tag »seelischer Erhebung« bezeichnet, dann heißt dies zuerst und vor allem: es ist der Tag, an dem wir uns über die funktionalen Sachzwänge des Alltagslebens erheben und das Leben selbst feiern. Man könnte einwenden: dazu braucht es nur irgendeinen freien Tag. Es muss nicht für die ganze Gesellschaft ein und derselbe Tag sein. Aber das ist ganz falsch. Freizeit kann man individuell konsumieren. Feiern ist etwas Gemeinschaftliches. Niemand kann ganz für sich alleine feiern. Der Sonntag als Mitte des Lebens einer Nation ist als gemeinsamer Feiertag das, was der Transformation des Volkes in eine individualistische Produktions- und Konsumgenossenschaft im Wege steht.

Robert Spaemann

Erarbeiten Sie Spaemanns Argumentation und erörtern Sie sie kritisch.
Wie beurteilen Sie Forderungen, weitere kirchliche Feiertage (etwa den Pfingstmontag oder den 2. Weihnachtstag) aufzugeben, um mit den auf diese Weise ersparten Kosten bestimmte soziale Aufgaben zu finanzieren?

Glauben – Wissen – Erkenntnis

Genau hinschauen!

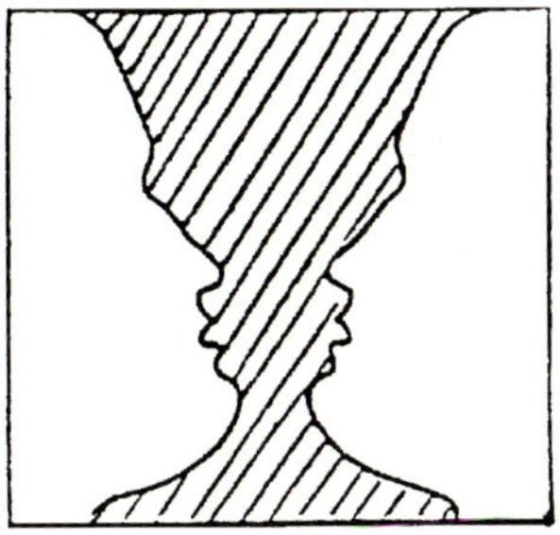

Genau hinschauen!

Was sehen Sie? Was sehen Ihre Mitschüler/innen?
Wer sieht »das Richtige«?
Informieren Sie sich über die biologischen und neurologischen Erklärungen für die Wahrnehmung solcher mehrdeutigen Figuren. HA
Welche Folgerungen können Sie aus diesem Wahrnehmungsexperiment für die Suche nach »der« Wahrheit ziehen? / Wirklichkeit

Was ist Wahr(heit)?

Die Perle

Ned und Conseil nahmen Platz.
»Monsieur, was ist eine Perle?«, fragte Ned.
»Mein lieber Ned«, antwortete ich, »für den Dichter ist eine Perle eine Träne des Meeres; für die Orientalen ein fester Tautropfen; für die Damen ein Juwel, das sie am Finger, am Ohr oder um den Hals tragen; für den Chemiker eine Verbindung von Phosphat und Kalziumkarbonat mit ein wenig Gelatine. Für den Naturwissenschaftler ist es eine Absonderung des Organs, das bei einigen Muscheln Perlmutt erzeugt, das heißt, jene blaue, bläuliche, violette oder weiße Substanz, die das Innere dieser Muscheln bedeckt. Das heißt, diese Muscheln sind imstande, Perlen hervorzubringen.«

Jules Verne

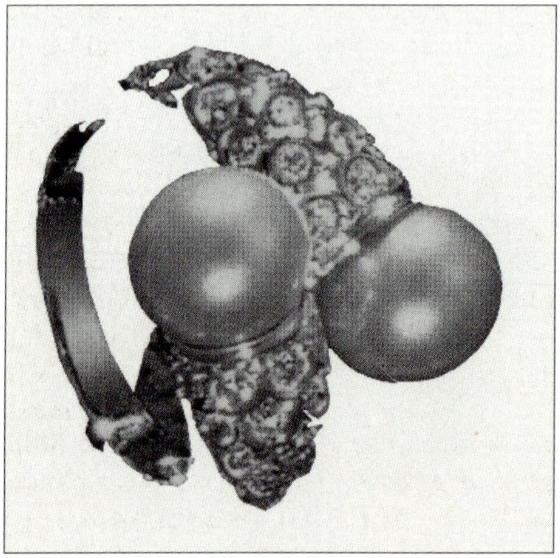

Wiederum gleicht das Himmelreich einem Kaufmann, der gute Perlen suchte, und als er eine kostbare Perle fand, ging er hin und verkaufte alles, was er hatte, und kaufte sie.

Mt 13, 45f.

Hinter jeder der folgenden Aussagen steht eine bestimmte philosophische Theorie der Wahrheit. Beschreiben und benennen Sie das jeweilige Verständnis von »Wahrheit« und überprüfen Sie seine Tragfähigkeit und Überzeugungskraft kritisch!

Wahr ist eine Aussage wie »Der Schnee ist weiß«.
Wahr ist, was sich im Leben bewahrheitet.
Wahrheit ist (wie) ein Puzzleteil.
Wahr ist, wem die meisten zustimmen, womit die meisten übereinstimmen.
Wahrheit gibt es immer nur »für mich«.

Die Ringparabel

In seinem »klassisch«-aufklärerischen dramatischen Gedicht »Nathan der Weise« von 1779 läßt Gotthold Ephraim Lessing (1729–1781) den weisen, lebensklugen Nathan die Frage nach der wahren Religion durch die »Ringparabel« beantworten. Welchem Modell von »Wahrheit« würden Sie die »Ringparabel« zuordnen? Überzeugt Sie Nathans Antwort oder gibt es im Bereich der Religion noch andere Wahrheitskriterien?

Die Eigenart des religiösen Wahrheitsanspruchs

Der Wahrheitsanspruch der Religion im Unterschied zu dem der Philosophie besteht darin, dass die religiöse Wahrheit Heilswahrheit sein will. Wodurch und unter welchen Bedingungen gewinnen »Wahrheiten« (d. h. Sachverhalte, die in Aussagesätzen kundgemacht werden können) den Charakter von »Heilswahrheiten«?

Ein Beispiel aus einem ganz anderen Bereich mag hier weiterhelfen. Nehmen wir an, eine Frau sucht in einer Krise ihrer Ehe einen Berater auf und schildert ihm das Verhalten ihres Gatten, das ihr ganz unverständlich ist und sie oft verletzt. Dann kann es vorkommen, dass der psychologisch geschulte Berater gewisse Verhaltensformen des Ehemannes in folgender Weise deutet: Sie sind versteckte, ja sich selbst versteckende Ausdrucksformen dafür, dass dieser Ehemann seine Frau immer noch liebt; aber aufgrund von Enttäuschungen, von Erfahrungen eigener Schuld, von Eindrücken, überfordert zu sein, überdeckt er seine Sehnsucht, zu lieben und geliebt zu werden, mit befremdlichem, oft aggressivem, oft scheinbar gleichgültigem Verhalten. Es kann also sein, dass der Berater zu der Ehefrau sagt: »Ihr Mann liebt Sie und sehnt sich danach, von Ihnen geliebt zu werden.« Und es kann sein, dass die Frau sagt: »Ihre Deutung überzeugt mich«, oder einfach: »Das ist wahr.« Es kann sein, dass die Wahrheit, zu deren Anerkennung der Berater die Ehefrau durch seine Argumente bewogen hat, den Anfang einer Heilung der in die Krise geratenen Ehe darstellt; aber sie ist noch nicht die heilende Wahrheit.
Nehmen wir nun an, es gelingt dem Ehemann, in dieser Lage aus ehrlichem Herzen zu seiner Frau zu sagen: »Ich weiß, wie oft ich Dich gekränkt habe, aber bitte glaube mir, dass ich Dich liebe«; und nehmen wir an, es gelingt der Frau zu antworten: »Ich glaube Dir, und im Vertrauen darauf wollen wir einen neuen Anfang setzen.« Wir sehen wohl sofort: Diese Wahrheit und ihre Anerkennung ist von anderer Art als die Wahrheit einer psychologischen Deutungshypothese und als die Erklärung der Ratsuchenden, sie finde diese Deutung überzeugend. Beide Arten der Wahrheit sind inhaltsgleich, aber der Wahrheitsanspruch ist je von qualitativ eigener Art. Beide Male sind die Aussagen wahr, weil sie einen Sachverhalt beschreiben, der wirklich besteht. Wären die Aussagen nicht wahr, dann hätte der Berater sich geirrt, und die Anrede des Ehemannes an seine Frau würde nicht weiter führen. Und doch ist in dieser Anrede mehr enthalten als nur eine zutreffende Mitteilung. Sie ist zugleich aktiver und, wenigstens der Absicht nach, wirksamer Vollzug jener Sehnsucht, zu lieben und geliebt zu werden, von dem in dieser Aussage die Rede ist. Sie beschreibt nicht nur, was schon ist (obgleich auch das wesentlich zu ihr gehört), sondern vergegenwärtigt das Beschriebene und bietet es der Angeredeten als Grundlage eines erneuerten gemeinsamen Lebens an. Und dieses Angebot ist es, das sich die Ehefrau mit dem Satz »Ich glaube Dir« zu Eigen macht. Der Satz des Beraters war eine Aussage; der Satz des Ehemannes war – und das macht unser Beispiel sprachphilosophisch lehrreich – Aussage und Sprachhandlung zugleich: Sie beansprucht Wahrheit und erstrebt eben damit zugleich Wirksamkeit; sie benennt die Voraussetzung für die Heilung der Ehe und ist selbst schon der erste Schritt dazu.

Richard Schaeffler

Inwiefern ist die zweite Wahrheit im Textbeispiel eine »religiöse« Wahrheit?
In welchem Sinn verwenden Ehemann und Ehefrau das Verb »glauben«?

Glauben und Wissen

Der schwache Punkt der Rationalisten

Wie bestimmte Einstein das Verhältnis von Wissen und Glaube? Was können Verstand, Denken, wissenschaftliche Methoden (er-)klären, wo liegen ihre Grenzen? Wozu bedürfen Menschen notwendig der Religion? Überzeugt Sie Einsteins Argumentation?

Im letzten Jahrhundert und teilweise auch schon im vorhergehenden war die Ansicht weit verbreitet, dass Wissen und Glaube in unversöhnlichem Gegensatz zueinander ständen. Unter den fortschrittlichen Geistern herrschte die Überzeugung, es sei an der Zeit, den Glauben in steigendem Maße durch Wissen zu ersetzen: ein Glaube, der nicht selbst auf Wissen beruhte, galt als Aberglaube und war als solcher zu bekämpfen.

Doch die wissenschaftliche Methode kann uns nichts weiter lehren, als Tatsachen in ihrer gegenseitigen Bedingtheit begrifflich zu erfassen. Das Streben nach solch objektiver Erkenntnis gehört zu dem Höchsten, dessen der Mensch fähig ist, und ich werde bei Ihnen wohl kaum in den Verdacht geraten, die Errungenschaften und heroischen Bemühungen des Menschengeistes auf diesem Gebiet verkleinern zu wollen. Aber ebenso klar ist es, dass von dem, was ist, kein Weg führt zu dem, was sein soll. Aus der noch so klaren und vollkommenen Erkenntnis des Seienden kann kein Ziel unseres menschlichen Strebens abgeleitet werden. Die objektive Erkenntnis liefert uns mächtige Werkzeuge zur Erreichung bestimmter Ziele. Aber das allerletzte Ziel und das Verlangen nach seiner Verwirklichung muss aus anderen Regionen stammen. Dass unser Dasein und unser Tun nur durch die Aufstellung eines solchen Ziels und entsprechender Werte einen Sinn erhält, braucht gewiss nicht weiter erörtert zu werden.

Uns diese fundamentalen Ziele und Werte aufzustellen und sie im täglichen Leben des Einzelnen zu befestigen, scheint mir nun die wichtigste Funktion der Religion im sozialen Leben der Menschen zu sein. Fragt man aber, woher die Autorität dieser fundamentalen Ziele stammt, wenn sie doch von der Vernunft nicht gesetzt und begründet werden können, so kann man nur antworten: sie sind in einer gesunden Gemeinschaft als Traditionen lebendig und bestimmen das Verhalten, das Streben und die Urteile des Einzelnen, das heißt also, sie sind als Kräfte wirksam, deren Dasein keiner Begründung bedarf.

Albert Einstein

Schafft Wissen Gewißheit?

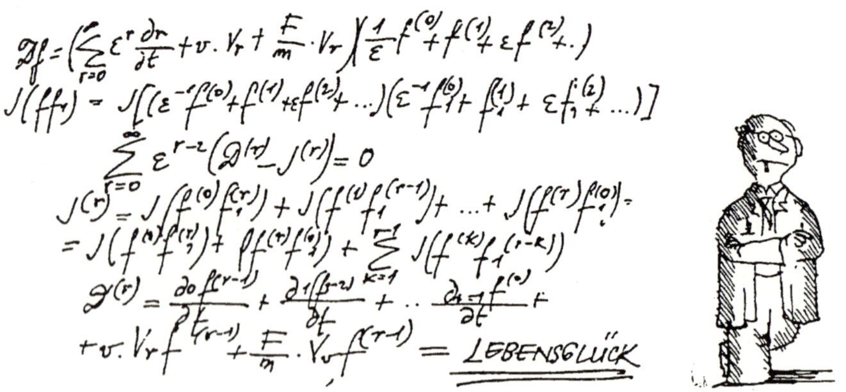

Vladimir Rencin

Urknall oder Schöpfung

Zum Verhältnis von Naturwissenschaft und Theologie

Informieren Sie sich über Weltbilder im Wandel der Geschichte und deren Konsequenzen für das jeweilige Wirklichkeitsverständnis: Wie werden die jeweils vorhandenen Erkenntnisse über Natur, Welt und Mensch zu einer Gesamtanschauung zusammengefasst, in der die Struktur des Ganzen wie die Stellung des Einzelnen erklärt wird?

Julius Schnorr von Carolsfeld

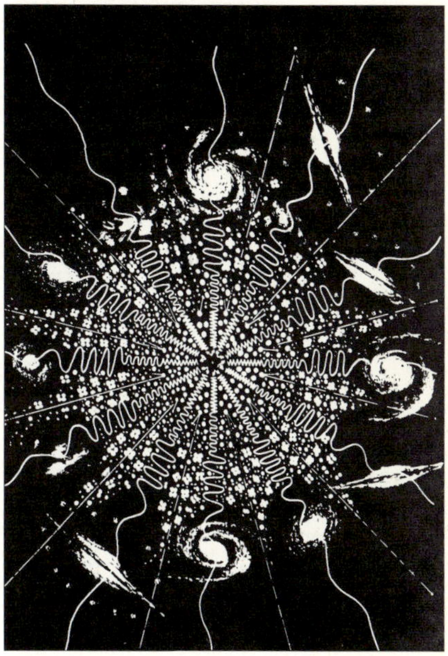

Klaus Meyer zu Uptrup

Asyl für den Herrgott

Verrückte Genies, die Antworten auf die schwierigsten und überflüssigsten aller Fragen suchen; gleichzeitig aber auch eine neue Art von Priestern, die mit ihren Teleskopen, Parallelcomputern und Pfadintegralen in Dialog mit Gott treten: An diesen Ruf haben sich die rund 700 führenden Kosmologen gewöhnt, die sich in der letzten Woche in San Francisco, wie alle zwei Jahre, zum sogenannten Texas-Symposium trafen.
Am meisten aber begeistern sich die Weltraumergründer über den Schnappschuss vom Urknall, den der Forschungssatellit Cobe im Frühjahr zur Erde gefunkt hatte. Damit war den Kosmologen erstmals ein Blick in die Werkstatt des Schöpfers gelungen: Das Bild zeigt deutliche Flecken in der kosmischen Hintergrundstrahlung, die gleichsam ein Echo des Urknalls darstellt. Diese Flecken sind Spuren winziger Dichteunterschiede in der Frühzeit des Universums. Später entstanden daraus Galaxien, Galaxienhaufen und Superhaufen.
Was Wunder, dass die Entdeckung die Physiker von einer »neuen kopernikanischen Revolution« träumen lässt. Denn das Cobe-Bild bestätigt die Vorhersa-

gen einer Theorie, nach der alle beobachteten Sterne und Galaxien nichts als eine Art Schaumkrone viel gewaltigerer Ansammlungen von ganz andersartiger, unsichtbarer Materie sind.
Über 90 Prozent des Universums wären demnach noch unentdeckt. Nachdem die Astronomie die Erde, die ehedem als Mittelpunkt des Universums betrachtet worden war, in irgendeinen unscheinbaren Winkel des Kosmos verbannt hatte, beginnt die Kosmologie, nun auch Atome und Moleküle zur bloßen Randerscheinung eines Universums aus ganz anderem Stoff zu degradieren.
Sind Teilchenphysik und Kosmologie nicht nur weltfremde Spinnerei? Wird die Wissenschaft vom All immer wieder das Weltbild erschüttern? Braucht der Herrgott Asyl vor dem Zugriff der Forscher? Wo bleibt Platz für göttlichen Willen, wenn die Physik mit ihren Erklärungen bis zum Augenblick der Schöpfung vordringt?
Der vatikanische Astronom und Jesuitenpater William Stoeger ist bemüht, eine Synthese von biblischer Genesis und Urknall zu finden: »Die Erkenntnis des Urknalls«, so verteidigt er seine kosmologischen Kollegen, »hat das Bild Gottes nur veredelt.« Er und eine Delegation der Himmelsstürmer, interdisziplinär und hochkarätig besetzt, stellten sich in San Francisco auf einer öffentlichen Diskussion am Rande des Texas-Symposiums den Fragen nach den Folgen ihrer Erkenntnisse.
Doch je mehr sich die Wissenschaftlerriege mühte, in ihrer Welt der Superstrings und galaktischen Attraktoren noch Schlupfwinkel für den göttlichen Willen zu finden, desto deutlicher wurde, wie rar die Chancen dafür sind. »Für Gott bleibt ja noch die Möglichkeit, die Gesetze zu schaffen, die die Welt regieren«, schlug der britische Kosmologe Paul Davies vor. »Und seit dem Akt der Schöpfung dreht er Däumchen?«, musste er sich darauf fragen lassen.
Dabei haben die Physiker auch diese letzte Bastion, den Schöpfungsakt selbst, längst im Visier. Schon heute haben sie sich mit ihrem Wissen bis auf eine Sekunde an den Urknall herangetastet. Damals entstanden aus einer zehn Milliarden Grad heißen Suppe aus Quarks und Gluonen die Grundbausteine der Sterne: die Atomkerne von Wasserstoff, Deuterium und Helium. Nur die extrem hochenergetischen Ereignisse in der ersten Sekunde des Weltalls entziehen sich noch der Erforschung durch die Teilchenbeschleuniger. Doch ehrgeizige Theoretiker wollen auch noch die Rätsel dieser ersten Sekunde lösen. Sie suchen nach der Weltformel, dem Beweis, dass das real existierende Universum das einzig mathematisch Mögliche ist. »Wir werden dazu noch viele grundlegend neue Ideen brauchen«, erklärt der britische Mathematiker Roger Penrose. »Aber ich bin sicher: Diese Ideen werden kommen.«
»Dann hat Gott also das einzige Universum geschaffen, das ihm die Mathematik zu schaffen gestattete«, folgerte spitzzüngig die Philosophin Nancy Murphy. »Damit wäre er von der Mathematik besiegt.«

aus: Der Spiegel 52/1992

Stellen Sie neuere kosmologische Modelle (Theorien zur Erklärung der Entstehung des Universums) dar: Urknall-, Urschwung-, »Steady state«-, Chaos-Theorie. Arbeiten Sie dabei heraus, welche Folgerungen sich aus den Modellen für den Glauben an Gott (als den Schöpfer der Welt) ergeben.

Jenseits von Eden

Die folgenden Auszüge aus einem Gespräch zwischen dem Physiker Harald Uhl und dem Theologen Siegfried von Kortzfleisch verdeutlichen die unterschiedlichen Zugriffe naturwissenschaftlichen und theologischen Denkens und Sprechens auf die Fragen nach Entstehung und Entwicklung der Welt und des Menschen.

Physiker: Nehmen wir die Urknalltheorie einmal versuchsweise als Wahrheit. Alles, was diesem Ereignis folgte, wäre dann nach bekannten physikalischen Gesetzen geschehen. Die Geschichte des Universums ließe einem allmächtigen Schöpfer keine Freiheitsgrade des Einwirkens in die Entwicklung. Damit wäre ein (erster) Konflikt mit dem Glauben an einen Schöpfer gegeben.

Theologe: Die Urknalltheorie ist gewaltig und eindrucksvoll. Wenn ich mich ihr naturwissenschaftlich nähern wollte, würde ich fragen: Wie stark sind die Beweise? Oder liegen bislang nur geistvolle (physikalische) Rückschlüsse vor? Die Antwort darauf ist allein Sache der Physiker. Halt aber sage ich, wenn Physiker beginnen, theologische Folgerungen zu ziehen. Wenn sie der Religion mit physikalischen Begriffen und Aussagen ans Zeug gehen wollen. Die Schöpfungslehre ist eben nicht die Summe der physikalischen Erscheinungen. Vielmehr ist Schöpfung – für die biblischen Religionen, mit denen ich es zu tun habe – ein Thema des Glaubensbekenntnisses. Das ist vom Denkansatz her etwas völlig Verschiedenes.

Physiker: In der Tat kommt man bei Erklärungsversuchen des Urknalls in die Grenzbereiche der Physik. Von bestimmten kleinsten Dimensionen und höchsten Temperaturen ab, wie sie im Urknall gegeben waren, gelten die Gesetze der Relativitätstheorie nicht mehr. Man ist gezwungen, die Quantenphysik hinzuzuziehen, welche im atomaren und subatomaren Bereich anzuwenden ist. Damit verlässt man das Prinzip von Ursache und Wirkung, der Kausalität, und wendet sich den spontanen Naturphänomenen zu, deren mathematische Beschreibung nur mit Hilfe der Wahrscheinlichkeitsrechnung möglich ist. Die Entstehung unseres Universums mit dem Urknall könnte dann als eine der möglichen Wahrscheinlichkeiten von Quantenvorgängen anzusehen sein, und zwar diejenige, die allein in der Lage war, zu unserem Universum mit all seinen Lebensformen zu führen. Auch dieses Modell käme ohne einen Schöpfer aus.

Theologe: Wundersam! Was schert ihr euch denn um den lieben Gott? Es ist, als wolltet ihr ihn eigentlich suchen und finden und tut das, indem ihr seine Existenz als Schöpfer widerlegt. Bleiben wir erst noch bei der Logik. Auch das Quantenmodell erklärt nicht überzeugend, wie es denn zum Urknall gekommen ist, denn es läßt die Frage offen, was denn vor dem Urknall war.

Physiker: Die Frage »Was war vor dem Urknall?« hat keinen Sinn mehr. Die Urknalltheorie besagt ja, alles, das Universum mit Zeit und Raum, habe mit dem

Urknall begonnen. Ein »Vorher« gibt es nicht; wie es in der Quantenphysik auch keine Kausalität gibt.

Theologe: Ich muss einbringen, was die Schöpfungsgeschichte der Bibel meint. Wenn sie kein naturwissenschaftliches Protokoll ist – was dann? Sie leistet zweierlei. Erstens: Sie ist in Form eines Mythos ein Bekenntnis zu Gott. Zweitens: Sie spiegelt eine kulturelle oder anthropologische Wirklichkeit. Das ist besonders wichtig. Denn eben darin wird deutlich, wie anders die Bibel und die modernen Naturwissenschaftler denken. Die biblische Tradition sagt nicht: »Im Anfang war der Knall.« Sie sagt: »Im Anfang war das Wort.« Das hört sich so an: Der Schöpfer sprach: Es werde Licht, und es ward Licht. Er nannte das Licht Tag, und die Finsternis nannte er Nacht. Es ist der Name des Geschaffenen, der aus dem Geschaffenen etwas für den Menschen macht. So kann dann der Mensch damit umgehen. Er braucht nicht mehr Angst zu haben vor der Glut des Lichts der Sonne und vor der Finsternis. Denn beide haben einen Namen bekommen: nun sind sie den Menschen bekannt, ja vertraut. So hat Gott, der spricht, Macht über die Dinge; und er gibt sie den Menschen zur Hand, sodass er nun in der Welt bestehen kann.

Physiker: Lassen wir den Urknall beiseite. Sprechen wir vom Ur-Menschen. Die Bibel sagt, Gott habe den Menschen geschaffen – »nach seinem Bilde«. Die modernen Evolutionstheorien beginnen auch hier, ihre Probleme zu bekommen. Sie rücken in den Bereich des Möglichen, die Entwicklung der Menschen mit mathematischen Modellen als eine zwangsläufige Folge bestehender Naturgesetze begreifbar zu machen. Man müsse dann dazu keinen Schöpfer in Anspruch nehmen. Auch mit der seit etwa dreissig Jahren aufkommenden Chaosphysik kann man operieren. Sie macht eine biologische Selbstorganisation denkbar, die bis hin zum Menschen führte. Man rechnet damit, eines Tages auch die Entwicklung der Seele und des Selbstbewusstseins erklären zu können. Natürlich anerkennt man dabei die hervorragende Rolle des Menschen: Er erkennt, dass die Entwicklung des Kosmos so und nur so verlaufen konnte, da es sonst den Menschen, wie er geworden ist, gar nicht gäbe. Eine Art von Erkenntniszirkel. In der Fachsprache: das anthropische Prinzip.

Theologe: Eine Spielerei! Wozu ist sie gut? Für mich ist der Bericht vom sechsten »Schöpfungstag«, als der Mensch auftaucht, gerade deshalb aufregend, weil er nicht viel darüber sagen will, woher der Mensch kommt. Darum geht es: Wo soll er hingehen? Wozu ist er da? Was hat er zu tun? Dazu ist er da: die Welt zu besorgen mit allen Kräften und dafür einzustehen. Und, bezieht man den siebten Tag mit ein, den Ruhetag, so erfahren wir: Das Leben des Menschen besteht nicht nur aus Arbeit, sondern auch aus Muße. Es ist Kreation und Besinnung, Ernten und Danken. Der Mensch lebt in der Spannung zwischen Natur und Kultur. Aber nicht als ihr absoluter Herr. Die Welt ist ihm geliehen.

Physiker: Wir haben den Nutzen der Menschen im Sinn. Und so fahren wir fort, Erfolge anzustreben. Wir, die Physiker und Chemiker, Biologen und Techniker. Niemand will Schaden bewirken.

Theologe: Im Anfang war das Wort. Dem Satz ist weiter nachzusinnen. Er könnte auch für Kosmologen tragfähig sein. Erst war das Wort, dann erst der Gedanke an den Urknall. Oder wenden wir es auf den Menschen an: Im Anfang, als das Leben begann, das diesen Namen verdient, war die Frage: Adam, wo bist du? Adam heißt Mensch. Mensch, wo bist du? Da wollte Gott, dass der Mensch antworte. Doch so kommt der Mensch zu sich selbst. Und der Mensch sagte, hier bin ich. Oder er suchte Ausflüchte. Wie auch immer, er begann sich zu verantworten. Antworten, sich verantworten, das macht den Menschen aus. Und dass er dies entdeckt, das macht die Schöpfung des Menschen aus.

In diesem Gespräch wird mehrfach auf die biblische Schöpfungsgeschichte Bezug genommen. Überprüfen Sie in 1 Mose 1, 1 – 2, 4 a, ob der Bibeltext in diesem Sinne verstanden werden kann.

Was heißt »glauben« – »Glaube«?

Parabel vom modernen Menschen

Ein moderner Mensch verirrte sich in einer Wüste. Tage- und nächtelang irrte er umher. Wie lange braucht man, um zu verhungern und zu verdursten? Das überlegte er sich beständig. Er wusste, dass man länger ohne Nahrung leben kann, als ohne etwas zu trinken. Die unbarmherzige Sonnenglut hatte ihn ausgedörrt. Er fieberte. Wenn er erschöpft ein paar Stunden schlief, träumte er von Wasser, von Orangen und Datteln. Dann erwachte er zu schlimmerer Qual und taumelte weiter.
Da sah er in einiger Entfernung eine Oase. Aha, eine Fata Morgana, dachte er. Eine Luftspiegelung, die mich narrt und zur Verzweiflung treiben wird, denn in Wirklichkeit ist gar nichts da. Er näherte sich der Oase, aber sie verschwand nicht. Sie wurde im Gegenteil immer deutlicher. Er sah die Dattelpalmen, das Gras und die Felsen, zwischen denen ein Quell entsprang. Es kann natürlich auch eine Hungerphantasie sein, die mir mein halb wahnsinniges Hirn vorgaukelt, dachte er. Solche Phantasien hat man ja in meinem Zustand. Natürlich – jetzt höre ich sogar das Wasser sprudeln. Eine Gehörhalluzination. Wie grausam die Natur ist! –
Mit diesem Gedanken brach er zusammen. Er starb mit einem lautlosen Fluch auf die unerbittliche Bösartigkeit des Lebens. Eine Stunde später fanden ihn zwei Beduinen. »Kannst du so etwas verstehen?«, sagte der eine Beduine zum anderen. »Die Datteln wachsen ihm ja beinahe in den Mund – er hätte nur die Hand auszustrecken brauchen. Und dicht neben der Quelle liegt er, mitten in der schönen Oase – verhungert und verdurstet. Wie ist das nur möglich?«
»Er war ein moderner Mensch«, antwortete der andere Beduine. »Er hat nicht daran geglaubt.«

Kadidja Wedekind

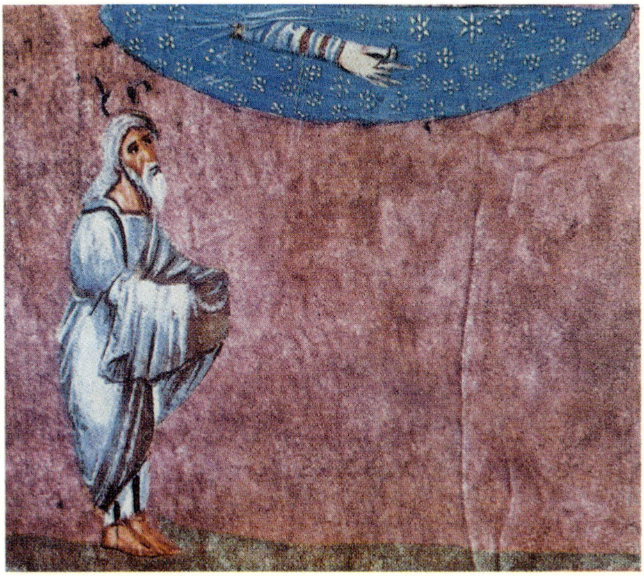

Wiener Genesis: Berufung Abrahams

Stimmen Sie der Pointe dieser Parabel zu?

Legen Sie mithilfe alltäglicher Aussagen und Redewendungen ein Wortfeld »glauben/Glaube« an. In welchen Bedeutungen verwenden Menschen diese Begriffe? Sie können diese Aufgabe z. B. mit der Methode des »Schreibgesprächs« bearbeiten.

Zeigen Sie anhand der Erzählung von Abrahams Berufung und seinem Zug nach Kanaan (1 Mose 12, 1–5), wie in der Bibel Glauben beschrieben wird.

Marc Chagall

Leben, als ob es Gott gibt …

Welche Wahrheit ein Mensch auch wählt, er kommt nicht um die Zumutung herum, dass er sich auf etwas einlassen und einen Vorschuss an Vertrauen wagen muss. Bei der Begegnung mit dem christlichen Glauben geht es nicht anders zu. Auch er bietet eine Lebensmöglichkeit an, die man nur erproben kann, indem man es mit ihr probiert – nicht anders als bei einer Wette mit der Aussicht, zu gewinnen oder zu verlieren. Wer Gottes gewiss werden will, muss – wie auch sonst im Leben – auf etwas setzen, was er vorher nicht weiß. Er muss glauben, denken und handeln – »als ob es Gott gibt«. Allein so wird er erfahren, ob es ihn gibt. Gott wohnt nur dort, wo man ihn einlässt.
Wer sich auf die Vernunft beruft und deshalb nicht an Gott glauben zu können meint, hat ebenso eine Wahl getroffen wie der Gläubige. Der Rationalist besitzt für seine Behauptung, dass es keinen Gott gibt, erkenntnistheoretisch keine besseren Argumente als der Gläubige für sein Bekenntnis, dass es ihn gibt. Wie will er denn beweisen, dass Gott eine Schöpfung des Menschen und nicht der Mensch ein Geschöpf Gottes ist oder dass Jesus aus Nazareth sich Gott als Vater ausgedacht und nicht Gott sich ihm als Vater offenbart hat?
Selbst Gott wäre nicht imstande, einen wissenschaftlich unwiderlegbaren Beweis für seine Existenz zu erbringen. Kein Wunder wäre groß, keine Tat außerordentlich genug, um einen eingefleischten Skeptiker zu überzeugen. Dieser würde entweder unbeeindruckt bleiben oder das angebliche Wunder ohne Zuhilfenahme der »Arbeitshypothese Gott« zu erklären suchen.
Dass der Christ seinen Glauben nicht im Sinne eines weltanschaulichen Rationalismus zu beweisen vermag, entbindet ihn jedoch nicht von der Pflicht, ihn in kritischer Rationalität verstehbar zu machen. Bei der Begegnung mit dem Christentum handelt es sich nicht um einen blinden, willkürlichen Entschluss, sondern um ein verstehendes Ja oder Nein. Wer Nein zum Christentum sagt, sollte wenigstens verstanden haben, wovon er Abschied nimmt.

Heinz Zahrnt

Was macht es Menschen heute so schwer zu leben, »als ob es Gott gibt«? Sammeln Sie Beispiele für Schwierigkeiten mit dem Glauben.
Diskutieren Sie, in welcher Weise Christen und Kirche dafür mitverantwortlich sind. Haben Sie Ideen, wie das Christentum mehr »Glaubwürdigkeit« gewinnen könnte?

Glaube wird »bekannt«

Das christliche Glaubensbekenntnis – Apostolikum

Ich glaube an Gott,
den Vater, den Allmächtigen,
den Schöpfer des Himmels und der Erde,
und an Jesus Christus,
seinen eingeborenen Sohn, unsern Herrn,
empfangen durch den Heiligen Geist,
geboren von der Jungfrau Maria,
gelitten unter Pontius Pilatus,
gekreuzigt, gestorben und begraben,
hinabgestiegen in das Reich des Todes,
am dritten Tage auferstanden von den Toten,
aufgefahren in den Himmel;
er sitzt zur Rechten Gottes, des allmächtigen Vaters;
von dort wird er kommen,
zu richten die Lebenden und die Toten.
Ich glaube an den Heiligen Geist,
die heilige christliche Kirche,
Gemeinschaft der Heiligen,
Vergebung der Sünden,
Auferstehung der Toten
und das ewige Leben.
Amen.

aus dem 4. Jh. n. Chr.

CREDO 1995

Ich glaube

an mich selbst (ich versuche es zumindest)

an nichts Übernatürliches

an Gott und Satan, die sich in mir und im Kosmos zeigen

an die experimentelle Wissenschaft

an paranormale Phänomene

an die Wiedergeburt

dass ich mich von anerzogenem Traditionsballast erst freimachen muss, um zu mir selbst zu finden

dass alle Religionen wahr und unwahr sind und sich jeder seine eigene Religion selbst zusammenzimmern muss

nur, wenn ich was davon hab'

Informieren Sie sich durch Gespräche bzw. Bücher über die Bedeutung des Glaubensbekenntnisses im kultischen und persönlichen Leben von Juden, Muslimen und Christen.

Kennzeichnet das (fiktive) »Credo 1995« Ihrer Meinung nach den Glauben und das Verhältnis heutiger junger Menschen zur Religion zutreffend?
Wie sieht Ihr »Credo« aus?
Vergleichen Sie es mit denen Ihrer Mitschüler/innen.

Symbole – »Sprache« des Glaubens

Zum Jahreswechsel 1992/93 druckte die Wochenzeitung DIE ZEIT eine Darstellung der priesterschriftlichen Schöpfungserzählung 1 Mose 1, 1–2, 4 a in Piktogrammen ab, die die junge Kölner Graphikerin Juli Gudehus gestaltet hatte. Hier sind Anfang und Ende dieser auch in Buchform vorliegenden Darstellung abgedruckt:

Die Schöpfung

Am Anfang schuf Gott Himmel und Erde.

Und die Erde war wüst und leer,

und es war finster auf der Tiefe,

und der Geist Gottes schwebte auf dem Wasser.

Und Gott sprach: Es werde Licht!

Und es ward Licht.

Und Gott sah, dass das Licht gut war.

Da schied Gott das Licht von der Finsternis

und nannte das Licht Tag

und die Finsternis Nacht.

Da ward aus Abend und Morgen der erste Tag.

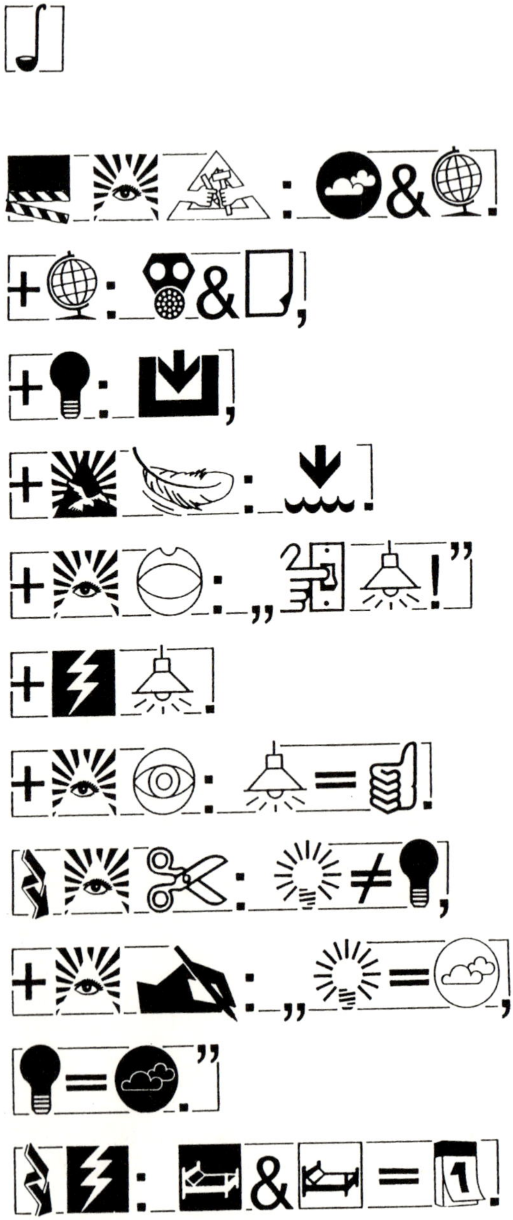

Und Gott sprach: Lasset uns Menschen machen,

ein Bild, das uns gleich sei.

Und Gott schuf den Menschen als Mann

und Weib.

Und Gott segnete sie

und sprach zu ihnen: Seid fruchtbar

und mehret euch!

Und Gott sah, dass es sehr gut war.

Da ward aus Abend und Morgen der sechste Tag.

Und am siebenten Tage ruhte Gott
von allen seinen Werken.

Und Gott segnete den siebenten Tag
und heiligte ihn.

So sind Himmel und Erde geworden,
als sie geschaffen wurden.

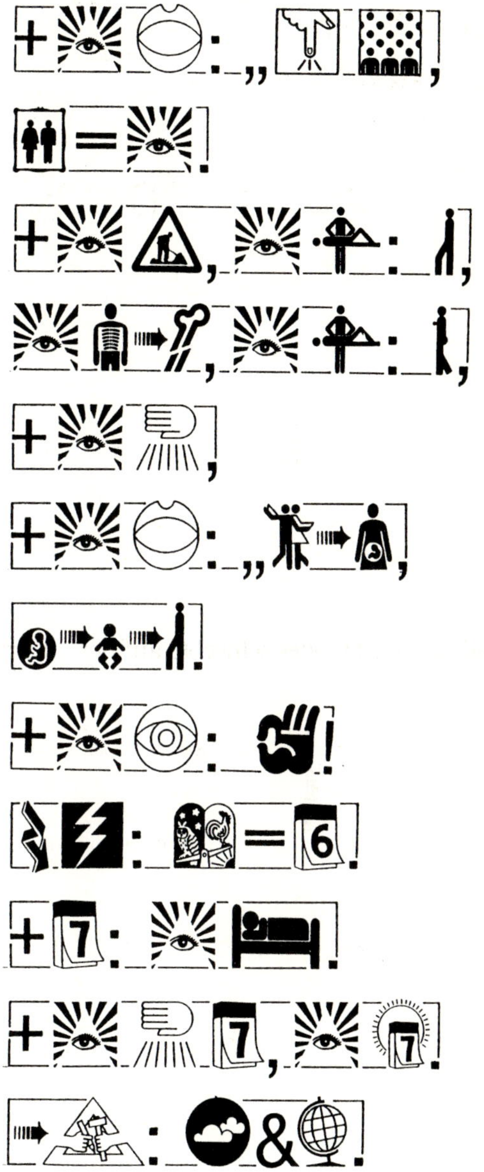

Wie beurteilen Sie diese Darstellung der biblischen Erzählung?
Könnte die Darstellung den biblischen Text für heutige Menschen verständlicher machen?
Versuchen Sie, fehlende Textpassagen mit selbst entwickelten Piktogrammen zu gestalten!

Was ist ein Symbol?

Das erste und fundamentale Merkmal aller repräsentativen Symbole ist ihre Eigenschaft, über sich hinauszuweisen. Symbole enthalten einerseits einen symbolischen Stoff. Dieser kann ein Wort in seiner gewöhnlichen, konkreten Bedeutung sein oder die empirische Gestalt einer historischen Persönlichkeit oder die konkreten Züge eines Menschengesichts (in der Malerei) oder ein menschlicher Konflikt (im Drama) oder ein menschliches Ideal (in der Beschreibung des Göttlichen). Aber dieser Stoff in seiner wörtlichen Bedeutung oder seinem konkreten Dasein ist nicht das, worum es im Symbol geht. Wenn der Stoff symbolisch gebraucht wird, weist er auf etwas hin, das nicht unmittelbar ergriffen, sondern nur indirekt ausgedrückt werden kann. Dieses eigentlich Gemeinte ist das zweite Element, das in einem Symbol enthalten ist. Es kann z. B. ein Komplex von Assoziationen sein, die mit einem Wort verbunden sind, oder das Wesen eines Menschen, das die empirische Beobachtung transzendiert, oder eine Dimension der Wirklichkeit, die sich uns im täglichen Leben entzieht und in einem künstlerischen Werk zum Ausdruck kommt. Oder es kann – in einem religiösen Symbol – der letzte Seinsgrund sein, der nicht anders als durch Symbole, deren Stoff der endlichen Welt entnommen ist, ausgedrückt werden kann. Das zweite Merkmal der repräsentativen Symbole ist, dass sie an der Wirklichkeit teilhaben, auf die sie hinweisen. Dies ist durch das Beiwort »repräsentativ« ausgedrückt.
Dieser Gedanke bringt uns zu dem dritten Merkmal aller repräsentativen Symbole: Sie können nicht willkürlich erfunden werden. Ihre Entstehung ist nicht wie die der bloßen Zeichen eine Sache der Zweckmäßigkeit und der Konvention. Bildlich gesprochen, kann man daher sagen, dass Symbole geboren werden und sterben. Das vierte Merkmal repräsentativer Symbole ist ihre Macht, Dimensionen der Wirklichkeit zu erschließen, die gewöhnlich durch die Vorherrschaft anderer Dimensionen verdeckt sind. Aber der menschliche Geist könnte diese neuen Dimensionen nicht ergreifen, wenn das Symbol nicht gleichzeitig auch in ihm eine neue Dimension öffnete. Historische Symbole erschließen Möglichkeiten, die von dem täglichen historischen Geschehen verdeckt sind. Künstlerische Symbole – und das heißt, alle echte Kunst – erschließen dem menschlichen Geist eine Dimension, die allem Wirklichen als ein Sinngrund innewohnt, die der Mensch aber nur in dem ästhetischen Erlebnis erfassen kann. Religiöse Symbole vermitteln die Erfahrung der letzten Wirklichkeit durch Dinge, Personen und Ereignisse, die durch ihre vermittelnde Rolle selbst »heilig« werden.
Symbole können in ihrer Wirkung auf einzelne Menschen und Gemeinschaften sowohl aufbauende, integrierende wie zerstörerische, zersetzende Gewalt ausüben. Wir dürfen die Macht von Symbolen nicht unterschätzen; sie sind keineswegs harmlose Zeichen.

Paul Tillich

Klären Sie Tillichs Symbolbegriff, indem Sie den Unterschied von »Symbol« und »Zeichen« genauer bestimmen.

Handelt es sich bei der Darstellung der Schöpfungserzählung von Juli Gudehus um Symbole?

Prüfen Sie, ob es sich bei den Abbildungen auf der folgenden Seite um Symbole handelt.

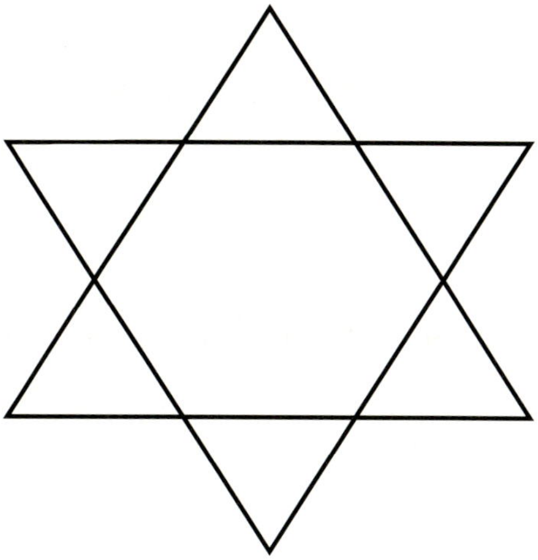

Der Baum als Ökosystem

Dieser Baum ist etwa 25 m hoch und hat ungefähr einen Kronendurchmesser von 15 m. Mit seinen ca. 800 000 Blättern verzehnfacht er seine Standfläche (160 qm) auf 1600 qm Blattfläche. Durch die unzähligen Spaltöffnungen gelangt Kohlendioxid aus der Luft in die Zellen und Blätter, wo mithilfe der Photosynthese unter Verbrauch von Wasser und Sonnenenergie Kohlenhydrate (Zucker, Stärke) gebildet und Sauerstoff abgegeben wird. Die Fläche der Zellen beträgt 160 000 qm. Die Blattfläche eines Baumes von 150 qm liefert während ihrer Oszillationszeit den gesamten Sauerstoffbedarf eines Menschen. Daraus folgt, dass dieser Baum elf Menschen mit Sauerstoff versorgt. Dabei verbraucht er den täglichen Kohlendioxidabfall von zweieinhalb Einfamilienhäusern. Natürlich verbraucht auch der Baum selbst Sauerstoff und erzeugt Kohlendioxid, doch diese Mengen können vernachlässigt werden. Würde man diesen Baum nun aus irgendeinem Grund fällen, z. B. weil der Besitzer des dahinterliegenden Hotels seine Gästezimmer aufstocken möchte (was ihm bisher zum Glück nicht genehmigt wurde) und wollte den Baum vollwertig ersetzen, so müßte man rund 2500 junge Bäume mit einem Kronenvolumen von 1 cbm pflanzen. Die Kosten für ihre Pflanzung betrügen je nach Lage etwa 14 Millionen Mark.

Welche religiösen Symbole kennen Sie? Stellen Sie Zusammenhänge her zwischen den Symbolen und den wesentlichen Inhalten des Glaubens der jeweiligen Religion.

In vielen Kulturen und Religionen kennt man z. B. symbolische Zahlen und Formen: Machen Sie sich mit solchen vertraut und klären Sie deren symbolische Bedeutung.

Biblische Wege …

Im Alten wie im Neuen Testament finden sich einige Geschichten, in denen das Symbol des Weges eine Rolle spielt. Zum Beispiel Lk 24, 13–35:

Labyrinth im Rathaus zu Gent 1835

Die Emmausjünger

Und siehe, zwei von ihnen gingen an demselben Tage in ein Dorf, das war von Jerusalem etwa zwei Wegstunden entfernt; dessen Name ist Emmaus. Und sie redeten miteinander von allen diesen Geschichten. Und es geschah, als sie so redeten und sich miteinander besprachen, da nahte sich Jesus selbst und ging mit ihnen. Aber ihre Augen wurden gehalten, dass sie ihn nicht erkannten. Er sprach aber zu ihnen: Was sind das für Dinge, die ihr miteinander verhandelt unterwegs? Da blieben sie traurig stehen. Und der eine, mit Namen Kleopas, antwortete und sprach zu ihm: Bist du der einzige unter den Fremden in Jerusalem, der nicht weiß, was in diesen Tagen dort geschehen ist? Und er sprach zu ihnen: Was denn? Sie aber sprachen zu ihm: Das mit Jesus von Nazareth, der ein Prophet war, mächtig in Taten und Worten vor Gott und allem Volk; wie ihn unsre Hohenpriester und Oberen zur Todesstrafe überantwortet und gekreuzigt haben. Wir aber hofften, er sei es, der Israel erlösen werde. Und über das alles ist heute der dritte Tag, dass dies geschehen ist. Auch haben uns erschreckt einige Frauen aus unserer Mitte, die sind früh bei dem Grab gewesen, haben seinen Leib nicht gefunden, kommen und sagen, sie haben eine Erscheinung von Engeln gesehen, die sagen, er lebe. Und einige von uns gingen hin zum Grab und fanden's so, wie die Frauen sagten; aber ihn sahen sie nicht. Und er sprach zu ihnen: O ihr Toren, zu trägen Herzens, all dem zu glauben, was die Propheten geredet haben! Musste nicht Christus dies erleiden und in seine Herrlichkeit eingehen? Und er fing an bei Mose und allen Propheten und legte ihnen aus, was in der ganzen Schrift von ihm gesagt war. Und sie kamen nahe an das Dorf, wo sie hingingen. Und er stellte sich, als wollte er weitergehen. Und sie nötigten ihn und sprachen: Bleibe bei uns; denn es will Abend werden, und der Tag hat sich geneigt. Und er ging hinein, bei ihnen zu bleiben. Und es geschah, als er mit ihnen zu Tisch saß, nahm er das Brot, dankte, brach's und gab's ihnen. Da wurden ihre Augen geöffnet und sie erkannten ihn. Und er verschwand vor ihnen. Und sie sprachen untereinander: Brannte nicht unser Herz in uns, als er mit uns redete auf dem Wege und uns die Schrift öffnete? Und sie standen auf zu derselben Stunde, kehrten zurück nach Jerusalem und fanden die Elf versammelt und die bei ihnen waren; die sprachen: Der Herr ist wahrhaftig auferstanden und Simon erschienen. Und sie erzählten ihnen, was auf dem Wege geschehen war und wie er von ihnen erkannt wurde, als er das Brot brach.

Was könnten das Wegesymbol und das Labyrinth miteinander zu tun haben?

Stellen Sie diese Geschichte zeichnerisch als eine »Weg«-Geschichte dar.

Erschließen Sie sich das Symbolfeld »Weg« über die Sprache (Begriffe, Wortfelder, Redewendungen).

Der Weg ist zunehmend auch in unserer Alltagskultur zu einem häufig verwendeten Symbol geworden (vgl. etwa die Werbeanzeige S. 12). Überprüfen Sie, mit welchen Symbolgehalten hier Wege verwendet werden.

Wozu RU?

Stellen Sie sich einen Stundenplan nach Ihren Wünschen zusammen. Er kann bekannte, aber auch neue Unterrichtsfächer enthalten. Gewichten Sie das Verhältnis der einzelnen Fächer nach ihrer Bedeutung für Ihre Bildung. Vergleichen Sie Ihren Stundenplan mit den Stundenplänen Ihrer Mitschüler/innen. Diskutieren Sie den Beitrag, den (Fach-)Unterricht für Ihr Leben haben kann. Welche Rolle spielt der Religionsunterricht in Ihren Stundenplänen? Warum belegen bzw. verzichten Sie auf Religionsunterricht?

Das Leben ist mehr als Beruf und Leistung

Liebe Eltern!
Sie wünschen sich, dass Ihre Kinder das Leben meistern. Sie tun dazu, was Sie nur können, um ihnen den Weg in die Zukunft zu ebnen.
Noch gehen Ihre Kinder zur Schule. Was sie dort lernen und leisten, bestimmt ihr späteres Fortkommen.
Deutsch, Mathematik, Naturwissenschaften und Fremdsprachen sind wichtige Fächer. Die dürfen nicht ausfallen, sonst ist die Ausbildung der Kinder gefährdet. Und damit stehen Erfolg, Wohlstand, Anerkennung und berufliches Fortkommen auf dem Spiel.
Man sagt immer: Die Schule soll auf das Leben vorbereiten. Das ist richtig. Nur: Das Leben ist mehr als Beruf und Leistung.
Wir alle sind Fragen, Ängsten und Problemen ausgesetzt, zu deren Bewältigung mehr als nur Fachwissen gehört. Wozu bin ich überhaupt da? Lohnt es sich eigentlich zu leben? Wer hat mir was zu sagen? Wie kann man das: ein sinnvolles und erfülltes Leben führen? Diese Fragen werden in den »Hauptfächern« in der Regel nicht angesprochen. Das sind Themen des Religionsunterrichts.
Es ist wichtig, dass unsere Kinder in der Schule viele Kenntnisse und Fähigkeiten, möglichst viel Wissen vermittelt bekommen, weil das für ihr Leben nützlich ist.
Ebenso wichtig ist aber, dass aus ihnen Menschen werden, die fähig sind, gewissenhafte Entscheidungen zu fällen, zu lieben und zu teilen.
Wichtig ist auch, dass sie lernen und erfahren, wie man mit seinen Ängsten umgeht, und dass Hoffnung und Vertrauen keine leeren Worte sind. Es ist wichtig, den eigenen Glauben zu kennen und zu verstehen.
Ebenso wichtig ist aber, Menschen anderen Glaubens zu verstehen und zu tolerieren.
Wichtig ist auch, dass junge Menschen es lernen, nachzudenken und zu staunen, leidvolle Erfahrungen und Enttäuschungen zu verarbeiten, sich für andere einzusetzen.
In der Schule sollte besonders der Religionsunterricht der Ort sein, wo alle diese Fähigkeiten bewusst gemacht und eingeübt werden. Inhalte und Methoden des Religionsunterrichtes sind darauf ausgerichtet, den Schüler zu ermutigen, seine eigenen Probleme und die Probleme der Gemeinschaft, zu der er gehört, vom christlichen Glauben her zu durchdenken und dadurch vielleicht besser zu bewältigen.
Die Erteilung des Religionsunterrichts liegt also im Interesse Ihrer Kinder.
Wenn Ihnen dies alles wichtig ist, sollten Sie über jede ausgefallene Stunde in Religion ebenso besorgt sein wie in Mathematik oder Englisch.

Überzeugt Sie diese Argumentation für den Besuch des Religionsunterrichts?

Reli oder Philo ...?

In vielen Bundesländern müssen Schüler/innen, die in der gymnasialen Oberstufe das Pflichtfach »Religionslehre« nicht belegen, ein sogenanntes »Ersatzfach« belegen, meist das Fach »Philosophie« oder »Ethik«.

Informieren Sie sich über Ziele, Inhalte, Themen und Arbeitsweisen eines Ersatzfaches. Worin unterscheidet es sich vom Religionsunterricht? Kann es Religionsunterricht »ersetzen«? Müßte es vielleicht besser als »Alternativfach« bezeichnet werden?
Wie stehen Sie zu der Belegpflicht von Religionslehre bzw. dem Ersatzfach?

Religionsunterricht – Kirchliche Indoktrination in der Schule?
Informieren Sie sich über den rechtlichen Rahmen des Religionsunterrichts.
Welche pädagogischen und theologischen/religiösen Begründungen werden für den Religionsunterricht gegeben?
Informieren Sie sich im Lehrplan für den Religionsunterricht in der gymnasialen Oberstufe über Aufgaben und Ziele des Religionsunterrichts.

Erlass des Kultusministers von Württemberg vom 28. April 1937, Nr. 7399

Die Gestaltung des Religionsunterrichts

Die Erziehung der deutschen Jugend hat einheitlich im Geiste des Nationalsozialismus zu erfolgen. In der Schule ist diesem Grundsatz in allen Fächern Rechnung zu tragen. Es darf nicht sein, dass durch Einflüsse, die der nationalsozialistischen Weltanschauung entgegenstehen, irgendein Zwiespalt in die Seelen der jungen deutschen Menschen hineingetragen wird.
Da Religion ordentliches Lehrfach der Schule ist, ist dieser Notwendigkeit auch im Religionsunterricht Rechnung zu tragen. Das hat zur Folge, dass Stoffe, die dem Sittlichkeitsempfinden der germanischen Rasse widersprechen, im Unterricht nicht zu behandeln sind.
Gewisse Teile des alten Testaments können daher für den Unterricht nicht infrage kommen, andere werden stark in den Hintergrund treten müssen. Da heute nicht der Zeitpunkt gekommen ist, eine ins Einzelne gehende stoffliche Regelung für den Religionsunterricht zu treffen, muss ich von den nationalsozialistischen Schulleitern und Lehrern sowie den Geistlichen, denen die deutsche Volksgemeinschaft als hohes Gut am Herzen liegt, erwarten, dass sie in der Schule den richtigen Weg finden zur Neugestaltung der religiösen Unterweisung im nationalsozialistischen Sinne. Soweit veraltete Bestimmungen dem entgegenstehen, gelten diese als aufgehoben.

Mergenthaler

Vergleichen Sie das Verständnis von Religionsunterricht im »3. Reich« mit dem heutigen.

Überlegen Sie, wer heute in welchen Bereichen des Alltags Religion instrumentalisiert, d. h. für seine Interessen und Zwecke einsetzt.

In Religion eine ›Eins‹ – Zur Notengebung im Religionsunterricht

Schweinfurt, 25. Juni (epd). Nur »Einser« erhalten die Schüler der sechsten und siebten Klassen der Hauptschule Rodach (Kreis Coburg) im evangelischen Religionsunterricht. Ihr Lehrer, der evangelische Pfarrer Horst Seeger (35), führt diese Zensuren weniger auf die Qualität seines Unterrichts als vielmehr auf seine Auffassung vom Sinn religiöser Unterweisung zurück. Während einer Diskussion des evangelisch-liberalen Gesprächskreises in Schweinfurt zum Thema »Kreuz mit den Noten« sagte er, grundsätzlich sei er gegen Zensuren im Religionsunterricht. Denn: »Notengebung ist ein Schlag ins Gesicht, wenn man gleichzeitig von der voraussetzungslosen Gnade Gottes spricht.« Da er sich jedoch an die Schulordnung gebunden fühle, verteile er allein die Note »sehr gut«.

Was wird, was kann, was soll, was darf eigentlich im Religionsunterricht bewertet werden?
Wie beurteilen Sie das Verhalten von Pfarrer Seeger? Setzen Sie sich kritisch mit seiner Begründung auseinander.

Leistungsbewertung im Religionsunterricht

Als ordentliches Lehrfach umfasst auch der Religionsunterricht Lernerfolgskontrollen und Leistungsbewertungen. Das Fach Religionslehre hat Versetzungsrelevanz.
Für viele bleiben dennoch im Blick auf den Religionsunterricht Fragen bestehen. Aus theologischer Sicht ist festzuhalten: Der Mensch erwirbt sein Heil nicht durch eigene Anstrengung, sondern jeder menschlichen Leistung geht Gottes aus Gnade geschenkte Rechtfertigung voraus. Wert und Würde des Menschen sind nicht quantifizierbar, bewertbar und aufrechenbar.
In der Tat wird hier ein Problem jedes schulischen Faches deutlich, nämlich das Problem, wie das Personsein des Lernenden und sein Leistungsverhalten mit dem Personsein des Lehrenden und seinem die Leistung bewertenden Tun in ein klares Verhältnis gesetzt werden können. Dieses Problem stellt sich für den Religionsunterricht in besonderer Weise, weil sein Gegenstand ständig und explizit mit Fragen des Personseins und Handelns von Menschen zu tun hat. Stets ist daher vor aller Leistungsbewertung und Notengebung für den Religionslehrer wichtig, dass die Schülerinnen und Schüler spüren, worauf Anerkennung der Person und Würde und Wertung des Menschen beruhen. Arbeit und Leistung im Religionsunterricht haben ihren Ort im Bereich der Begegnung mit den Unterrichtsgegenständen und nur hier.
Dass unter der Begegnung mit den Unterrichtsgegenständen eine Begegnung mit der in den Unterrichtsgegenständen unverfügbar verborgenen und dennoch von Menschen bezeugbaren »Sache« in Gang kommt oder nicht, kann nicht Gegenstand von Leistung und Bewertung sein.
Vor diesem Hintergrund hat Leistung zwar ihre beschränkte Bedeutung, aber sie ist in mannigfacher Hinsicht notwendig. Leistung dient letztlich der Förderung menschlichen Lebens. Der

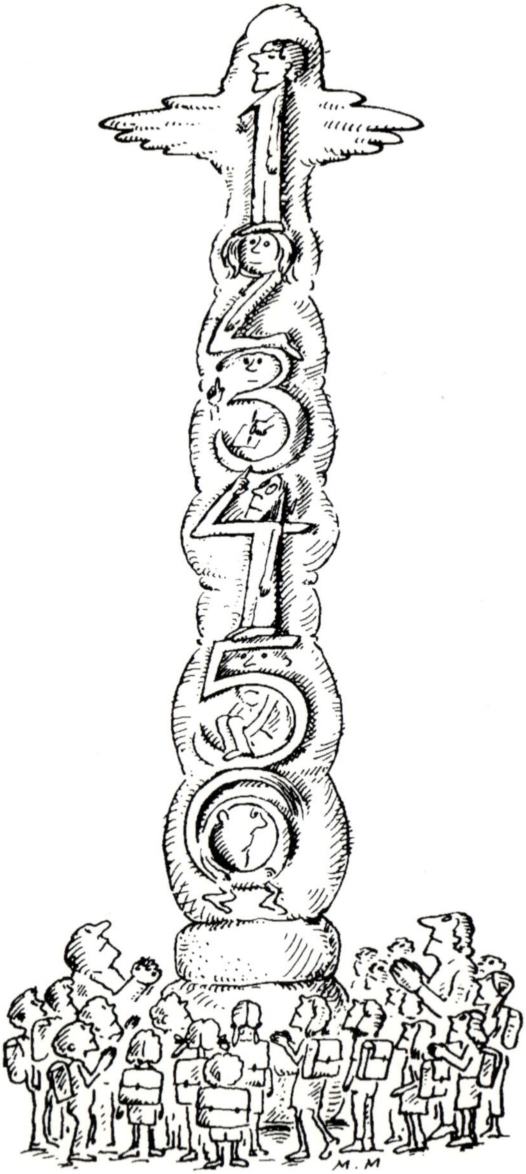

Marie Marcks

humane Charakter einer Leistungsforderung liegt darin, dass sie zur Entfaltung und Bewährung der Kräfte des Menschen beiträgt, zur Aktivität anreizt und zur Freude über ein gelungenes Werk verhilft. Leistungen stiften Selbstvertrauen, Leistungsfähigkeit trägt zur Identität des Menschen bei. Leistung ist auch Impuls zum sinnvollen Gebrauch von Gottes Gaben; ist Erfahrung der Fähigkeit, zum Nutzen anderer etwas beitragen zu können.
Leistung erfährt Begründung, wenn sie unter dem prinzipiellen Zuvor der bedingungslosen Zuwendung Gottes zum Menschen gesehen wird. Daraus folgt, dass sich Religionsunterricht der Gefahr einer Verabsolutierung der Leistung ständig bewusst sein muss. Er muss einer einseitigen Ausrichtung der gesamten Schule auf diese Zweckbestimmung wehren und deutlich machen, dass ihre pädagogischen Ziele – Hinführung zu Wahrhaftigkeit, Toleranz, Eintreten für Schwächere, Bemühung um Verständigung u. a. m. – den gebührenden Rang behalten. Religionsunterricht muss andererseits die lebenserhaltende Bedeutung von Arbeit und Leistung zur Geltung bringen und Tendenzen wehren, Ansprüche auf Kosten bzw. zu Lasten anderer durchzusetzen und entsprechende Einstellungen aufzubauen. Der Religionsunterricht versucht dieser doppelten Aufgabe gerecht zu werden, indem er, ohne eine Sonderrolle zu beanspruchen, gemeinsam mit den anderen Schulfächern zu einer pädagogisch verantworteten Gestaltung dieses Bereichs schulischer Arbeit beiträgt.

aus einem Lehrplan

Überzeugt Sie diese Begründung für die Leistungsbewertung im Religionsunterricht? Welches Verständnis von »Leistung« erkennen Sie? In welchem Verhältnis zum »Leistungs«-Begriff in unserer Gesellschaft steht es?

Wie könnte nach Ihren Vorstellungen eine pädagogisch verantwortete Leistungsbewertung aussehen? Sammeln, gewichten, begründen und diskutieren Sie Kriterien der Leistungsbewertung für den Religionsunterricht in Ihrem Kurs.

»Definitionen« von Religion

Sich-gebunden-Wissen an eine höhere Macht

Religionswissenschaftliche Definition

Religion nennt man im allgemeinen Sinn die erlebte Beziehung zwischen dem Menschen und der übermenschlichen Macht, an die er glaubt und von der er sich abhängig fühlt. Diese Beziehung kommt zum Ausdruck in besonderen Gefühlen (Vertrauen und Furcht), Vorstellungen (Sagen, Mythen, Dogmen) und Handlungen (Ritus, Kultus, Erfüllung religiöser Vorschriften). Unter Religionen versteht man die Arten von Heiligkeitsverehrung, die verschiedenen Stämmen, Völkern oder anderen Gemeinschaften eigen sind.

Das Thema der Religion ist die Erlösung von den Mächten, die der Gemeinschaft mit dem Göttlichen entgegenstehen. Das von Friedrich Schleiermacher so genannte »Gefühl der schlechthinnigen Abhängigkeit« ist ein wichtiger Bestandteil der Religion, umfasst aber nicht die gesamte Erscheinung. Schon Hegel hatte gegen Schleiermacher spöttisch eingewandt: Wenn es für die Religion oder gar das Christentum nur auf dieses Gefühl ankäme, dann würde der Hund der beste Christ sein, denn er trägt das Gefühl seiner Abhängigkeit am stärksten in sich.

Die Ströme des religiösen Lebens entquellen dem Verlangen nach Wahrheit, Frieden und nach einem den Tod überwindenden Leben. Die Bezeichnungen für das Verbundensein mit Gott sind in den verschiedenen Sprachen der Welt allesamt einseitig und unvollkommen. Die Sprache der christlichen Völker hat das lateinische Wort religio übernommen, das dann im Rationalismus in die Theologie übergegangen ist. Cicero leitete es von relegere = berücksichtigen ab, Augustin wollte in dem Wort das Wiederfinden von etwas Verlorenem ersehen, während Lactantius die Ableitung von religare = anbinden vertrat und Religion als das Gebundensein beziehungsweise das Sich-gebunden-Wissen an eine höhere Macht erklärte.

Der Drang nach Religion gehört zur Wesensausstattung des Menschen. Religion bekundet sich als eine Summe von Glaubensvorstellungen, bezogen auf eine Wirklichkeit, die zwar durch Erfahrungen nicht beweisbar, für den Gläubigen aber unbedingt gewiss ist. Diese Wirklichkeit, ausgeformt in bestimmten Glaubensvorstellungen, ist für das Leben des Gläubigen uneingeschränkter Maßstab und wird Anlass zu besonderen Handlungsweisen, durch die der Mensch mit seinem Leitbild in Verbindung treten will. Die Untersuchung dieser Erscheinungen ist Aufgabe der Religionswissenschaft.

Hans-Joachim Schoeps

Untauglicher Versuch der Gotteserkenntnis

Theologische Definition

Sie (die Religion) ist der ohnmächtige, aber auch trotzige, übermütige, aber auch hilflose Versuch, mittels dessen, was der Mensch wohl könnte, aber nun gerade nicht kann, dasjenige zu schaffen, was er nur kann, weil und wenn Gott selbst es ihm schafft: Erkenntnis der Wahrheit, Erkenntnis Gottes.

Karl Barth

Illusionäre Wunscherfüllung

Psychoanalytische Definition

Fassen wir die psychische Genese der religiösen Vorstellungen ins Auge. Diese, die sich als Lehrsätze ausgeben, sind nicht Niederschläge der Erfahrung oder Endresultate des Denkens, es sind Illusionen, Erfüllungen der ältesten, stärksten, dringendsten Wünsche der Menschheit; das Geheimnis ihrer Stärke ist die Stärke dieser Wünsche. Wir wissen schon, der schreckende Eindruck der kindlichen Hilflosigkeit hat das Bedürfnis nach Schutz – Schutz durch Liebe – erweckt, dem der Vater abgeholfen hat, die Erkenntnis von der Fortdauer dieser Hilflosigkeit durchs ganze Leben hat das Festhalten an der Existenz eines – aber nun mächtigeren – Vaters verursacht. Durch das gütige Walten der göttlichen Vorsehung wird die Angst vor den Gefahren des Lebens beschwichtigt, die Einsetzung einer sittlichen Weltordnung versichert die Erfüllung der Gerechtigkeitsforderung, die innerhalb der menschlichen Kultur so oft unerfüllt geblieben ist, die Verlängerung der irdischen Existenz durch ein zukünftiges Leben stellt den örtlichen und zeitlichen Rahmen bei, in dem sich diese Wunscherfüllungen vollziehen sollen. Antworten auf Rätselfragen der menschlichen Wissbegierde, wie nach der Entstehung der Welt und der Beziehung zwischen Körperlichem und Seelischem, werden unter den Voraussetzungen dieses Systems entwickelt; es bedeutet eine großartige Erleichterung für die Einzelpsyche, wenn die nie ganz überwundenen Konflikte der Kinderzeit aus dem Vaterkomplex ihr abgenommen und einer von allen angenommenen Lösung zugeführt werden.

Sigmund Freud

Projektion einer übermenschlichen Erfahrung

Erfahrungsbezogene Definition

Als Mohammed von seinen Engeln erzählte, »projizierte« er die arabische Sprache mit all ihrer Fracht an soziohistorischen Bedeutungen in den Himmel. Doch er tat das nur deshalb, weil er als erster die Erfahrung machte, dass von diesem Himmel aus sich eine ganz andere Realität in die irdische Realität projizierte, in eine Realität, in der er gemeinsam mit allen anderen Arabisch sprach. Anders gesagt: Religion lässt sich als menschliche Projektion verstehen, weil sie in menschlichen Symbolen kommuniziert wird. Doch eben diese Kommunikation wird ausgelöst durch eine Erfahrung, mit der eine übermenschliche Erfahrung in das menschliche Leben injiziert wird.

Peter L. Berger

Praxis der Kontingenzbewältigung

Funktionale Definition

Diese funktionale Konzeption stellt sich über die bekannte Kontroverse, ob Religion Angst und Unsicherheit behebe oder ob sie sie erst erzeuge. Beides trifft in gewisser Weise zu. Religion reformuliert die Bedingungen von Unsicherheit. Sie interpretiert Ereignisse und Möglichkeiten in einer Weise, die mit sinnhafter Orientierung korreliert und eine Steigerung tragbarer Unsicherheit ermöglicht. Der Bedarf für diese Leistung hängt zusammen und variiert mit dem Entwicklungsstand der Gesellschaft einerseits, der in zunehmende Komplexität und Kontingenz anderer Möglichkeiten führt, und andererseits mit den Strukturen der Religion selbst.

Niklas Luhmann

Sozialintegratives Glaubenssystem

Religionssoziologische Definition

Wenn wir im folgenden Religion als nicht-empirisches, wertendes Glaubenssystem auffassen wollen, so ist in dieser Begriffsbestimmung kein wertendes Moment enthalten. Die Tatsache, dass die subjektiven Bedingungen des religiösen Handelns nicht der überprüfbaren Erfahrung zugänglich sind, heißt nicht, dass Religion einem überwundenen oder zu überwindenden Stadium der menschlichen Entwicklung angehört. Über die zukünftige Entfaltung der Religion und ihre Existenzmöglichkeiten entscheidet nicht der logische Status ihrer Aussagen, sondern ihre Funktion in einer sich wandelnden Gesellschaft. Der bis jetzt skizzierte Religionsbegriff bedarf noch der erläuternden Erweiterung, dass für die Soziologie nicht jedes idiosynkratische Glaubenssystem – selbst wenn es die obigen definitorischen Bestimmungen erfüllen sollte – als Religion zu bezeichnen ist. Nur ein sozial verbindliches Glaubenssystem ist Religion im soziologischen Sinne des Wortes.

Günter Kehrer

Die Antwort, die ich lebe

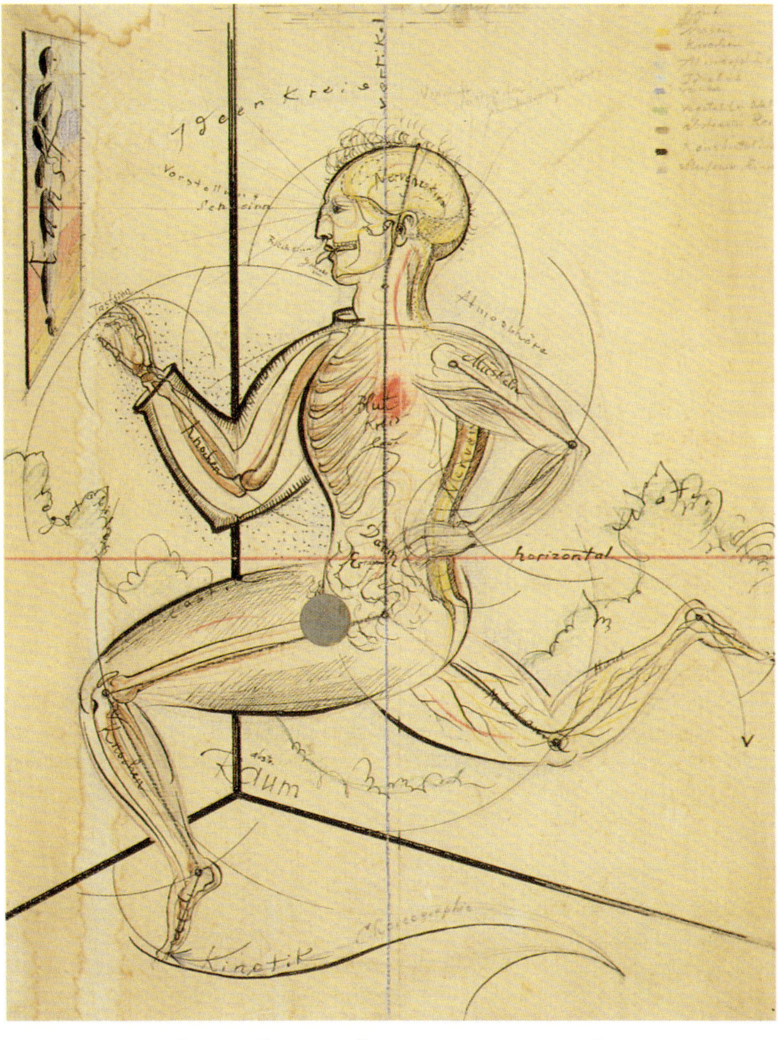

Oskar Schlemmer:
Der Mensch im Ideenkreis

Auseinandersetzung mit der Sinnfrage

Einblick Durchblick Überblick

Die Voraussetzung: Das eigene Leben ist eine Antwort auf die Frage nach dem Sinn des Lebens

»Die Antwort, die ich lebe« macht eine entscheidende Voraussetzung. Die Frage nach dem Sinn des Lebens hat immer schon eine Antwort gefunden – das eigene Leben, die Art und Weise, wie ein Mensch sein Leben gestaltet. Diese Antwort ist jedoch nicht immer ganz bewusst – und oftmals wird eine andere Antwort gelebt als behauptet.

Das Ziel: Sich selber besser kennen lernen

Das ganze Kapitel will dazu herausfordern, die eigene Antwort auf die Frage nach dem Sinn des Lebens näher zu betrachten und mit anderen zu vergleichen. Es will Lust machen, sich selber besser kennen zu lernen und die eigenen Sichtweisen auch einmal kritisch zu überprüfen.

Das Vorgehen: Auswählen!

Um dieses Ziel zu erreichen, enthält dieses Kapitel ganz verschiedenartige Texte, Bilder, Impulse und Arbeitsaufgaben. Ein bestimmtes Vorgehen ist nicht vorgezeichnet. Es kommt darauf an, jene Elemente auszuwählen, die von besonderem Interesse sind und für die »Selbstbesinnung« ertragreich erscheinen.

Der Aufbau: Vier verschiedenartige Zugänge zu der Antwort, die ich lebe

Das Kapitel enthält vier verschiedene Zugänge zu der eigenen Antwort auf die Sinnfrage. Ihre Reihenfolge ist nicht beliebig, aber auch nicht zwingend. Der Einstieg kann überall erfolgen. Die vier Zugänge hängen zwar zusammen, sind aber je für sich bedeutsam.

Zugang 1: Versprechen – Die Antwort auf die Frage nach dem Sinn des Lebens ist bestimmt von dem, was wir uns von der Zukunft versprechen.
Zugang 2: Erfahrungen – Die Antwort auf die Sinnfrage ist geprägt von konkreten Erfahrungen in der eigenen Lebensgeschichte.
Zugang 3: Grundhaltungen – Die Antwort auf die Sinnfrage bildet die Grundeinstellung zu dem eigenen Leben, zu anderen und zu der Welt insgesamt.
Zugang 4: Handeln – Die Antwort auf die Sinnfrage führt zu einem bestimmten Handeln.

Glaube und Bibel: Eine Position im Streit der Meinungen

In allen vier Zugängen wird Bezug genommen auf den Glauben Jesu an das nahe herbeigekommene Reich Gottes. Das Reich Gottes ist seine Hoffnung, aber auch seine alltägliche Erfahrung. Der Glaube an das Reich Gottes bestimmt seine Beziehung zu anderen, zu sich selbst und der Welt insgesamt. Er bestimmt sein Handeln, für das er auch andere gewinnen will. Der Glaube an das Reich Gottes ist die Mitte seines Lebens.
Ob dieser Glaube die »richtige« Antwort auf die Frage nach dem Sinn des Lebens ist, muss sich zeigen – in der persönlichen Auseinandersetzung und letztlich im eigenen Leben.

Versprechen

Wie Menschen leben, was sie tun, und vor allem auch, wie sie ihr Leben empfinden, hängt ganz gewiss von verschiedenen Faktoren ab. Gegenwärtige Umstände und Erfahrungen in der Vergangenheit, aber auch Vorbilder und Ideale spielen dabei eine wichtige Rolle.
Die folgenden Seiten gehen von der These aus, dass das alltägliche Leben in hohem Maße von dem bestimmt ist, was sich Menschen von ihrer Zukunft versprechen. Behauptet wird: Wie Menschen reagieren, wie sie handeln und wie sie sich fühlen, ist entscheidend davon geprägt, was sie sich für ihr weiteres Leben erhoffen und wünschen, aber auch von dem, wovor sie Angst haben und was ihnen Sorgen bereitet. Das Bild der Zukunft bestimmt die Erfahrung der Gegenwart!
Werbung und Politik machen sich diese Einsicht zunutze. Sie verbinden ihre »Angebote« mit den grundlegenden Hoffnungen und Wünschen der Menschen, aber auch ihren tief sitzenden Ängsten und Sorgen.
Was hier scheinbar beiläufig geschieht, wird in Literatur und Philosophie, vor allem aber in den Religionen direkt angesprochen. Gerade sie beschäftigen sich mit den Hoffnungen und den Ängsten und wollen Menschen für ihre Sicht gewinnen. Welche ist glaubwürdig? Welche ist »realistisch«?
Die folgenden Texte und Bilder konfrontieren Sie mit ganz unterschiedlichen Versprechen. Sie wollen Ihnen helfen, bei sich selbst zu entdecken, welche Hoffnungen und Wünsche, aber auch Sorgen und Ängste Sie beeinflussen.

Versprechen in der Werbung

Suchen Sie noch weitere Werbeanzeigen, die Sie ansprechen. Stellen Sie diese Ihren Mitschülern/-innen vor. Bedenken Sie folgende Fragen: Fühlen Sie sich von diesen Werbeanzeigen angesprochen? Von welcher mehr, von welcher weniger, von welcher überhaupt nicht? Warum?

Welche Hoffnungen und Ängste werden in diesen Anzeigen angesprochen?

Was sagt dies über Menschen und ihr Leben?

Vermuten Sie, dass die Anzeigen halten, was sie versprechen?

Wie beurteilen Sie diese Versprechen?

Versprechen in der Politik

Am 5. August 1990 ließ der irakische Präsident Saddam Hussein seine Truppen in den Ölstaat Kuwait einmarschieren. Menschen wurden getötet, Städte zerstört, Geschäfte geplündert. Als die Versuche, Saddam Hussein zu einem Rückzug zu bewegen, scheiterten, beschloß die UN den militärischen Angriff. Am 17. Januar 1991 begann das Unternehmen »desert storm«. Zwei Stunden nach Beginn des Krieges hielt der damalige US-Präsident George Bush folgende Rede:

Eine neue Weltordnung

Ich hoffe, dass die Kämpfe nicht lange dauern werden und die Zahl der Opfer auf ein absolutes Minimum beschränkt wird. Dies ist ein historischer Moment. Wir haben im vergangenen Jahr grosse Fortschritte dabei gemacht, die lange Ära des Konflikts und des Kalten Krieges zu beenden. Wir sehen vor uns die Möglichkeit, für uns selbst und für kommende Generationen eine neue Weltordnung zu schaffen, eine Welt, in der die Regeln des Gesetzes, nicht das Gesetz des Dschungels das Verhalten der Nationen untereinander bestimmen.

Wenn wir Erfolg haben – und wir werden ihn haben –, haben wir eine echte Chance auf diese neue Weltordnung, eine Ordnung, in der eine glaubwürdige UN ihre friedenssichernde Rolle einsetzen und so die Hoffnungen der Gründer der Vereinten Nationen erfüllen kann. Wir haben keinen Streit mit dem irakischen Volk; in der Tat bete ich für die Sicherheit derjenigen, die unschuldig in diesem Konflikt gefangen sind. Unser Ziel ist nicht die Eroberung des Irak; es ist die Befreiung Kuwaits. Es ist meine Hoffnung, dass das irakische Volk selbst jetzt noch seinen Diktator davon überzeugen kann, dass er seine Waffen niederlegen, Kuwait verlassen und so dem Irak erlauben muss, wieder in den Kreis der friedliebenden Nationen zurückzukehren.

Kein Präsident kann leichthin unsere Söhne und Töchter in den Krieg schicken. Unsere Armee ist eine reine Freiwilligen-Armee, großartig ausgebildet, hoch motiviert. Die Soldaten wissen, warum sie dort sind; und hören wir darauf, was sie sagen, denn sie haben es besser gesagt, als es jeder Präsident oder Premierminister jemals könnte. Hören wir Hollywood Huddleston zu, Unteroffizier der Marineinfanterie. Er sagt: »Lasst uns diese Leute befreien, damit wir nach Hause gehen und wieder frei sein können.« Und er hat Recht. Die furchtbaren Verbrechen und Folterungen, die Saddams Handlanger an dem unschuldigen Volk von Kuwait begangen haben, sind ein Affront gegenüber der Menschheit und eine Herausforderung an unser aller Freiheit.

...

Lassen Sie mich jedem, der heute Nacht zuhört oder zuschaut, sagen: Wenn die Soldaten, die wir entsandt haben, ihre Arbeit beendet haben, bin ich entschlossen, sie so schnell wie möglich nach Hause zu bringen.

Heute Nacht, während unsere Streitkräfte kämpfen, sind sie und ihre Familien in unsere Gebete eingeschlossen. Möge Gott jeden Einzelnen von ihnen und von den alliierten Streitkräften an unserer Seite am Golf segnen. Und er möge fortfahren, unsere Nation zu segnen, die Vereinigten Staaten von Amerika.

Reuter

Beurteilen Sie die beiden Versprechen aus der Politik. Sind sie glaubwürdig? Welche Hoffnungen und Ängste werden angesprochen?

aus dem Landtagswahlkampf in Rheinland-Pfalz

Versprechen in der Bibel

Das Reich Gottes kommt

Jes 35, 5.6

1 Mose 2, 2.3

4 Mose 13, 25–27

Jes 61, 1.2

Hes 47, 1–12

Ps 146, 5–9

Offb 21, 1–22, 5

Jes 2, 4

Jes 25, 6.8

~~Mk 2, 19~~

Ps 85, 11

Jes 65, 17–25

Lk 14, 14

Lk 15, 23

Jes 11, 6–8

Malen Sie miteinander auf die Tafel oder auf ein Plakat ein möglichst großes und buntes Bild vom Reich Gottes. Benutzen Sie dazu alle Bibelstellen.

Besprechen Sie miteinander Ihr Kunstwerk: Was gefällt Ihnen? Was gefällt Ihnen nicht? Ist dieses Bild eine Utopie?

Vergleichen Sie Ihr Bild mit den Werbeanzeigen und den Versprechen aus der Politik.

Die ersten Christen versammelten sich oft zu einem gemeinsamen Mahl. Sie erinnerten sich dabei an das letzte Mahl mit Jesus und wussten sich so dem Reich Gottes besonders nahe.

Planen Sie ein gemeinsames Abendessen. Überlegen Sie, was Sie dazu brauchen. Bedenken Sie dabei auch den Tischschmuck und die »Liturgie« des gemeinsamen Essens.

Sprechen Sie danach über Ihre gemeinsamen Erfahrungen.

Das Reich Gottes ist wie eine Hochzeit

In seinen Reden über das kommende Gottesreich deutet Jesus immer wieder das Bild eines Festmahls an oder einer Hochzeit. Ein Gleichnis dieser Art lebt von der lebendigen Sitte, die in ihm anklingt. Wie spielte sich denn zu damaliger Zeit im jüdischen Volk eine Hochzeit ab?
Zunächst besuchte der Mann die Eltern und brachte seine Werbung vor.
Dann folgte die festliche Verlobung vor der Familie und zwei Zeugen. Mit ihr waren Mann und Frau praktisch schon fest miteinander verbunden. Längere Zeit später erfolgte in der Regel erst die dritte Phase: die Heimführung der Braut. Der Mann führte seine junge Frau in sein Haus oder auf seinen Hof. Danach folgte als viertes das Fest des Bräutigams mit seinen Freunden. Die fünfte Phase endlich war das Hochzeitsmahl, der eigentliche Höhepunkt des Festes im Haus der Eltern des Bräutigams. Das Brautpaar saß auf Thronen unter einem Baldachin und spielte die Hochzeit zwischen dem König Salomo und seiner Geliebten Sulamith. Das Hohelied der Bibel, mindestens eine Reihe von Liedern aus ihm, gehörte zu diesem Festbrauch und wurde dabei gesungen und getanzt. Den Abschluss bildete die Heimkehr des jungen Ehepaars in das eigene Haus.
Und das Bild von der Hochzeit ist keineswegs auswechselbar. Jesus greift immerhin ein uraltes Symbol auf, das nicht nur in der Frühgeschichte der Menschheit erscheint und in allen Religionen, sondern auch in der Bibel, im Alten Testament: die heilige Hochzeit. Es bedeutet: Wenn Gott sich mit der Erde verbinden wird wie ein Bräutigam mit seiner Braut, dann wird sich alles wandeln. Die Hoffnung wird sich wandeln in Erfüllung, die Angst in Dankbarkeit, das Leid in Freude, der Glaube in beglücktes Schauen.
Für diese Wandlung wählt Jesus nicht zufällig das Symbol einer Hochzeit, das die Religionen des Orients lange vor Abraham und Mose gebraucht haben, wenn sie von Erfüllung und Erlösung sprechen wollten. Wenn aber das Alte Testament Israel als die Braut und Gott als den Bräutigam verherrlicht, dann führt die Tradition der Symbole und der kultischen Feste der Zeit vor Israel, die die heilige Hochzeit zwischen Himmel und Erde, Gott und Welt, Gott und Mensch feiern, ohne Umwege zu den Gleichnissen, in denen Jesus das Ende der Geschichte andeutet.
Die heilige Hochzeit war für die alten Völker das Fest des Frühlings, Beginn einer neuen Ära, einer Zeit der Lebendigkeit und des Segens. Man feierte die Verheißung von Frieden und Glück für die Erde und die Menschen.
Im Alten Testament kehrt das Symbol wieder. Heil ist zu erwarten, sagt der Psalm, »wenn Gerechtigkeit und Friede sich küssen«. Die Propheten erinnern, wenn ihr Volk an der Nähe Gottes zweifelt, an die Anfangszeit Israels und sagen: Das war unsere Brautzeit. Der Bund der Nähe zwischen Gott und uns gilt …
Jesus nahm das Symbol auf, und zwar nicht nur in seinen Gleichnissen. Die Gastmähler, die er mit den Menschen in den Dörfern Galiläas feiert, sind »Hochzeitsfeste«. »Warum isst er mit den Sündern und den Zöllnern?«, fragen sich die Frommen. Der Grund ist einfach: Weil in dieses Fest der Erlösung alle einbezogen sind, wie sie am Ende der Zeit einbezogen sein werden.

Jörg Zink

Vergleichen Sie den Ablauf der jüdischen Hochzeit mit heutigen Verlobungs- und Hochzeitsriten.

Bedenken Sie, welche Hoffnungen und Wünsche in dem Symbol der »Heiligen Hochzeit« enthalten sind.

Apocalypse now

Refr.: Es reiten vier Reiter unter dem Mond.
Es wachsen die Schatten am Horizont.
Es führen vier Wege ans Ende der Zeit,
die sind mit unsrer Asche bestreut.

Der Erste jagt näher, sein Totenkopf glänzt,
der rasende Hunger, ein grelles Gespenst,
jagt wie ein gellender Schrei durch die Nacht,
von Menschen erlitten, von Menschen gemacht.

Und in knöchernem Klammergriff hält
er umspannt zwei Drittel der Welt,
die noch zu essen haben, hoffen vielleicht,
dass sie der heulende Tod nicht erreicht.

Nichts sehen, nichts sagen, die Schreie nicht hör'n,
der Hunger ist weit, wir können uns nähr'n,
doch drohend fällt schon sein wachsender Schatten,
auf die Länder der immer noch Satten.

Der Zweite reitet in goldenem Rock,
ein fetter Räuber auf fettem Bock,
und auf seinem Sturmbanner steht:
Die Welt wird geplündert, so lange es geht.

Der Urwald gerodet, die Lunge der Welt,
der Boden vom Toben der Gifte entstellt,
es gibt einen Sachzwang und der heißt Profit.

Die Meere sind tot, Öl säumt noch den Strand,
die Erde trägt nichts mehr, ein braches Land,
dann ist die Welt bis zum Knochen zernagt,
ein toter Stein, der zum Himmel aufragt.

Der Dritte fährt drein wie ein Säbelhieb,
ein alter Killer im Panzerjeep.
Der hat so ein kaltes Feuer im Blick,
das Glitzern des Todes, der ewige Krieg.

Die Städte zerfallen in Feuer und Schutt,
in Flüssen wälzt sich die Lavaglut,
Gewitter aus Schlägen und Gegenschlägen,
aus Napalmwolken rinnt brennender Regen.

Da wird um die letzten Reste gerauft,
die letzten Kinder mit Blut getauft,
den Bunker der Hoffnung, den gibt es nicht mehr,
denn dieser Krieg gleicht keinem vorher.

Der Vierte kommt plötzlich und unerhört,
ein weißer Blitz auf dem Nebelpferd,
lange gehortet und aufgestaut,
springt er ins Volle, sprengt er die Haut.

Ein weißer Blitz auf dem Pferd aus Rauch,
ein glühender Ball, ein vergehender Hauch,
taumelnde Trümmer und Nebelschwaden
zieh'n sich hin bis zu den Plejaden.

Es bläht sich der Leib der zerplatzenden Welt,
wie ein Tropfen Milch, der auf Feuerglut fällt,
zerspringen die Funken sich bäumender Kraft,
das ist das Letzte, wir haben's geschafft.

Heinz R. Unger

Albrecht Dürer: Die apokalyptischen Reiter

Sehen auch Sie die vier apokalyptischen Reiter? Gibt es weitere?
Rechnen auch Sie mit einem baldigen Ende der Welt? Gibt es eine Chance?
Das Bild der apokalyptischen Reiter stammt aus dem letzten Buch der Bibel (Offb 6, 1–8). Entdecken Sie, was die Bibel in diesem Buch verspricht.

Erfahrungen

Wie ich selber das Leben sehe und beurteile, ist bestimmt durch Erlebnisse, die mich sehr bewegt haben und noch immer bewegen. Dies können eigene Erlebnisse sein oder auch solche, die ich von anderen gehört habe. Auf den folgenden Seiten finden Sie Berichte und Gedanken über Erlebnisse, die Menschen nachhaltig geprägt haben. Bitte wählen Sie jene aus, die Sie selber für besonders eindrücklich halten. Achten Sie bitte darauf, wie die Menschen ihre Erlebnisse jeweils deuten. Stimmen Sie dieser Deutung zu? Gleiche Ereignisse können ganz unterschiedlich erfahren werden! Wie Menschen ihr Leben erfahren, hängt davon ab, wie sie das Leben, die Welt, die anderen und sich selbst verstehen.

Chinesische Parabel

Irgendwo sollte eine Hochzeit gefeiert werden. Die Brautleute hatten nicht viel Geld, aber dennoch waren sie der Meinung, dass viele Menschen mitfeiern sollten. Geteilte Freude ist doppelte Freude, dachten sie. Also baten sie die Eingeladenen, je eine Flasche Wein mitzubringen. Am Eingang würde ein großes Fass stehen, in das sie ihren Wein gießen konnten. Als nun das Fest eröffnet wurde, liefen die Kellner zu dem großen Fass und schöpften mit großen Löffeln daraus.
Doch wie groß war das Erschrecken aller, als sie merkten, dass es Wasser war. Versteinert saßen oder standen sie da, als ihnen allen bewusst wurde, dass eben jeder gedacht hatte: Die eine Flasche Wasser, die ich hineingieße, wird niemand merken oder schmecken. Nun aber wussten sie, dass jeder so gedacht hatte. Und als um Mitternacht das Flötenspiel verstummte, gingen alle schweigend nach Hause und jeder wusste: Das Fest hat nicht stattgefunden.

Die Erzählung vom Hochzeitsfest verdichtet vielfältige Erfahrungen in einer exemplarischen Geschichte. Kennen Sie ähnliche Erfahrungen? Formulieren Sie Ihre Schlussfolgerungen. Regt Sie die jüdische Legende zu anderen Schlussfolgerungen an?

Jüdische Legende

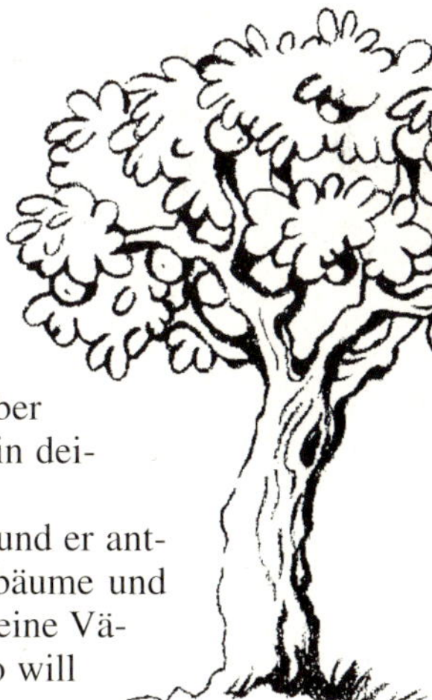

Ein Weiser mit Namen Choni ging einmal über Land und sah einen Mann, der einen Johannisbrotbaum pflanzte. Er blieb bei ihm stehen und sah ihm zu und fragte: »Wann wird das Bäumchen wohl Früchte tragen?« Der Mann erwiderte: »In siebzig Jahren.«
Da sprach der Weise: »Du Tor! Denkst du in siebzig Jahren noch zu leben und die Früchte deiner Arbeit zu genießen? Pflanze lieber einen Baum, der früher Früchte trägt, dass du dich ihrer erfreust in deinem Leben.«
Der Mann aber hatte sein Werk vollendet und sah freudig darauf und er antwortete: »Rabbi, als ich zur Welt kam, da fand ich Johannisbrotbäume und aß von ihnen, ohne dass ich sie gepflanzt hatte, denn das hatten meine Väter getan. Habe ich nun genossen, wo ich nicht gearbeitet habe, so will ich einen Baum pflanzen für meine Kinder oder Enkel, dass sie davon genießen. Wir Menschen mögen nur bestehen, wenn einer dem andern die Hand reicht. Siehe, ich bin ein einfacher Mann, aber wir haben ein Sprichwort: Gefährten oder Tod.«

Suizid eines 17-jährigen

»Joachim hat ein heiteres, unbefangenes Wesen. Sein Verhalten war stets angemessen.« So beurteilte ihn der Klassenlehrer in seinem letzten Schulzeugnis. Der 17-jährige Gymnasiast, ein hübscher Junge mit langen Haaren, wirkte wie ein ganz normaler Schüler: locker, humorvoll, kontaktfreudig. Das war er, aber das war auch Fassade. Niemand hatte sich vorstellen können, dass er das Unfassbare tut: Joachim erhängte sich in der Nacht zum 24. Januar an einer Birke. Fünf Zentimeter über dem Boden. 500 Meter von seinem Elternhaus entfernt. Ein klares Motiv dafür gibt es bis heute nicht. Keine kaputten Familienverhältnisse, kein Liebeskummer, keine Schulangst, keine Drogen, kein religiöser Wahn.

Ein Abschiedsbrief fehlt. Seine Stimmungen ließ Joachim in Zeichnungen fließen. Dunkle, unheilvolle Kohle-Skizzen, alle in seinem letzten Lebensjahr entstanden: Raketen im Weltall, ferne Planeten, ein Menschenpaar auf einer einsamen Bergkuppe, Schluchten und Grate, Straßen, die sich verengen, ein Sensenmann auf einem Segelschiff ohne Segel, eine Hand, die aus einem Herz einen Blutstropfen herauspresst, ein Herz, das an einem Galgen hängt, ein erhängter Mensch vor einem Grab, die Uhr daneben zeigt 5.08. Und Kreuze, immer wieder Kreuze: auf Häusern und Bergen, am Straßenrand.

Seine Eltern schöpften keinen Verdacht. »Wir dachten, er zeichnet sich seine Gefühle von der Seele.« Vorhersehen konnte die Selbsttötung keiner. Joachim kündigte sie nicht direkt an, es gab keinen Suizidversuch. Er war auch nicht einsamer als andere, hatte Freunde und Freundinnen. Bei Mädchen war er beliebt. »Joi« hatte Charme. Bis zum Schluss lebte er äußerlich ein völlig normales Pennäler-Leben: Er meldete sich für eine Berlinfahrt an, kaufte eine Karte für den Abschlussball, wollte von seiner Mutter eine neue Zahnbürste, feierte fünf Tage vor seinem Tod noch Geburtstag. In aufgekratzter Stimmung: »Noch nie hab' ich einen so schönen Geburtstag gehabt. Dass ich das noch erleben kann.« Ein paar Stunden, bevor er unter einem sternenklaren Himmel zur Birke ging, sagte er zu seinem besten Freund: »Das ist die Nacht der Nächte.«

Joachim war neugierig auf Grenzerfahrungen. Immer wieder hörte er die »dunkelgrauen Lieder« des Wiener Melancholikers Ludwig Hirsch. Sein Lieblingslied hieß »Der Wolf«: »Dort, wo der Sturm die Baumspitzen quält, dort, wo der Wind keine Lügen erzählt, dort, wo ein Vieh keine Hüter kennt, dort ist das Land, das er Freiheit nennt.« Im Jahresbericht seines Gymnasiums wurde das Motiv aufgenommen: »Auf der Suche nach einem besseren Leben ging ... unser Mitschüler für immer von uns.«

Im Religionsunterricht beteiligte er sich eifrig bei Themen wie »Leben nach dem Tod«, an das er durchaus glaubte. Als die Rede darauf kam, ob der Freitod erlaubt sei, sagte der selbstbewusste Schüler: »Das möchte ich schon selbst bestimmen.« Einen Lehrer fragte er später sogar einmal, »ob Sie sich noch einmal an mich erin-

nern werden«. Alarmzeichen, die keiner richtig deuten konnte. Auch gegenüber seiner Familie deutete er indirekt seinen Entschluss an: »Gell, wenn ich tot bin, schneidet ihr mir nicht die langen Haare ab?«, fragte Joachim seine Mutter.
Margarete Siebert (Name von der Redaktion geändert), eine aufgeweckte Frau, die in ihrem Büro viel mit Menschen zu tun hat, verstand die Frage ihres Sohnes damals nicht und dachte sich: »Da sterbe ich doch viel eher.« Krebs hatte sie, und diese Krankheit belastete ihren Sohn vielleicht mehr, als sie dachte.
Joachim war kein Sorgenkind in dem winzigen oberpfälzischen Dorf. An dauerhafte Konflikte mit ihm, dem Zweitgeborenen zwischen zwei Töchtern, kann sich die 49-jährige Mutter nicht erinnern. Joachim war einer aus der Nesthocker-Generation, ein Junge, der gerne zu Hause war, ein freiheitsliebender Typ, der gleichwohl nicht aus der behüteten Landidylle weg wollte.
Weltfremd wirkte Joachim, der Hobby-Astronom mit dem »außergewöhnlichen Interesse am Universum«, nicht. Er experimentierte mit dem Chemiekasten, war Laienschauspieler bei der Katholischen Jugend, lernte Gitarre spielen. Am ersten Tag des Golfkrieges – eine Woche vor seinem Tod – kam er mit einer Gasmaske in die Schule. Angst? Protest? Provokation? Resignation? Eher letzteres: »Im Krieg werden die Menschen hingemetzelt. Das Leben ist ja nicht mehr viel wert«, äußerte Joachim. Auch schleichende Umweltkatastrophen setzten ihm zu: »Das Ozonloch wird so groß, was soll ich denn da noch lernen?« Joachim litt. An der Unvollkommenheit der Welt, an Oberflächlichkeit, Mittelmäßigkeit, Maßlosigkeit.
Der Vater suchte ihn. Ein Freund fand ihn dann an dem einsamen windigen Höhenweg, den sie »Highway« nannten. Er glaubte erst gar nicht, dass er tot war, sprach ihn an: »Joi, mach keinen Scheiß!« Bis er das Unbegreifliche begriff.
Ein anderer Freund widmete Joachim ein Gedicht: »Die, die dich gekannt haben / haben es gewusst / aber es kannte dich keiner.« In der Schule reagierten viele mit lautem Schluchzen. Lehrer besuchten die Familie. Mit einem Bus kamen die Klassenkameraden zur Beerdigung. Joachim war beliebt. Heute erinnert in der Schule nichts mehr an ihn. Gerade ein Lehrer kam zum Gedenkgottesdienst am ersten Todestag. Ob sich das Schulklima verändert hat, ob offener über Suizid gesprochen wird, ob die Schule sich Vorwürfe machte, darüber will der sehr, sehr diskrete Direktor nichts sagen. Ein Tabu verfestigt sich.

Manfred Otzelberger

Können Sie den Suizid von Joachim verstehen? Hätte es Hilfe geben können? Soll man über Suizid offen sprechen?

Krankheit, Krieg und Katastrophen gehören zu unserem Leben. Wie gehen Sie selbst damit um?

Der italienische Künstler Giotto (1267–1337) malte dieses Bild um 1300 an die Wand der Arenakapelle in Padua. Hier hüllt der große gelbe Mantel des Judas die Gestalt Jesu fast völlig ein, beide verschmelzen zu einer Figur.

Judas in uns

Jahrelang wurde die frühere Bürgerrechtlerin Vera Wollenberger von ihrem eigenen Ehemann Knud im Auftrag des Staatssicherheitsdienstes der DDR (Stasi) bespitzelt.
Nach dem Fall der Mauer wurden die Stasiakten zugänglich gemacht. Viele Spitzel wurden enttarnt, auch Knud Wollenberger, genannt »Donald«. Er hatte Begegnungen an die Stasi verraten, Gespräche weitergeleitet und damit seine Frau in höchste Gefahr gebracht.
Sie schreibt darüber: »Das, was ich in jenen Tagen durchmachen musste, würde ich keinem Menschen wünschen, nicht einmal dem ärgsten Feind.« Während sie an einem Buch arbeitete, in dem sie ihre Enttäuschung zu verarbeiten versuchte, erhielt sie das Schreiben eines Rechtsanwaltes:

Donald Knud Wollenberger verlangt die Zahlung eines Zugewinnausgleiches. Die Ehe war eine Vermögensgemeinschaft gewesen. Er hat deshalb Anspruch auf eine Ausgleichszahlung für den nach der Wende erheblich gestiegenen Wert ihres Grundstückes und Hauses in der ehemaligen DDR.

Vera Wollenberger schreibt:

»Donald … greift nun nach meinen Wurzeln. In diesem Haus, dem meiner Großeltern, wurde ich geboren, in diesem Garten habe ich meine Kindheit verbracht. Hier lebe ich mit meinen Kindern. Wenn Donald vor Gericht erfolgreich wäre, müsste ich, das Opfer des gemeinsten Verrates, diesen Täter bezahlen – aus meinem Erbe. Ich würde dann das Haus meiner Kindheit verlieren.«

Überlegen Sie, wie das Gericht im Fall »Wollenberger gegen Wollenberger« urteilen sollte.
Beurteilen Sie dabei auch den Verrat von Knud Wollenberger. Wie hat es dazu kommen können? Gibt es entlastende Argumente?
Kennen Sie »Verrat« in Ihrem eigenen Leben?
Haben Sie eine Erklärung, warum Judas Jesus verraten hat? Vergleichen Sie dazu Lk 22, 1–6. 21–23. 47 f.

Ich habe keine Zeit

»Ich habe keine Zeit« gehört zu den Spitzenaussagen unseres Lebens. Sie ist Ausdruck einer immer schneller und hektischer gewordenen Welt, die kaum Zeit lässt zum Aufatmen und Durchatmen. Wie ist es zu dieser Hektik gekommen? Warum haben Menschen heute eigentlich »keine Zeit«? Welche Ängste und Sorgen, aber auch Wünsche und Hoffnungen stecken möglicherweise dahinter?

Eine Stille- und Atemübung

Stellen Sie die Füße im Abstand von ca. 20 cm parallel nebeneinander fest auf den Boden und richten Sie Ihren Oberkörper auf. Im Idealfall sitzen Sie nun aufrecht, nirgendwo angelehnt und Füße, Unterschenkel, Oberschenkel und Oberkörper bilden jeweils in etwa einen rechten Winkel zueinander. Die Hände liegen flach auf den Oberschenkeln oder ruhen ineinandergelegt im Schoß.
Erspüren Sie Ihre Sitzbeinhöcker, indem Sie im Lendenwirbelbereich leicht ins Hohlkreuz und dann wieder zurück gehen und dadurch Ihr Becken über zwei Druckpunkte rollt. Mit den beiden Händen unter dem Gesäß lassen sich die beiden Sitzbeinhöcker noch besser wahrnehmen.
Genießen Sie, in diesem Augenblick nichts tun zu müssen, einfach nur da zu sein und den Atem, die Ur-Bewegung des Lebens, zu verkosten.
Atmen Sie durch die Nase. Spüren Sie, wie die Luft durch Ihre Nasenlöcher ein- und ausströmt … Wo können Sie Ihren Atem besonders gut spüren? Im Inneren der Nase oder im Rachenraum? Im Brustraum oder im Bauch-Beckenraum? An der Körpervorderseite oder im Rücken? … Fällt es Ihnen leicht zu atmen? Fließt der Atem? Oder nehmen Sie Widerstände wahr? Gibt es Körperstellen, wo der Atem »stockt«, wo er an Hindernisse stößt? Welche Atemphase braucht mehr Zeit? Machen Sie eine Atempause und wann machen Sie diese? … Verweilen Sie schließlich eine Zeit lang bei der Wahrnehmung, wie die Luft durch die Nase strömt.

Formulieren Sie die Phantasien und Gefühle, die die Zeichnung bei Ihnen auslöst. Bedenken Sie die obigen Fragen.

Zeichnen Sie einen Stundenplan mit allen 24 Stunden eines Tages und tragen Sie alle Ihre Unterrichtsstunden und sonstigen Termine darin ein. Wo stehen Sie unter »Zeitdruck«? Wo haben Sie »Langeweile«? Was könnten Sie in Ihrem Leben ändern, um mehr Zeit zu gewinnen oder Zeiten besser zu füllen?

Die Informationsschwemme

Die Information ist zu einer Art Abfall geworden. Sie trifft uns wahllos, richtet sich an niemand Bestimmten und hat sich von jeglicher Nützlichkeit gelöst: Wir werden von Information überschwemmt, sind nicht mehr imstande, sie zu beherrschen, wissen nicht, was wir mit ihr tun sollen. Und zwar deshalb nicht, weil wir keine kohärente Vorstellung von uns selbst, von unserem Universum und von unserer Beziehung zueinander und zu unserer Welt besitzen. Wir wissen nicht mehr, woher wir kommen und wohin wir gehen und warum. Wir verfügen über keinen kohärenten Rahmen, an dem wir uns orientieren können, und haben deshalb auch keine Maßstäbe, mit denen wir beurteilen könnten, was sinnvolle, nützliche oder relevante Information ist. Unsere Abwehrmechanismen gegen die Informationsschwemme sind zusammengebrochen; unser Immunsystem gegen Informationen funktioniert nicht mehr. Wir leiden unter einer Art von kulturellem Aids …

Daraus, dass man tausend Dinge kennt und weiß und nicht imstande ist, Einfluss auf sie zu nehmen, erwächst ein eigenartiger Egoismus. Schlimmer: Die meisten Menschen glauben immer noch, Information und immer mehr Information sei das, was die Menschen vor allem benötigten.

Aber unsere wirklich ernsten Probleme erwachsen nicht daraus, dass die Menschen über unzureichende Informationen verfügen. Wenn es zu einer Nuklearkatastrophe kommt, dann nicht wegen unzulänglicher Information. Wo Menschen verhungern, geschieht das nicht wegen unzureichender Information. Wenn Familien zerbrechen, wenn Kinder misshandelt werden, wenn zunehmende Kriminalität eine Stadt terrorisiert, wenn sich das Erziehungswesen als ohnmächtig erweist, so nicht wegen mangelnder Information, sondern weil wir kein zureichendes Bewusstsein davon entwickeln, was sinnvoll und bedeutsam ist.

Um dieses Bewusstsein zu entwickeln, brauchen die Menschen eine glaubwürdige »Erzählung«. Unter »Erzählung« verstehe ich hier eine Geschichte über die Geschichte der Menschheit, die der Vergangenheit Bedeutung zuschreibt, die Gegenwart erklärt und für die Zukunft Orientierung liefert. Eine Geschichte, deren Prinzipien einer Kultur helfen, ihre Institutionen zu organisieren, Ideale zu entwickeln und ihrem Handeln Autorität zu verleihen.

Ohne Erzählungen von transzendentem Ursprung kann keine Kultur wirklich gedeihen und die Kraft entfalten, den Menschen beim Sichten und Einschätzen von Informationen ebenso zu helfen wie bei der Entscheidung darüber, welches Wissen ihnen noch fehlt.

Neil Postman

Diskutieren Sie die Behauptung von Neil Postman, dass Nuklearkatastrophen, Verhungern, das Zusammenbrechen von Familien, Kindesmisshandlung und vieles andere mehr aus dem Verlust einer »glaubwürdigen Erzählung« resultieren.

Das Reich Gottes ist nah

Frieden,

Liebe,

Vertrauen,

Vergebung

Das Reich Gottes ist wie ein Senfkorn: wenn das gesät wird aufs Land, so ist's das kleinste unter allen Samenkörnern auf Erden; und wenn es gesät ist, so geht es auf und wird größer als alle Kräuter und treibt große Zweige, sodass die Vögel unter dem Himmel unter seinem Schatten wohnen können.

Mk 4, 31. 32

Mit dem Reich Gottes ist es so, wie wenn ein Mensch Samen aufs Land wirft und schläft und aufsteht. Nacht und Tag; und der Same geht auf und wächst – er weiß nicht, wie. Denn von selbst bringt die Erde Frucht, zuerst den Halm, danach die Ähre, danach den vollen Weizen in der Ähre. Wenn sie aber die Frucht gebracht hat, so schickt er alsbald die Sichel hin; denn die Ernte ist da.

Mk 4, 26–29

Wo das mal passiert

dass sich die Starken davonstehlen müssen,
dass den Sicheren, denen man niemals was nachsagen kann,
dass den niemals Zweifelnden einmal die Rechnung nicht aufgeht,
dass den strahlenden Helden das Lachen im Hals stecken bleibt,
dass sich der Große geirrt hat, der Vater dem Kind sagt: Vergib!,
dass auch die Frau das Recht hat, nein zu sagen und stärker zu sein,
dass, der wochenlang stirbt, endlich sterben darf,
dass Liebe sein darf, auch wenn sie kein Kind will,
dass wieder Liebe geschieht, wo Untreue war,
dass der Rentner mal mehr hat, als ihm von Rechts wegen zusteht,
dass einer drauf pfeift, wieviel Leistung er einmal »erbracht« hat,
dass einer gelegentlich faulenzt und seine Pflicht nicht erfüllt,
dass einer zum Umfallen schuftet, aber nicht, weil er muss,
dass ein Lehrer den Schüler gegen die Regel durchkommen lässt,
dass der Sitzengebliebene fröhlich nach Haus geht,
dass einer sagt, was er denkt, und man schmeißt ihn nicht raus
und sperrt ihn nicht ein,
dass einer was Neues erkennt und das Neue auch macht,
dass einer mal gegen was anstinkt, obwohl's keinen Zweck hat …
dass der Alltag nicht grau ist, im Schnee blühn die Rosen.
Unglaublich wär's, aber warum nicht probieren
und merken: Da wiederholt es sich ja,
was damals bei Jesus passierte.

Horst Nitschke

Ersetzen Sie in den beiden Bibeltexten das Wort »Reich Gottes« nacheinander durch die Worte Frieden, Liebe, Vertrauen, Vergebung. Lesen Sie die Texte laut vor und bedenken Sie ihre Wahrheit.

Führen Sie dann eine Pro- und Contra-Diskussion. Eine Gruppe vertritt die Position von Jesus, die andere den Widerspruch.
Die Jesus-Gruppe kann die Einsichten von Horst Nitschke aufnehmen.

Das Wunder der Auferstehung im Leben

Da kam einer von den Vorstehern der Synagoge, mit Namen Jaïrus. Und als er Jesus sah, fiel er ihm zu Füßen und bat ihn sehr und sprach: Meine Tochter liegt in den letzten Zügen; komm doch und lege deine Hände auf sie, damit sie gesund werde und lebe. Als er noch so redete, kamen einige aus dem Hause des Vorstehers der Synagoge und sprachen: Deine Tochter ist gestorben; was bemühst du weiter den Meister? Jesus aber hörte mit an, was gesagt wurde, und sprach zu dem Vorsteher: Fürchte dich nicht, glaube nur!
Und er ging hinein und sprach zu ihnen: Was lärmt und weint ihr? Das Kind ist nicht gestorben, sondern es schläft. Und sie verlachten ihn. Er aber trieb sie alle hinaus und nahm mit sich den Vater des Kindes und die Mutter und die bei ihm waren und ging hinein, wo das Kind lag, und ergriff das Kind bei der Hand und sprach zu ihm: Talita kum! – das heißt übersetzt: Mädchen, ich sage dir, steh auf! Und sogleich stand das Mädchen auf und ging umher; es war aber zwölf Jahre alt. Und sie entsetzten sich sogleich über die Maßen. Und er gebot ihnen streng, dass es niemand wissen sollte, und sagte, sie sollten ihr zu essen geben.

Mk 5, 22 f., 35 f., 39–43

Führen Sie ein »stummes Gespräch« zu den Begriffen »tot sein«, »leben« und »auferstehen«. Die Begriffe stehen auf einem möglichst großen Plakat. Jede und jeder »schreibt« in Gedanken darauf, was ihr/ihm dazu einfällt. Sprechen Sie über Ihre Einsichten!
Helfen Ihnen Ihre Einsichten, die »Auferweckung der Tochter des Jaïrus« besser oder neu zu verstehen?

wussten sie schon
dass die nähe eines menschen
gesund machen
krank machen
tot und lebendig machen kann
wussten sie schon
dass die nähe eines menschen
gut machen
böse machen
traurig und froh machen kann
wussten sie schon
dass das wegbleiben eines menschen
sterben lassen kann
dass das kommen eines menschen
wieder leben lässt
wussten sie schon
dass die stimme eines menschen
einen anderen menschen
wieder aufhorchen lässt
der für alles taub war
wussten sie schon
dass das wort
oder das tun eines menschen
wieder sehend machen kann
einen
der für alles blind war
der nichts mehr sah
der keinen sinn mehr sah in dieser welt
und in seinem leben
wussten sie schon
dass das zeithaben für einen menschen
mehr ist als geld
mehr als medikamente
unter umständen mehr
als eine geniale operation
wussten sie schon
dass das anhören eines menschen
wunder wirkt
dass das wohlwollen zinsen trägt
dass ein vorschuss an vertrauen
hundertfach auf uns zurückkommt
wussten sie schon
dass tun mehr ist als reden
wussten sie das alles schon
wussten sie auch schon
dass der weg vom wissen
über das reden
zum tun
interplanetarisch weit ist

Wilhelm Willms

Eugen Drewermann, katholischer Theologe und Tiefenpsychologe, will mit seiner »tiefenpsychologischen Bibelauslegung« biblische Texte neu lesen und verstehen. Er will sie aus der Perspektive von Menschen verstehen, deren Seele verkümmert, krank und verängstigt ist. Ihnen soll die Bibel Heilung bringen und neue Lebenswege aufzeigen.

Das wunderbare Erwachen der Freiheit

Es ist schlimm, dass der Tod die Macht hat, sehr früh schon, scheinbar willkürlich und wann es ihm beliebt, das Leben von Menschen, die uns nahe stehen, hinwegzuraffen und die Traurigkeit und der Schmerz, die das Kommen des Todes begleiten, sind schrecklich. Schlimmer aber ist es, dass die Angst vor dem Tod ein Menschenleben zu ersticken vermag, noch ehe es überhaupt die Möglichkeit besitzt, frei und selbständig zu einem eigenen Dasein aufzublühen, und nicht selten ist es die vermeintliche Fürsorge der eigenen Eltern, die das bewirkt. Es ist möglich, aus Angst und Sorge einen solchen Glassturz von Behütung und Obhut über ein Kind zu stülpen, dass es darunter erstickt, und gerade das scheint zwischen dem Synagogenvorsteher Jaïrus und seiner Tochter geschehen zu sein. Das sogenannte »Mädchen« … ist zwölf Jahre alt, wie man am Ende der Geschichte erfährt; es ist also gerade in dem Alter, in dem man in Israel zu einer erwachsenen, heiratsfähigen Frau wurde. In eben diesem Moment geschieht es, dass des Jaïrus »Töchterlein«, wie wir es immer wieder angeredet hören, nicht mehr zu leben weiß, sondern in seiner Kammer liegt wie tot. – Der Eindruck ist unvermeidbar, dass beides miteinander zusammenhängt: die Verzärtelung und Verkleinerung ihrer Person und ihre tödliche Erkrankung bei Eintritt in das Erwachsenenalter …
Vermutlich war das Dasein der Tochter eines Synagogenvorstehers so ähnlich beschaffen wie das Leben der Kinder eines Dorfschullehrers oder eines protestantischen Pfarrers noch vor ein paar Jahrzehnten: Sie hatten der Stolz, das Aushängeschild, das Muster elterlicher Erziehungskunst zu sein. Andere Kinder mochten draußen tollen und spielen oder allerlei Unfug treiben, eines »Synagogenvorstehers« Tochter aber musste auf sich halten, denn: Man sieht auf sie. Wenn sie sich blamiert, blamiert sie damit ihren Vater. Eine ganze Weile lang, über Jahre hin, mag dieses Erziehungskonzept scheinbar ohne Schaden funktionieren; ja, es mag schließlich in der Tat zum Stolz der Tochter werden, zum Stolz ihres Vaters zu gereichen. Erst an der Grenze zum Erwachsenwerden muss dieses Arrangement sich unfehlbar erweisen als das, was es ist: als eine unabsehbare Kette von Angst und Schuldgefühlen. Auf der einen Seite wird eines Jaïrus »Töchterlein« nie gelernt haben, für sich selbst Entscheidungen zu treffen, die Wahrscheinlichkeit, etwas falsch zu machen, ist zu groß, die Abhängigkeit, ja sogar die Verpflichtung, sich von dem so treusorgenden Vater beschützen zu lassen, noch übermächtig; auf der anderen Seite aber wird es, wie jedes Kind in seinem Alter, den Drang verspürt haben, ein eigenes Leben zu entfalten. Auch in ihm wird sich die Sehnsucht nach Liebe, die träumende Erwartung jugendlicher Phantasie, der Wille zu Protest und Auflehnung gegen ein Zuviel an Gängelung und Bevormundung zu Wort gemeldet haben. Gefühle dieser Art lassen sich nicht zurückdrängen, doch eben deshalb erzeugen sie eine ständige Furcht vor Vorwurf und Strafe.
Auf diese Weise kann ein Leben, das nur im Dämmerlicht einer solchen »verantwortlichen« Fürsorge der Eltern aufwächst, sich zu einer tödlichen Erkrankung auswachsen und tragischerweise ist es offensichtlich für Vater Jaïrus unbegreifbar, wie sehr er selber womöglich die eigentliche Ursache für den lebensgefährlichen

Zustand seiner Tochter darstellt. Von daher muss es wohl geschehen, dass des Jaïrus »Töchterlein« zunächst sterben muss, um zum Leben zu kommen, und auch Jesus bleibt nichts anderes übrig, als Vater Jaïrus auf dem Weg nach Hause diese Grenze eines äußersten Verlustes gerade unter den Augen und unter den Händen des Gottes in aller Härte zuzumuten: Nur wenn sie ihrem Vater stirbt, wird des Jaïrus' Tochter leben …

Verstehen wir »Liebe« als einen Versuch, einander das irdische Leben zu sichern und womöglich mit absoluter Energie gegen die scheinbar unbesiegbare Macht des Todes anzukämpfen, so missrät unser Miteinanderleben unausweichlich zu einer terroristischen Todespraxis aus Fürsorge, Zwang, Dirigismus und erstickender Einengung. Diese Erkenntnis ist ganz entscheidend: Es ist nicht möglich, dass die Liebe atmen kann, wenn es nur das irdische Leben gibt; denn die Liebe lebt von der Freiheit, von der Eröffnung eines unendlichen Horizonts, von dem Wissen um die Unableitbarkeit, die Ewigkeit, die unendliche Größe des anderen, den man liebt. Die Liebe ist die stärkste Versicherung, dass es ein ewiges Leben gibt, und die Geschichte von der Tochter des Jaïrus zeigt dies zunächst am allermeisten: dass zur Menschlichkeit der Liebe, zum Wagnis der Freiheit, zur Fähigkeit, den anderen im Lichte Gottes wachsen zu lassen, das Vertrauen in die Unsterblichkeit, in die Ewigkeit des Lebens unbedingt gehört. Jesus hebt diesen Zusammenhang besonders hervor und er stellt es aufs Wort einander so gegenüber: »Das Mädchen«, sagt er, »ist nicht tot, es schläft nur.« Unter den Augen Gottes gibt es keinen Tod, es gibt, betrachtet mit den Augen Gottes, nur einen Übergang aus dieser Welt der Zeit und der Vergänglichkeit hinüber in die Ewigkeit.

Einzig die Eltern nimmt Jesus mit und drei seiner Jünger, so als schlösse er selbst sich, gesammelt in der Einheit seiner Person, gegen die tödliche Krankheit zusammen. Und da begibt sich das Wunder: Während sonst die Hände von Menschen auf dem Haupt eines anderen liegen können, schwer und lastend wie Zwang und wie Druck, berühren die Hände Jesu die Hand dieses Mädchens, das jetzt eine Frau ist, so, dass es sich »aufrichtet«. Eine wunderbare Mischung liegt in dieser Anrede Jesu: »Mädchen, ich sage dir: steh' auf!« »Mädchen«, das heißt: »Ich verstehe all deine Angst, mit der man dich überhäuft hat; ich verstehe all deine Furcht, dich auf die eigenen Beine zu stellen; ich begreife sehr wohl, wieviel man dich an Abhängigkeit, an Fügsamkeit, an falschem Gehorsam und Sicherheitsstreben gelehrt hat.« Und doch fügt er hinzu: »Steh auf« – was soviel heißt wie: »Unternimm den Weg, den du selber gehen kannst; steh auf und bestimme selber die Richtung deines Lebens.« Und wirklich: dieses »Mädchen« geht, buchstäblich und selbständig. Scheinbar nur geht es in diesem Moment räumlich auf und ab; in Wahrheit unternimmt es die ersten Schritte in ein eigenes Leben.

Eugen Drewermann

Vergleichen Sie Ihre Sichtweise mit der von Eugen Drewermann.
Arbeiten Sie heraus, wie Eugen Drewermann den Tod des Mädchens und die Auferstehung deutet. Wie versteht er das Wunder?

Wenn Essen zur Qual wird

Es kommt wie ein Erdbeben, es, das Große Fressen. Die Angst, die Unsicherheit, die Minderwertigkeitsgefühle und damit dieser unbezähmbare Hunger. Ein Hunger, der nicht mit Magenknurren einhergeht, sondern mit dem Gefühl, man fiele in Ohnmacht, wenn man nicht jetzt sofort so viel und so lange isst, bis einem die Sinne schwinden. Evelyn steigt aus dem Bett und verschlingt acht doppelte Brote; der Tumult in ihren Eingeweiden beruhigt sich nicht, noch kauend setzt sie Wasser auf für ein Pfund Nudeln. Parallel dazu brät sie alle Eier aus dem Kühlschrank und schneidet den Rest des Brotlaibs auf. Am Morgen der moralische Kater, der ihr schon beim Wimperntuschen die Tränen in die Augen treibt. Sie hasst sich noch mehr als gewöhnlich, sie möchte am liebsten sterben und verachtet sich zusätzlich, weil sie nicht der Typ für harte Todesarten ist.
Seit vielen Jahren raten ihr die Ärzte zum Abnehmen. Nichts täte Evelyn lieber – wenn sie nur wüsste, wie sie dieses gefräßige Tier in sich bändigen soll, das jedes Mal sein hässliches Haupt hebt, wenn sie gerade denkt, sie schafft es doch. Diesen Moloch, der sie anspringt, wenn sie Kummer hat, und sie zwingt, ihn mit zehntausend Kalorien auf einen Schlag zu bedienen.
Die Droge der 45-jährigen Frankfurterin Evelyn Schmitt ist das warme Schmelzen von Schokoladebrocken im Mund, die mächtige Wärme von zwölf Siedewürsten im Bauch. Eine ganz legale Droge, die ihr Leben fast zerstört hat. Dass Essen für andere Leute Genuss sein mag, ist einer wie Evelyn gefühlsmäßig ganz, ganz fremd. Essen müssen ist fünf Minuten Lust und stundenlange Qual, ist Selbsterniedrigung, ist Geißel Gottes.

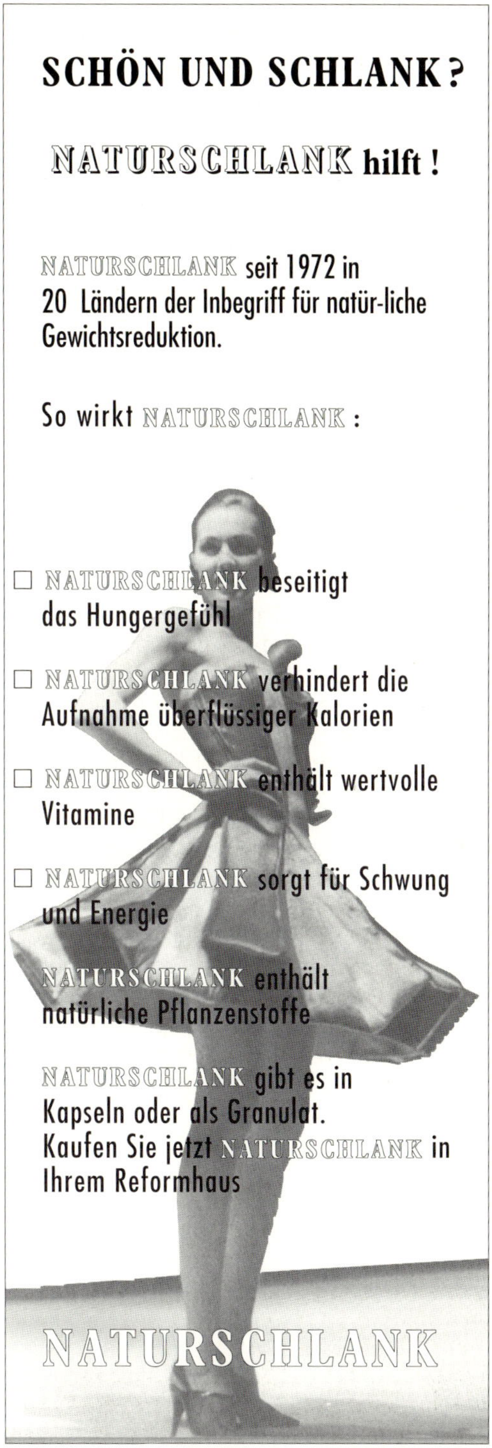

Evelyn Schmitt war nie ein Strich in der Landschaft. »Ich war eigentlich immer und überall die dickste –, aber auch die beliebteste.« Sie heiratet die erste, die große Liebe ihres Lebens und bald kündigt sich das Wunschkind an. Die gelernte Bürokauffrau Evelyn hat in eine ländliche Handwerkerfamilie eingeheiratet und dort auf dem Dorf weiß man für eine schwangere junge Frau keinen anderen Rat als: »Iss, iss, iss, damit's ein strammer Junge wird.« Als sie den erhofften Stammhalter zur Welt gebracht hatte, näherte sie sich mit 23 Jahren der 100-Kilo-Marke. Aber damals hatte sie ihr Essverhalten noch einigermaßen im Griff und es gelang ihr abzunehmen.
Was sie vollends aus der Bahn brachte, war der Tod der Mutter. »Mei Mutti, mei Mami, mei Mutz« – die heißgeliebte Frau war eigentlich eine egoistische Erpresserin gewesen, bloß dass Evelyn dies nie sah oder zu sehen wagte. Sie fand es nicht unmütterlich, wenn Mutti lauernd fragte: »Wen liebst du mehr – deinen Mann oder mich?« Sie fand es normal, dass Mutti nach dem Verblühen ihrer auffallenden Schönheit und dem Abgang ihres letzten Liebhabers jedes Wochenende händchenhaltend mit der einzigen Tochter verbringen wollte, und wenn die andere Pläne hatte, mit Selbstmord drohte. In vier Jahren, die sie nur 40 Kilometer voneinander entfernt lebten, wurden 500 Briefe gewechselt. Die Mutter starb 1980 nicht durch Suizid. Sie lag tot in ihrer Wohnung, als Evelyn mal eine halbe Stunde zu spät zum Rendezvous kam.
Da begannen die Fressanfälle. Die Mischung aus Schuldgefühlen und Sehnsucht nach Liebe riss diese schmerzenden Löcher in den Bauch, die man scheinbar nur mit einem Fressalienhaufen stopfen kann.
Evelyn hat ihren Mann, der in ihren Augen die natürliche Gabe der Schlankheit besaß, vergöttert und umsorgt und darunter gelitten, dass er zur Gattung der Maulfaulen gehörte. Sie saßen da immer recht nah aufeinander, in der Zweieinhalbzimmer-Wohnung in Frankfurt-Niederrad. Und wenn der Anfall kam, wurde Evelyn aggressiv. Sie schimpfte und spielte die launische Frau, die sie nicht ist, damit Mann und Sohn endlich schlafen gingen. Damit sie in die Küche gehen konnte und alles aufessen, was da an Kaubarem war. Oder sie schmierte sich Stapel von Broten, die sie sich in die Achselhöhlen klemmte. Das musste so sein, denn als Esssüchtige, die ihre Krankheit nicht zugibt, will man seiner Familie demonstrieren, dass man nur ganz wenig isst und trotzdem zunimmt.
In Evelyns voluminösem Leib sitzt eine ebenso große Seele: Als ihr Vater zum Pflegefall wurde, hat sie ihn zu sich genommen in die kleine Wohnung, selber auf einer Luftmatratze geschlafen. Nicht nein sagen können, sich nicht abgrenzen können, zerfließen vor Mitleid, echter und falscher Liebe – so charakterisieren Fresssüchtige sich selber.
Ihr Mann ist vor kurzem zu einer dünnen Nachbarin gezogen. Ein paar Wochen später kündigte ihr die Klinik, in der sie seit vielen Jahren tätig war.

Stern 37/1992

Erörtern Sie mögliche Gründe für Evelyns Fresssucht und entwickeln Sie Ansatzpunkte für eine Therapie.
Bedenken Sie auch Konsequenzen für das »normale« Leben.

Das Rätsel der Magersucht

Das Mädchen litt seit fünf Jahren unter Anorexia nervosa. Mit 15 Jahren war Alma gesund und gut entwickelt gewesen; sie hatte mit 12 menstruiert, war 1,65 Meter groß und wog 109 Pfund. Damals hatte ihre Mutter sie gedrängt, auf eine Schule mit höherem akademischem Niveau überzuwechseln, doch die Tochter hatte sich dagegen gesträubt. Ihr Vater hatte ihr geraten, auf ihr Gewicht zu achten, ein Vorschlag, den sie mit großem Eifer aufgriff. Und so begann sie rigide Diät zu halten. Sie verlor rapide an Gewicht und ihre Menses setzten aus. Das Dünnsein gab ihr ein Gefühl von Stolz, Macht und Leistung. Sie nahm auch ein aufreibendes Trainingsprogramm auf, schwomm kilometerlange Strecken, spielte stundenlang Tennis oder betrieb bis zur Erschöpfung Gymnastik. Wie niedrig auch ihr Gewicht war, Alma befürchtete, sie könne »zu fett« werden, wenn sie auch nur fünfzig Gramm zunahm. Es wurden viele Versuche unternommen, um sie wieder auf Gewicht zu bringen, doch sie nahm anschließend sofort wieder ab und so wog sie die meiste Zeit unter fünfundsechzig Pfund. Auch ihr Charakter und ihr Verhalten machten einen deutlichen Wandel durch. War sie vorher lieb, gehorsam und rücksichtsvoll gewesen, so wurde sie jetzt immer fordernder, eigensinniger, reizbarer und arroganter.

Als sie mich zur Konsultation aufsuchte, sah sie aus wie ein wandelndes Gerippe. Sie trug nur eine rückenfreie Bluse und Shorts, aus denen ihre Beine wie Besenstiele ragten; jede Rippe war zu sehen, und ihre Schulterblätter standen ab wie kleine Flügel. Almas Arme und Beine waren mit einem leichten Haarflaum bedeckt, ihre Gesichtshaut hatte einen Stich ins Gelbliche und ihre Haare hingen in Strähnen herab. Am auffallendsten war ihr Gesicht – eingefallen wie das einer ausgemergelten alten Frau mit einer zehrenden Krankheit, ein Gesicht mit tiefliegenden Augen, mit einer scharf gezeichneten Nase. Wenn sie sprach oder lächelte – und sie war ziemlich freundlich –, zeichnete sich um Mund und Augen jede Muskelbewegung ab, wie bei einem beweglichen anatomischen Schädelmodell. Alma bestand darauf, dass sie gut aussehe; es habe nichts auf sich, wenn sie so mager sei. »Ich freue mich, dass ich in diesem Zustand bin, und ich möchte ihn auch haben. Ich kann es einfach nicht glauben, dass ich krank bin und dass ich von irgend etwas genesen muss.«

Hilde Bruch

Aus welchen Gründen kann Magersucht entstehen?
Machen Sie Vorschläge für eine Therapie.

Liebe

»Ich war 12, als sich meine Eltern scheiden ließen, und ich erinnere mich, dass ich mich geschämt habe und mich gedemütigt fühlte«, sagte Marilyn. »Es war meine Mutter, die uns verließ. Sie hatte einen neun Jahre jüngeren Freund gefunden. Von einem Tag zum anderen fühlte ich mich wie ein anderer Mensch, wie jemand mit einer Familie, derer er sich schämen musste. Ich wollte nicht zur Schule und wollte meine Freundinnen nicht sehen. Ich konnte sie über mich tuscheln hören, kleine Bosheiten über meine Mutter und ihren Freund, den Rock-Star. Mein Vater schien wie betäubt. Ich weiß bis heute nicht, ob er über Steve (den Freund) Bescheid wusste, oder darüber, dass es zur Scheidung kommen könnte.

Ich war ein Einzelkind. Wir gingen zusammen einkaufen. Sie hat mir hübsche Kleider gekauft und es machte Spaß, mit ihrem Make-up zu experimentieren. Sie machte mir lustige Frisuren und ging oft mit mir aus – in den Zoo, den Zirkus und in Vergnügungsparks. Dad arbeitete viel und war häufig unterwegs, so waren Mom und ich immer zusammen. Ich vertraute ihr und fühlte mich sicher. Ich dachte, daran könne sich nichts ändern.

Heute vertraue ich niemandem mehr. Meine Freunde sagen, ich sei attraktiv, und ich habe keine Probleme, Männer zu treffen oder mich zu verabreden …

Ich fühle mich ziemlich sicher in meinem Beruf und in meinen Fähigkeiten. Aber nicht mit Menschen. Ich glaube, der einzige Mensch, auf den ich mich verlassen kann, bin ich selbst.«

Versuchen Sie eine Metaphermeditation zu »Liebe ist für mich wie …«. Vergleichen Sie Ihr Ergebnis mit dem Gedicht von Erich Fried. Schreiben Sie Miriam und/oder Marilyn einen Brief, der helfen will. Siehe auch S. 93.

Fass mich nicht an
Ich habe Angst
Vor dem, was Du tun wirst
Obwohl ich es mir wünsche
Ich habe Angst
Dich zu lieben
Obwohl ich es will
Ich habe Angst,
Dich zu berühren
Obwohl ich mich
danach sehne.
Es ist die Angst
bald wieder verlassen
zu werden
Die tief in mir sitzt

Miriam (16)

Es ist Unsinn
sagt die Vernunft
Es ist was es ist
sagt die Liebe
Es ist Unglück
sagt die Berechnung
Es ist nichts als
Schmerz
sagt die Angst
Es ist aussichtslos
sagt die Einsicht
Es ist was es ist
sagt die Liebe
Es ist lächerlich
sagt der Stolz
Es ist leichtsinnig
sagt die Vorsicht
Es ist unmöglich
sagt die Erfahrung
Es ist was es ist
sagt die Liebe

Erich Fried

Abschiednehmen

Unser ganzes Leben ist ein ständiges Adieu-Sagen, ein fortlaufendes Loslassen, ein immerwährendes Abschiednehmen. Dieses Sterben, das unser Leben begleitet, ist nicht nur schmerzlich, sondern auch voller Möglichkeiten.

Wie jede Blüte welkt und jede Jugend
dem Alter weicht, blüht jede Lebensstufe,
blüht jede Weisheit auch und jede Tugend
zu ihrer Zeit und darf nicht ewig dauern.
Es muss das Herz bei jedem Lebensrufe
bereit zum Abschied sein und Neubeginne,
um sich in Tapferkeit und ohne Trauern
in andre, neue Bindungen zu geben.
Und jedem Anfang wohnt ein Zauber inne,
der uns beschützt und der uns hilft, zu leben.

Wir sollen heiter Raum um Raum durchschreiten,
an keinem wie an einer Heimat hängen,
der Weltgeist will nicht fesseln uns und engen,
er will uns Stuf' um Stufe heben, weiten.
Kaum sind wir heimisch einem Lebenskreise
und traulich eingewohnt, so droht Erschlaffen:
nur wer bereit zu Aufbruch ist und Reise,
mag lähmender Gewöhnung sich entraffen.

Es wird vielleicht auch noch die Todesstunde
uns neuen Räumen jung entgegensenden.
Des Lebens Ruf an uns wird niemals enden …
Wohlan denn, Herz, nimm Abschied und gesunde!

Hermann Hesse

In allen Trennungen unseres Lebens steckt beides, das Aufgeben und Verlieren, aber auch die Chance zu einer neuen Lebendigkeit. Ich kann etwas davon erspüren und mir bewusst machen, wenn ich einmal auf die Bewegung meines Atems achte. Darin liegt viel von diesem Hergeben und Empfangen, von diesem Loslassen und Kommenlassen. Ich atme ein und spüre, wie sich mein Leib für die nächsten Augenblicke mit Leben füllt. Dann atme ich aus und muss viel von diesem Leben wieder hergeben. Aber nur so kann ich neues Leben empfangen. Wenn ich den Atem für mich behielte, würde ich etwas von einer sehr sinnvollen Balance verlieren. Ich stünde aufgeblasen und oberflächlich da, mein Schwerpunkt läge nicht mehr in der Tiefe, ich selbst wäre nicht mehr im Lot … Die Trauer entspricht dem Loslassen, dem »aus« in meinem Atmen. Wenn ich meine Trauergefühle übergehe, wenn ich sie übertöne und überspiele, dann entsteht hier eine Störung – am Anfang vielleicht noch kaum wahrnehmbar, die jedes »ein«, alles Neue, das auf mich zukommt, beeinträchtigen wird. Ich werde in meinen Lebensmöglichkeiten eingeschränkt und in meiner Lebenslust behindert sein. Insofern heißt trauern lernen auch leben lernen.

Waldemar Pisarski

Zeichnen Sie Ihren Lebensweg und markieren Sie wichtige Stationen. Gab es darin auch Abschiedserfahrungen? Was hat Ihnen geholfen, damit fertig zu werden?

Erfolg

Nicht zu vergessen ist der offene Brief an Uwe Seeler, geschrieben von dem bekannten Theologieprofessor Helmut Thielicke, mit der Bitte, er solle das Angebot des italienischen Fußballclubs »Inter Mailand« ausschlagen, um »der Jugend unseres Volkes ein Leitbild für die Lauterkeit der Gesinnung zu werden«.

»Wie haben Sie darauf reagiert?«

Seeler: »Über die bundesweite Resonanz war ich sehr angenehm überrascht ... Mein Verein HSV hätte eine Ablösesumme von 1,5 Millionen Mark und ich ein Handgeld von einer Million Mark bekommen. Damals gab es in Deutschland noch keinen Profifußball. Als Vertragsspieler verdiente ich 1961 340 DM. Als die Bundesliga 1963 gegründet wurde, durfte ich laut DFB-Satzung (Deutscher Fußballbund) aufgrund meiner 50 Länderspiele zusammen mit Hans Schäfer als Profi das höchste Monatsgehalt beziehen: 2500 DM – und das über Jahre. Trotzdem habe ich das Angebot aus Italien abgelehnt. Ich bin ein sehr bodenständiger Mensch und gehe lieber den schwierigen als den leichten Weg.«

»Was bedeutet Ihnen mehr als Ruhm und Erfolg?«

Seeler: »Für mich ist das Wichtigste im Leben das menschliche Miteinander, besonders in der Familie wie auch im Freundeskreis.

»Was halten Sie vom christlichen Glauben?«

Seeler: »Aufgrund unserer Lebensführung würde ich meine Familie und mich als gute Christen bezeichnen. Ich bin getauft und konfirmiert, gehe aber selten in die Kirche.«

Aufgrund seiner Sportverletzungen hat Uwe Seeler mindestens 18 Monate in Kliniken, Sanatorien oder zu Hause verbracht. Sein Sportarzt Dr. Fischer zählte 715 Behandlungen.

»Wie reagiert ein Uwe Seeler in solchen Krisenzeiten?«

Seeler: »Da geht man in sich und fragt sich: Na, wird es wieder gelingen oder nicht? Gerade im Krankenhaus hat man viel Zeit, über gewisse Dinge nachzudenken. Es liegt nicht in meiner Natur, um meine Person oder um meine persönlichen Gefühle ein öffentliches Geschrei zu machen. Ich bin sicherlich auch nicht sehr gläubig, wenn ich an Gott denke. Aber wenn ich mich selbst in diesem Augenblick frage, bin ich für den Glauben an Gott, aber mehr zurückgezogen und mehr im Innerlichen.«

Siegerpose am Geburtstag: Boris Becker nach dem Erfolg in Frankfurt. Er gewann die Weltmeisterschaft der Profis.

Formulieren Sie Gedanken und Gefühle, die Boris Becker nach seinem Sieg in der Profi-Weltmeisterschaft bewegt haben könnten. Haben Sie Ähnliches auch schon erlebt? Was bedeutet Ihnen Erfolg?

Diskutieren Sie die Entscheidung von Uwe Seeler, nicht zu Inter Mailand zu gehen.

Grundhaltungen

Es gibt ganz unterschiedliche Weisen, das Leben zu gestalten. Dahinter stehen immer bestimmte Grundeinstellungen zu sich selbst, zu anderen, zum Leben und zur Welt.
Auf den folgenden Seiten finden Sie Beispiele, wie Menschen sich selbst, andere, die Welt und das Leben beurteilen – und daraufhin ihr Leben gestalten.
Welches der folgenden Beispiele entspricht Ihnen am meisten? Welches überhaupt nicht? Was sagt das über Ihre eigene Grundhaltung?

Moderne Filmhelden

Wie gefällt Ihnen Sylvester Stallone als »Rambo«? Welche Grundhaltung kommt dadurch zum Ausdruck?

Mein Ausweg ist die Aktion

A. M.: Ihre Autobiographie trägt den Titel »Die Freiheit, aufzubrechen, wohin ich will«. Aber frei sind Sie doch gar nicht.

Messner: Sie haben recht. Ich bin nicht frei, wenn ich meine Expeditionen mache. Ich bin ein von mir Getriebener, ein Gehetzter, das gebe ich zu.

A. M.: Ein Zeichen von Freiheit wäre gewesen, wenn Sie auf den letzten der vierzehn Achttausender, die Sie bestiegen haben, verzichtet hätten.

Messner: Das habe ich tatsächlich kurz überlegt. Der Buddhismus sagt, der Mensch wird nur frei durch den Verzicht. Das ist mir heute sehr aktuell, denn das wäre die Philosophie, mit der sich die Menschheit noch retten könnte.

A. M.: Dafür sind Sie ein schlechtes Beispiel.

Messner: In diesem Punkt, ja. Aber ich will ja kein Vorbild sein. Ich bin mir der Lächerlichkeit meines Tuns immer bewusst. Im Grunde ist alles, was wir tun, lächerlich. Wir zerstören unsere Basis. Wir werden in einem kollektiven Selbstmord zugrundegehen. Die Menschen werden auf einen großen Haufen zusammenlaufen und sich aus Verzweiflung ins Wasser stürzen.

A. M.: Erschreckt Sie das nicht?

Messner: Nein, ich bin damit einverstanden. Mein Ausweg ist die Aktion. Wenn ich tagelang durch die Antarktis laufe und in einen Schneesturm gerate und Angst bekomme, dann erlebe ich ganz massiv die Lächerlichkeit. Ich bin Atheist. Ich halte das Leben für eine Absurdität. Aber ich laufe nicht weg vor ihr, sondern laufe in sie hinein.

Auf die Frage, welche Schwierigkeiten er mit dem Christentum habe:

Messner: Mich stört, dass behauptet wird, Jesus wüsste den Weg und die Wahrheit und wer ihm folge, der würde in einem anderen Daseinszustand dafür belohnt. Das ist eine Schweinerei, weil man damit den Menschen das Leben stiehlt. Man nimmt ihnen die Chance zur Selbsterkenntnis. Man nimmt ihnen ihre Gefühle, ihre Aggressionen, ihr Leiden. Ich möchte nicht abhängig sein von christlicher Nächstenliebe.

A. M.: Halten Sie sich für unverwüstlich?

Messner: Nein, aber ich werde mein Ende bewusst erleben. Ich werde nicht angewiesen sein auf das Mitleid der Menschen. Das Sterben wird mein wichtigstes Abenteuer.

A. M.: Sie suchen den Tod.

Messner: Das nicht, aber ich sage, das Leben ist eingespannt zwischen Geburt und Tod. Diesen beiden Ereignissen ist alles untergeordnet, auch die Liebe, die den Tod für Momente, in einem Anflug von Begeisterung, aufheben kann. Ich finde die Liebe nicht uninteressant. Aber der Tod ist zweifellos das größere Thema.

Interview: André Müller (gekürzt)

Könnte Reinhold Messner für Sie ein Vorbild sein?
Was imponiert Ihnen? Was nicht?

Homo Faber

Ich habe mich schon oft gefragt, was die Leute eigentlich meinen, wenn sie von Erlebnis reden. Ich bin Techniker und gewohnt, die Dinge zu sehen, wie sie sind. Ich sehe alles, wovon sie reden, sehr genau; ich bin ja nicht blind. Ich sehe den Mond über der Wüste von Tamaulipas – klarer als je, mag sein, aber eine errechenbare Masse, die um unseren Planeten kreist, eine Sache der Gravitation, interessant, aber wieso ein Erlebnis? Ich sehe die gezackten Felsen, schwarz vor dem Schein des Mondes; sie sehen aus, mag sein, wie die gezackten Rücken von urweltlichen Tieren, aber ich weiß: Es sind Felsen, Gestein, wahrscheinlich vulkanisch, das müsste man nachsehen und feststellen. Wozu soll ich mich fürchten? Es gibt keine urweltlichen Tiere mehr. Wozu sollte ich sie mir einbilden? Ich sehe auch keine versteinerten Engel, es tut mir leid; auch keine Dämonen, ich sehe, was ich sehe: die üblichen Formen der Erosion, dazu meinen langen Schatten auf dem Sand, aber keine Gespenster. Wozu weibisch werden? Ich sehe auch keine Sintflut, sondern Sand, vom Mond beschienen, vom Wind gewellt wie Wasser, was mich nicht überrascht; ich finde es nicht fantastisch, sondern erklärlich. Ich weiß nicht, wie verdammte Seelen aussehen; vielleicht wie schwarze Agaven in der nächtlichen Wüste. Was ich sehe, das sind Agaven, eine Pflanze, die ein einziges Mal blüht und dann abstirbt. Ferner weiß ich, dass ich nicht (wenn es im Augenblick auch so aussieht) der erste oder letzte Mensch auf der Erde bin; und ich kann mich von der bloßen Vorstellung, der letzte Mensch zu sein, nicht erschüttern lassen, denn es ist nicht so. Wozu hysterisch sein? Gebirge sind Gebirge, auch wenn sie in gewisser Beleuchtung, mag sein, wie irgend etwas anderes aussehen, es ist aber die Sierra Madre Oriental und wir stehen nicht in einem Totenreich, sondern in der Wüste von Tamaulipas, Mexico, ungefähr sechzig Meilen von der nächsten Straße entfernt, was peinlich ist, aber wieso ein Erlebnis? Ein Flugzeug ist für mich ein Flugzeug, ich sehe keinen ausgestorbenen Vogel dabei, sondern eine Super-Constellation mit Motor-Defekt, nichts weiter und da kann der Mond sie bescheinen, wie er will. Warum soll ich erleben, was gar nicht ist? Ich kann mich auch nicht entschließen, etwas wie die Ewigkeit zu hören; ich höre gar nichts, ausgenommen das Rieseln von Sand nach jedem Schritt. Ich schlottere, aber ich weiß: In sieben bis acht Stunden kommt wieder die Sonne.

Max Frisch

Mandelbrotmenge

Formulieren Sie das »Glaubensbekenntnis« von Walter Faber. Könnten Sie dieses mitsprechen? Was wäre bei Ihnen anders?
Wie deuten Sie die »Mandelbrotmenge« aus der Chaosforschung? Gute Mathematiker können Ihnen dabei helfen. Was würde Faber dazu sagen?

Hauptsache, es macht Spaß

Sei dir selbst der Nächste, so wird auch dein Nächster er selbst. Tu dir soviel Gutes wie möglich, rate deiner Umwelt ebenso. Übernimm keine Aufgaben, die dir Zwang und Unlust abverlangen. Liebe die, die du wirklich liebst. Hasse die, die du wirklich hasst. Lasse die in Ruhe, die dir gleichgültig sind. Wenn Erfolg dir Spaß macht, sei erfolgreich. Wenn dein Erfolg andere verletzt, überlege, ob die Verletzung dir mehr Unlust macht als ein möglicher Erfolg Spaß. Arbeite nicht, um zu leben; und lebe nicht, um zu arbeiten. Sondern lebe und arbeite, wie es dir Spaß macht. Das rate auch anderen. Macht dir deine Aufgabe keinen Spaß, dann räume den Platz für einen anderen. Denke nie, es wird etwas schlechter gehen, weil du weg bist. Du bist unwichtig. Aber du hast das Recht zur Lust. Dein einziges.

Andreas Henatsch

Dem Unausweichlichen ins Angesicht sehen

Die Apokalypse steht ins Haus. Wir Untiere wissen es längst, und wir wissen es alle. Hinter dem Parteiengezänk, den Auf- und Abrüstungsdebatten, den Militärparaden und Anti-Kriegsmärschen, hinter der Fassade des Friedenswillens und der endlosen Waffenstillstände gibt es eine heimliche Übereinkunft, ein unausgesprochenes großes Einverständnis: dass wir ein Ende machen müssen mit uns und unseresgleichen, so bald und so gründlich wie möglich – ohne Pardon, ohne Skrupel und ohne Überlebende.
Was sonst trüge das, was das Untier »Weltgeschichte« nennt, wenn nicht die Hoffnung auf die Katastrophe, den Untergang, das Auslöschen der Spuren? Wer könnte eine sich Jahrtausend und Jahrtausend fortsetzende Litanei des Hauens, Stechens, Spießens, Hackens, die Monotonie des Schlachtens und Schädelspaltens ertragen, ja seinerseits nach Kräften befördern, der nicht zugleich in der Heimlichkeit seiner Vernunft gewiss wäre, dass diese rastlosen Übungen ihn und seine Gattung Gemetzel um Gemetzel, Schlacht um Schlacht, Feldzug um Feldzug, Weltkrieg um Weltkrieg unaufhaltsam jenem letzten Massaker, jenem globalen Harmagedon näher bringen, mit dem das Untier seinen Schlussstrich setzt unter die atemlose Aufrechnung sich fort- und fortzeugenden Leids. So ist das Untier endlich der Ammenmärchen, der Utopien, paradiesischen Visionen und Heilsgeschichten überdrüssig geworden und hat sich ermannt, dem Unausweichlichen ins Gesicht zu sehen. Trost spendet jetzt die Nähe des Unheils, die Gewissheit, dass die Äonen des Ausharrens, der Vorbereitung, der rastlosen Vervollkommnung sich neigen und der Lohn ansteht: das Ausleiden, das Ausgelittenhaben.

Ulrich Horstmann

Vergleichen Sie die beiden Positionen. Gibt es Gemeinsamkeiten? Welche Position liegt Ihnen näher?

Kampf für das Recht

Er sagte ihnen aber ein Gleichnis und sprach: Es war ein Richter in einer Stadt, der fürchtete sich nicht vor Gott und scheute sich vor keinem Menschen. Es war aber eine Witwe in derselben Stadt, die kam zu ihm und sprach: Schaffe mir Recht gegen meinen Widersacher! Und er wollte lange nicht. Danach aber dachte er bei sich selbst: Wenn ich mich schon vor Gott nicht fürchte noch vor keinem Menschen scheue, will ich doch dieser Witwe, weil sie mir soviel Mühe macht, Recht schaffen, damit sie nicht zuletzt komme und mir ins Gesicht schlage. Da sprach der Herr: Hört, was der ungerechte Richter sagt! Sollte Gott nicht auch Recht schaffen seinen Auserwählten, die zu ihm Tag und Nacht rufen, und sollte er's bei ihnen lange hinziehen? Ich sage euch: Er wird ihnen Recht schaffen in Kürze.

Lk 18, 1–8a

Suchen Sie sich einen Kieselstein und schreiben Sie darauf »mein gutes Recht«. Teilen Sie Ihre Klasse in zwei Gruppen. Die einen sind ein hartherziger Richter, die anderen eine alleinstehende Frau, die ihr gutes Recht sucht. Nun geben die Frauen ihr »gutes Recht« an jeweils einen »Richter«. Sie versuchen dann ihr »gutes Recht« wiederzubekommen. Die »Richter« wollen aber nicht!
Das Spiel geht so lange, bis alle »Frauen« ihr »gutes Recht«, d. h. den Stein wiederhaben.
Wechseln Sie die Rollen und die Gruppen! Sprechen Sie über Ihre Erfahrungen!
Bedenken Sie abschließend, inwiefern das Verhalten der Frau ein Gleichnis für den Glauben an Gott sein kann.
Worin liegt der Unterschied zu anderen Grundhaltungen?

Der Mensch lebt nicht vom Brot allein

Da wurde Jesus vom Geist in die Wüste geführt, damit er von dem Teufel versucht würde. Und da er vierzig Tage und vierzig Nächte gefastet hatte, hungerte ihn.
Und der Versucher trat zu ihm und sprach: Bist du Gottes Sohn, so sprich, dass diese Steine Brot werden.
Er aber antwortete und sprach: Es steht geschrieben (5 Mose 8, 3): »Der Mensch lebt nicht vom Brot allein, sondern von einem jeden Wort, das aus dem Mund Gottes geht.«
Da führte ihn der Teufel mit sich in die heilige Stadt und stellte ihn auf die Zinne des Tempels und sprach zu ihm:
Bist du Gottes Sohn, so wirf dich hinab; denn es steht geschrieben (Ps 91, 11.12): »Er wird seinen Engeln deinetwegen Befehl geben; und sie werden dich auf den Händen tragen, damit du deinen Fuß nicht an einen Stein stößt.«
Da sprach Jesus zu ihm: Wiederum steht auch geschrieben (5 Mose 6, 16): »Du sollst den Herrn, deinen Gott, nicht versuchen.«
Darauf führte ihn der Teufel mit sich auf einen sehr hohen Berg und zeigte ihm alle Reiche der Welt und ihre Herrlichkeit und sprach zu ihm: Das alles will ich dir geben, wenn du niederfällst und mich anbetest.
Da sprach Jesus zu ihm: Weg mit dir, Satan! Denn es steht geschrieben (5 Mose 6, 13): »Du sollst anbeten den Herrn, deinen Gott, und ihm allein dienen.«
Da verließ ihn der Teufel. Und siehe, da traten Engel zu ihm und dienten ihm.

Mt 4, 1–11

Gespräch: Was heißt den Teufel »anbeten«? Was heißt dagegen an Gott glauben?

Lesen Sie Mt 4, 1–11 mit verteilten Rollen.
Verteilen der Rollen: Wer möchte Jesus sein? Wer ist der Teufel?
Rollenlernen: Was sage ich? Was meine ich? Was will ich erreichen? (in Ich-Form)
Begegnung: Teufel und Jesus treffen sich in der Wüste. Der Teufel beginnt …
Nachdenken: Was heißt an den Teufel glauben? Was heißt an Gott glauben?
Wie würde Erich Fromm (siehe S. 82) diese Frage beantworten?

Zur Geschichte von der Versuchung Jesu

In dieser Geschichte werden Besitz- und Machtgier als Manifestationen der Orientierung am Haben verurteilt. Auf die erste Versuchung, Steine in Brot zu verwandeln, die das Verlangen nach materiellen Dingen symbolisiert, antwortet Jesus: »Nicht nur von Brot lebt der Mensch, sondern von jedem Wort, das aus Gottes Mund kommt« (Mt 4, 4; Lk 4, 4). Darauf versucht Satan Jesus mit dem Versprechen, ihm vollständige Macht über die Natur zu verleihen (das Gesetz der Schwerkraft aufzuheben), und schließlich mit uneingeschränkter Macht, mit der Herrschaft über alle Königreiche der Erde. Jesus lehnt ab (Mt 4, 5–10; Lk 4, 5–12). Jesus und Satan erscheinen hier als Repräsentanten zweier entgegengesetzter Prinzipien. Satan ist der Vertreter des materiellen Konsums und der Macht über die Natur und den Menschen. Jesus ist die Verkörperung des Seins und der Idee, dass Nichthaben die Voraussetzung des Seins ist. Die Welt ist seit der Zeit der Evangelien den Grundsätzen des Teufels gefolgt; doch selbst der Sieg dieser Prinzipien hat die Sehnsucht nach der Verwirklichung des wahren Seins nicht auslöschen können, die Jesus und viele große Meister vor und nach ihm aussprachen.

Erich Fromm

Wer ist der Nächste?

Sohn: Charly sagt, sein Vater sagt, die Leute heute, die schieben ihre Nächsten immer weiter weg, bis nach Indien und Afrika und so …

Vater: Na, die Methode soll er mir bitte mal verraten! Ich hätte wahrhaftig nichts dagegen, Frau Kulicke nach Hinterindien abzuschieben!

Sohn: Weil sie ihr Unkraut immer in unsern Garten 'rüberwachsen lässt?

Vater: Weil sie überhaupt eine grässliche Person ist, deswegen.

Sohn: Aber sie braucht dich wenigstens nicht!

Vater: Na, das fehlte noch. Mich brauchen!

Sohn: Könnte doch sein. Wenn sie sich vielleicht ein Bein gebrochen hätte und nicht laufen könnte, dann müsstest du sie doch immer zum Arzt fahren oder so was.

Vater: Ich müsste überhaupt nichts!

Sohn: Aber sie ist doch die Nächste, die wir hier haben …

Vater: Äußerlich gesehen vielleicht, aber nicht innerlich!

Sohn: Hm. – Aber wo du immer Geld hinschickst, zu so 'nem Kinderdorf, das ist »innerlich«?

Vater: Ja, sicher. Das ist eine Sache, zu der ich stehe. Schließlich muss sich irgend jemand um die Kinder kümmern, die kein anständiges Zuhause haben. Man kann ja nicht darauf warten, dass sie völlig verwahrlosen und uns schließlich die Häuser über dem Kopf anzünden.

Sohn: Find ich ja auch ganz richtig, dass du das machst, Papa. Schickst du da viel Geld hin?

Vater: Ich schicke einen angemessenen Betrag, denke ich.

Sohn zögernd: Wär das schlimm … ich meine … könntest du da vielleicht auch mal nur die Hälfte schicken?

Vater: Wie soll ich denn das verstehen! Du willst doch wohl nicht, dass ich statt dessen dir irgendwas kaufe?

Sohn: Mir doch nicht. Aber die kleine Schwester von Ali – die hat jetzt Geburtstag und wir wollten ihr so gern ein Dreirad schenken.

Vater: Wer ist »wir«?

Sohn: Na, Ali und sein großer Bruder und Charly und ich: aber unser Geld reicht nicht.

Vater: Das hat ja auch nicht zu reichen! Wo werden denn auch Kinder so viel Geld in den Fingern haben! Und es ist ja auch nicht eure Sache, ein derart aufwendiges Geschenk zu machen!

Sohn: Die steht immer bloß so rum auf der Straße … und Rad fahren kann sie ja noch nicht.

Vater: Dann soll ihre Mutter mit ihr spazieren gehen!

Sohn: Die arbeitet doch.

Vater: Dann kann ich das auch nicht ändern.

Sohn: Kannst du wohl! Brauchst du bloß mal 'n bisschen weniger für diese anderen Kinder zu schicken …

Vater: Das kommt gar nicht in Frage. Erstens habe ich mich verpflichtet und zweitens kann ich das auch von der Steuer absetzen.

Sohn enttäuscht: Ach so. Machen das alle Leute bloß wegen der Steuer, dass sie irgendwo Geld hinschicken?

Vater: Natürlich nicht »bloß« wegen der Steuer! Die Steuer schenkt einem beileibe nicht den ganzen Spendenbetrag. So ist das ja auch nicht! Nicht zu spenden, wäre in jedem Fall billiger.

Sohn: Was passiert eigentlich, Papa, wenn du mal irgend 'n Nächsten brauchst?

Vater: Hör doch bloß auf mit deinem »Nächsten«. Man denkt ja, man hat einen Pfarrer zu Besuch.

Sohn unbeirrt: Das möcht ich wirklich wissen, ob das dann klappt!

Vater: Was soll denn »klappen«?

Sohn: Dass dann irgend 'n reicher Mann in Indien eine Spende für dich macht!

Worin besteht Ihrer Meinung nach Nächstenliebe?
Ist Nächstenliebe überhaupt möglich?
Welche Voraussetzungen müssen dafür gelten?
Wie kann das Gespräch weitergehen?

Ernst Barlach:
Selig sind die Barmherzigen

Ehrfurcht vor dem Leben

Die fundamentale Tatsache des Bewusstseins des Menschen lautet: »Ich bin Leben, das leben will, inmitten von Leben, das leben will.«
Der denkend gewordene Mensch erlebt die Nötigung, allem Willen zum Leben die gleiche Ehrfurcht vor dem Leben entgegenzubringen wie dem seinen. Er erlebt das andere Leben in dem seinen. Als gut gilt ihm, Leben erhalten, Leben fördern, entwickelbares Leben auf seinen höchsten Wert bringen. Als böse: Leben vernichten, Leben schädigen, entwickelbares Leben niederhalten. Dies ist das denknotwendige, universelle, absolute Grundprinzip des Ethischen.
Die bisherige Ethik ist unvollkommen, weil sie es nur mit dem Verhalten der Menschen zum Menschen zu tun zu haben glaubte. In Wirklichkeit aber handelt es sich darum, wie der Mensch sich zu allem Leben, in seinem Bereich befindlichen Leben, verhält. Ethisch ist er nur, wenn ihm das Leben als solches heilig ist, das der Menschen und das aller Kreatur. Nur die Ethik des Erlebens der ins Grenzenlose erweiterten Verantwortung gegen alles, was lebt, lässt sich im Denken begründen. Die Ethik des Verhaltens von Mensch zu Mensch ist nicht etwas für sich, sondern etwas, das sich aus jenem Allgemeinen ergibt. Die Ehrfurcht vor dem Leben, zu der wir Menschen gelangen müssen, begreift also alles in sich, was als Liebe, Hingebung, Mitleiden, Mitfreude, Mitstreben in Betracht kommen kann. Wir müssen uns von dem gedankenlosen Dahinleben frei machen.
Nun aber sind wir alle dem rätselhaften und grausigen Schicksal unterworfen, in die Lage zu kommen, unser Leben nur auf Kosten andern Lebens erhalten zu können und durch Schädigen, ja auch durch Vernichtung von Leben, fort und fort schuldig zu werden.
Als ethische Wesen versuchen wir fort und fort, dieser Notwendigkeit, soweit es uns möglich ist, zu entrinnen. Wir dürsten danach, Humanität bewahren zu dürfen und Erlösung von Leiden bringen zu können.
Die in dem denkend gewordenen Willen zum Leben entstehende Ehrfurcht vor dem Leben enthält also Lebensbejahung und Ethik miteinander und ineinander. Sie geht darauf aus, Fortschritte zu verwirklichen und Werte zu schaffen, die der materiellen, geistigen und ethischen Höherentwicklung des Menschen und der Menschheit dienen.
Während die gedankenlose Welt- und Lebensbejahung in Idealen des Wissens, des Könnens und des Mächtigwerdens umherirrt, ist das Ideal des wahren und tiefen Denkens die geistige und ethische Vollendung des Menschen und der Menschheit und das Aufkommen einer ethischen Kultur, die den Frieden will und dem Krieg entsagt.
Nur das Denken, in dem die Gesinnung der Ehrfurcht vor dem Leben zur Macht kommt, ist fähig, die Zeit des Friedens in unserer Welt anbrechen zu lassen.

Albert Schweitzer

Bedenken Sie die Voraussetzungen und die Konsequenzen der ethischen Maxime von Albert Schweitzer: »Ich bin Leben, das leben will, inmitten von Leben, das leben will.«
Könnten und wollten Sie so leben?

Was ich hasse, sind der Tod und das Böse

Alle warteten. Das Kind hielt die Augen noch immer geschlossen und schien sich ein wenig zu beruhigen. Die Hände, die wie Krallen geworden waren, wühlten leise in den Bettseiten. Sie stiegen höher, kratzten in der Kniegegend auf der Decke und plötzlich bog das Kind die Beine, zog die Schenkel an den Bauch und verharrte unbeweglich. Dann öffnete es zum ersten Mal die Augen und schaute Rieux an, der vor ihm stand. In seinem nun aus grauem Lehm geformten Gesicht öffnete sich der Mund und fast gleichzeitig entrang sich ihm ein einziger, von der Atmung kaum veränderter, ununterbrochener Schrei, der mit einem Schlag den Saal mit einem eintönigen, schrillen Protest erfüllte, der so wenig menschlich war, dass er von allen Menschen zugleich zu kommen schien. Rieux biss die Zähne zusammen und Tarrou wandte sich ab. Catel klappte das Buch zu, das noch aufgeschlagen auf seinen Knien lag. Rambert trat neben ihn ans Bett. Paneloux schaute diesen von der Krankheit beschmutzten, vom Schrei aller Zeiten erfüllten Kindermund an. Und er ließ sich auf die Knie gleiten und alle fanden es natürlich, als sie ihn mit etwas erstickter, aber trotz der namenlosen, unaufhörlichen Klage deutlicher Stimme sagen hörten: »Mein Gott, rette dieses Kind!«

Aber das Kind schrie weiter und ringsum wurden die Kranken unruhig. Der Patient am anderen Ende, dessen Rufe nicht aufgehört hatten, beschleunigte den Rhythmus seines Klagens, bis auch dies ein richtiger Schrei war, während die anderen immer lauter jammerten. Eine Flut von Schluchzen überschwemmte den Saal und übertönte Paneloux' Gebet und Rieux, der sich an der Bettstange festhielt, schloss die Augen: ihm war übel vor Müdigkeit und Ekel.

Als er sie wieder öffnete, stand Tarrou neben ihm.

»Ich muss fort«, sagte Rieux. »Ich kann es nicht mehr ertragen.«

Aber plötzlich verstummten die übrigen Kranken. Da merkte der Arzt, dass der Schrei des Kindes schwächer geworden war, dass er immer weiter abnahm und nun aufhörte. Ringsum fing das Klagen wieder an, aber gedämpft und wie ein fernes Echo auf den Kampf, der vollendet war. Denn er war vollendet. Castel war auf die andere Seite des Bettes getreten und sagte, es sei zu Ende. Mit offenem, aber stummem Mund ruhte das Kind inmitten der durcheinandergeworfenen Decken; es war plötzlich klein geworden und auf seinem Gesicht waren noch die Spuren der Tränen zu sehen.

Paneloux näherte sich dem Bett und machte die Gebärde des Segnens. Dann raffte er seine Soutane zusammen und verließ den Saal durch den Mittelgang …

Rieux stürmte schon hinaus. Sein Schritt war so überstürzt, sein Ausdruck so grimmig, dass Paneloux den Arm ausstreckte, um ihn zurückzuhalten, als er an ihm vorbeieilte. »Aber Herr Doktor«, sagte er zu ihm.

Mit derselben ungestümen Bewegung drehte Rieux sich um und warf heftig hin: »Ah! Der wenigstens war unschuldig, das wissen Sie wohl!«

Dann wandte er sich ab, trat vor Paneloux durch die Tür und ging bis ans Ende des Schulhofes … Rieux saß auf seiner Bank und überließ sich seiner Ermattung …

»Warum haben Sie so zornig mit mir gesprochen?«, fragte eine Stimme hinter ihm. »Auch ich fand diesen Anblick unerträglich.«

Rieux wandte sich Paneloux zu. »Sie haben Recht«, sagte er. »Verzeihen Sie mir. Aber die Übermüdung ist eine Art Wahnsinn. Und es gibt Zeiten in dieser Stadt, da ich nur mehr meine Empörung spüre.« »Ich verstehe«, murmelte Paneloux. »Es ist empörend, weil es unser Maß übersteigt. Aber vielleicht sollen wir lieben, was wir

Vergleichen Sie Rieux mit Paneloux. Wer ist Ihnen sympathischer? Welche Lebenshaltungen vertreten die beiden? Worin sehen Sie Unterschiede und Gemeinsamkeiten zwischen Rieux, Messner, Jesus, aber auch den Positionen, wie sie Henatsch und Horstmann (S. 80) formulieren?

nicht begreifen können.« Rieux richtete sich mit einem Schlag auf. Mit der ganzen Kraft und Leidenschaft, deren er fähig war, schaute er Paneloux an und schüttelte den Kopf.
»Nein, Pater«, sagte er. »Ich habe eine andere Vorstellung von der Liebe. Und ich werde mich bis in den Tod hinein weigern, die Schöpfung zu lieben, in der Kinder gemartert werden.«
Ein bestürzter Schatten huschte über Paneloux' Gesicht. »Ach, Herr Doktor«, sagte er traurig, »eben habe ich erkannt, was Gnade heißt.«
Aber Rieux war von neuem auf seiner Bank zusammengesunken. Seine Müdigkeit war zurückgekehrt und ließ ihn sanfter antworten. »Die habe ich nicht, ich weiß. Aber ich will nicht mit Ihnen darüber streiten. Wir arbeiten miteinander für etwas, das uns jenseits von Lästerung und Gebet vereint. Das allein ist wichtig.«
Paneloux setzte sich neben Rieux. Er schien bewegt.
»Ja«, sagte er, »ja, auch Sie arbeiten für das Heil der Menschen.« Rieux versuchte zu lächeln.
»Das Heil der Menschen ist ein zu großes Wort für mich. Ich gehe nicht so weit. Mich geht ihre Gesundheit an, zuallererst ihre Gesundheit.«
Paneloux zögerte. »Herr Doktor«, sagte er.
Aber er hielt inne. Auch auf seiner Stirn fing der Schweiß an zu perlen. Er murmelte: »Auf Wiedersehen«, und seine Augen glänzten, als er sich erhob. Er war im Weggehen, als Rieux, der aus seinem Nachsinnen erwachte, ebenfalls aufstand und einen Schritt auf ihn zuging.
»Noch einmal, verzeihen Sie mir«, sagte er. »Ein solcher Ausbruch wird sich nicht wiederholen.«
Paneloux streckte die Hand aus und sagte traurig: »Und doch habe ich Sie nicht überzeugt!«
»Was tut das schon?«, fragte Rieux. »Was ich hasse, sind der Tod und das Böse, das wissen Sie ja. Und ob Sie es wollen oder nicht, wir stehen zusammen, um beides zu erleiden und zu bekämpfen.«
Rieux hielt Paneloux' Hand fest. »Sehen Sie«, sagte er und vermied es, ihn anzuschauen, »jetzt kann Gott selber uns nicht scheiden.«

Albert Camus

Das Leben bleibt Fragment

Gegen das Ideal der Ganzheit und Vollkommenheit möchte ich die Vorstellung vom Fragment ins Spiel bringen. Leben als Fragment zu verstehen, heißt nicht, erniedrigt zu werden, auf die Unvollkommenheit festgelegt zu werden, also klein gemacht zu werden. Dies meint keine falsche Bescheidenheit. Leben als Fragment zu verstehen, soll vielmehr eine Befreiung sein, die uns von falschen Idealen erlöst.
1. Jedes Stadium unseres Lebens stellt immer auch einen Bruch dar und einen Verlust – und ist nicht nur Wachstum und Gewinn. Insofern sind wir immer auch die Ruinen unserer Vergangenheit. In Krisen wird dieser normale Tatbestand nur dramatisch erfahrbar. Wer nur Wachstum und fortschreitende Ganzheit sieht, verleugnet seine nichtrealisierten Wünsche der Vergangenheit und verdrängt die nicht positiv verarbeitbaren Schuld- und Versagenserfahrungen. Ganzheit wäre nur bei Verzicht auf Trauer möglich.
2. Auf jeder Stufe unseres Lebens sind wir aber immer auch Fragmente und Entwürfe der Zukunft. Wir sind Baustellen, von denen wir nicht wissen, ob und wie

an ihnen weiter gebaut wird. Wir wissen immer nur, dass der Bau noch nicht vollendet ist. Gegen die Erstarrung steht die Sehnsucht, die Bewegung des Aufbruchs und der Selbstüberschreitung. Das Bild der Ganzheit und Abgeschlossenheit verführt demgegenüber zur selbstzufriedenen Sattheit, Ganzheit wäre nur bei dem Verzicht auf Hoffnung möglich.

3. In jedem Stadium unserer Ich-Entwicklung sind wir durch andere herausgefordert und in Frage gestellt. Wir sind nur wir selbst, insofern wir verletzlich und offen sind für andere. Die anderen erschüttern unser Aus-Sein auf Harmonie und Ganzheit. Das Ziel eines in sich runden und abgeschlossenen Lebens ist demgegenüber angewiesen auf die Abschottung gegenüber dem anderen und besonders gegenüber dem fortdauernden Leiden auf und an dieser Welt. Ganzheit wäre nur bei Verzicht auf Liebe möglich.

Der Ganzheit fehlt also Entscheidendes: die Fähigkeit zu trauern, die Fähigkeit zu hoffen und die Fähigkeit zu lieben. Vollkommenheit strahlt im kalten Glanz, durch den diese sich selbst dementiert …

Henning Luther

Diskutieren Sie die Behauptung »Verstehen wir unser Leben als Fragment, können wir aufatmen«. Prüfen Sie dabei auch, ob es das »Ideal der Ganzheit und Vollkommenheit« in Ihrem Lebenshorizont gibt.

Der ganze Mensch im Weltgefüge
Miniatur des Codex Latinus 1492

Denn unser Wissen ist Stückwerk, und unser prophetisches Reden ist Stückwerk. Wenn aber kommen wird das Vollkommene, so wird das Stückwerk aufhören. Als ich ein Kind war, da redete ich wie ein Kind und dachte wie ein Kind und war klug wie ein Kind; als ich aber ein Mann wurde, tat ich ab, was kindlich war.
Wir sehen jetzt durch einen Spiegel ein dunkles Bild; dann aber von Angesicht zu Angesicht. Jetzt erkenne ich stückweise; dann aber werde ich erkennen, wie ich erkannt bin. *1 Kor 13, 9–12*

Religion und Glaube – ein Zeichen der Schwäche?

Die Gläubigen und ihr Bedürfnis nach Glauben. – Wie viel einer Glauben nöthig hat, um zu gedeihen, wie viel »Festes«, an dem er nicht gerüttelt haben will, weil er sich daran hält – ist ein Gradmesser seiner Kraft (oder, deutlicher geredet, seiner Schwäche). Christenthum haben, wie mir scheint, im alten Europa auch heute noch die Meisten nöthig: desshalb findet es auch immer noch Glauben. Denn so ist der Mensch: ein Glaubenssatz könnte ihm tausendfach widerlegt sein – gesetzt, er hätte ihn nöthig, so würde er ihn auch immer wieder für »wahr« halten – gemäss jenem berühmten »Beweise der Kraft«, von dem die Bibel redet. Metaphysik haben Einige noch nöthig; aber auch jenes ungestüme Verlangen nach Gewissheit, welches sich heute in breiten Massen wissenschaftlich-positivistisch entladet, das Verlangen, durchaus etwas fest haben zu wollen: auch das ist noch das Verlangen nach Halt, Stütze, kurz, jener Instinkt der Schwäche, welcher Religionen, Metaphysiken, Ueberzeugungen aller Art zwar nicht schafft, aber – conservirt.

Friedrich Nietzsche

Wonach sehnen sich Menschen? Es ist der Wunsch, ganz zu sein, das Bedürfnis nach einem unzerstückten Leben. Das alte Wort der religiösen Sprache »Heil« drückt genau dieses Ganz-Sein, Unzerstückt-Sein, Nicht-kaputt-Sein aus. Dass die kaputten Typen – und wer rechnet sich nicht zuzeiten dazu? – den Wunsch haben, ganz zu sein, ist nur verständlich. Es ist zugleich der Wunsch nach einem Leben ohne Berechnung und ohne Angst, ohne äußere oder bereits verinnerlichte Erfolgskontrolle, ohne Absicherung, vertrauen können, hoffen können, glauben können. Alle diese Erfahrungen sind mit einem intensiven Glücksgefühl verbunden und eben um dieses Glück des Ganz-Seins geht es in der Religion.
Das religiöse Bedürfnis ist das Bedürfnis, Sinn zu erfahren und Sinn zu stiften.
Die nicht-religiöse Haltung schließt ein gewisses Maß an Resignation, an Einsicht in das Verwirklichbare, das heißt aber auch an Unterwerfung in die natürlichen Notwendigkeiten ein. Der Mensch ohne alle Religion ist leichter zufriedenzustellen. Er ist »vernünftiger«, weil er ein so großes Ziel – wie das Ganz-Sein, das nicht-zerstückte Leben – erst gar nicht ersehnt.
Religion ist der Versuch, nichts in der Welt als fremd, menschenfeindlich, schicksalhaft, sinnlos anzunehmen, sondern alles, was begegnet, zu verwandeln, es einzubeziehen in die eigene menschliche Welt. Alles soll so gedeutet werden, dass es »für uns« wird. Religion ist der Versuch, keinen Nihilismus zu dulden und eine unendliche (endlich nicht widerlegbare) Bejahung des Lebens zu leben.
… Benötigen wir das Wort »Gott«, um die noch nicht erreichte Totalität unserer Welt, die noch nicht erschienene Wahrheit unseres Lebens auszudrücken? In diesem Sinn lässt sich sagen, dass jeder Mensch die Frage, ob er an Gott oder an das Nichts, an den Sinn seines Lebens oder an die absolute Sinnlosigkeit glaubt, immer schon in seinem Leben entschieden hat.

Dorothee Sölle

Lesen Sie die beiden Texte. Entscheiden Sie dann, welcher Ihnen näher liegt. Schlüpfen Sie in die Rolle von Friedrich Nietzsche oder Dorothee Sölle und führen Sie ein Streitgespräch.

Handeln

Was soll ich tun? Was ist falsch? Was ist richtig? Diese Fragen sind nicht immer leicht zu beantworten. Manche wissen immer ganz genau, was für sie selbst und andere wichtig ist. Viele sind sich aber unschlüssig und unsicher. Dies ist durchaus normal.
Wie Menschen handeln und was sie anderen raten, ist abhängig von ihrer Sicht der Zukunft, von ihren Erfahrungen und von ihren Grundhaltungen. Aufforderungen zum Handeln sind deshalb immer wieder auf ihre Voraussetzungen zu befragen. Kann ich immer zustimmen?
Auf den folgenden Seiten finden Sie ganz unterschiedliche Handlungsmodelle. Sie lassen sich verbinden. Welches dieser Modelle spricht Sie an? Welche lehnen Sie ab? Warum?

Greenpeace – Einsatz für die Schöpfung

ai – Einsatz für die Menschenrechte

amnesty international ist eine weltweite, von Regierungen, politischen Parteien, Wirtschaftsinteressen, Ideologien und Religionen unabhängige Menschenrechtsorganisation, die auf der Grundlage der Allgemeinen Erklärung der Menschenrechte und anderer internationaler Abkommen handelt.

ai arbeitet für die Freilassung von gewaltlosen politischen Gefangenen, d. h. von Männern und Frauen, die irgendwo auf der Welt wegen ihrer Überzeugung, Hautfarbe, ethnischen Herkunft, Sprache, wegen ihres Glaubens oder ihres Geschlechts inhaftiert sind und Gewalt weder angewandt noch zu ihrer Anwendung aufgerufen haben;

ai setzt sich – unabhängig von der Gewaltfrage – zugunsten aller politischen Gefangenen für faire und zügige Gerichtsverfahren ein;

ai wendet sich in jedem Fall gegen Folter und Todesstrafe, gegen »Verschwindenlassen« und extralegale Hinrichtungen;

ai versucht, die Abschiebung von Menschen in ihr Heimatland zu verhindern, wenn sie dort von der Inhaftierung als gewaltlose politische Gefangene, von Folter oder Todesstrafe bedroht sind. Sie hilft politisch Verfolgten, in einem anderen Land Schutz – etwa durch die Gewährung von politischem Asyl – zu finden;

ai spricht sich gegen den internationalen Transfer von Waffen, Ausrüstung und Know-how für Militär, Polizei- und Sicherheitskräfte aus, wenn diese von den Empfängerländern dazu benutzt werden, gewaltlose politische Gefangene festzuhalten, Folter anzuwenden, die Todesstrafe oder extralegale Hinrichtungen zu vollstrecken;

ai schickt – soweit das möglich ist – eigene Missionen in Gefängnisse und Lager und setzt sich für die Beachtung der Mindestgrundsätze der Vereinten Nationen für die Behandlung von Gefangenen ein;

ai entsendet Beobachter zu politischen Prozessen;

ai leistet Beihilfe zum Lebensunterhalt von politischen Gefangenen und ihren Familienangehörigen;

ai übernimmt in Einzelfällen das Schulgeld der Kinder und trägt die Kosten für einen Rechtsanwalt oder für medizinische Betreuung.

Entwerfen Sie Werbeplakate zu den Zielen von Greenpeace und amnesty international. Bedenken Sie, ob es einen Zusammenhang mit der Reich-Gottes-Botschaft Jesu gibt.

Wir verpflichten uns

Seit Anfang der 80er Jahre wurden in den Kirchen Deutschlands sowie in der Weltchristenheit die Stimmen immer lauter, die einen Einsatz der Christen für Frieden, Gerechtigkeit und die Bewahrung der Schöpfung forderten. Auf der 1. Europäischen Kirchenversammlung in Basel wurde die folgende Verpflichtung verabschiedet:

71. Als Delegierte der europäischen Kirchen verpflichten wir uns dazu, in unseren Kirchen und Gesellschaften für Gerechtigkeit, Frieden und Bewahrung der Schöpfung einzutreten. Wir fordern die Kirchen in Europa auf, in ihren jeweiligen Ländern und weltweit ebenso zu handeln. Zu dieser Verpflichtung gehören persönliche Erneuerung und die Veränderung der Strukturen als zwei Seiten derselben Medaille.

72. Als Delegierte aus europäischen Kirchen und im Gehorsam gegenüber dem Evangelium betrachten wir es als Skandal und Verbrechen, dass jährlich Millionen von Menschen in einer Welt verhungern, die genügend Güter hat und genug Nahrungsmittel für alle haben könnte; verpflichten wir uns, unsere Ressourcen miteinander zu teilen; verpflichten wir uns, bevorzugt für die Armen, Unterdrückten und Machtlosen einzutreten. Wir werden uns für eine neue Weltwirtschaftsordnung einsetzen.

73. Wir betrachten es als Skandal und Verbrechen, wie Menschenrechte verletzt werden. Die Menschen sind nach Gottes Bild geschaffen und haben ein unveräußerliches Recht auf die Grundgarantien des Lebens. Wir verpflichten uns, gegen alle Menschenrechtsverletzungen und die ihnen Vorschub leistenden sozialen Strukturen zu kämpfen. Wir betrachten es als äußerst dringend, die Menschenwürde aller während des ganzen Lebens zu schützen, besonders wenn es am verwundbarsten ist, d. h. an seinem Anfang und an seinem Ende, in Krankheit und bei Ausschluss aus der menschlichen Gemeinschaft. Jegliche Diskriminierung aufgrund von Klasse, Rasse, Geschlecht, Glaubensüberzeugung sowie jede erzwungene Trennung von Familien verletzen die Würde des Menschen zutiefst. Wir verwerfen unter allen Umständen Folter und Todesstrafe.

74. Wir betrachten es als Skandal und Verbrechen, dass der Schöpfung weiterhin nicht wieder gutzumachende Schäden zugefügt werden. Wir erkennen, dass eine neue partnerschaftliche Beziehung zwischen dem Menschen und der übrigen Natur nötig ist. Wir verpflichten uns, bei der Lösung unserer Probleme nicht mehr auf Kosten anderer zu handeln oder neue Probleme zu verursachen. Unser Ziel ist eine internationale Umweltordnung.

75. Wir betrachten es als lebenswichtig für die Menschheit, den Krieg als Institution abzuschaffen und die auf Massenvernichtungswaffen gestützte Abschreckung zu überwinden. Wir verpflichten uns zu einer gewaltfreien Beilegung von Konflikten in der ganzen Welt. Wir wollen zum Aufbau einer internationalen Friedensordnung beitragen.

Könnten Sie diese Verpflichtungen unterschreiben?

Verzicht auf Eigentum

Und als er sich auf den Weg machte, lief einer herbei, kniete vor ihm nieder und fragte ihn: Guter Meister, was soll ich tun, damit ich das ewige Leben ererbe? Aber Jesus sprach zu ihm: Was nennst du mich gut? Niemand ist gut als Gott allein. Du kennst die Gebote: »Du sollst nicht töten; du sollst nicht ehebrechen; du sollst nicht stehlen; du sollst nicht falsch Zeugnis reden; du sollst niemanden berauben; ehre Vater und Mutter.« Er aber sprach zu ihm: Meister, das habe ich alles gehalten von meiner Jugend auf. Und Jesus sah ihn an und gewann ihn lieb und sprach zu ihm: Eines fehlt dir. Geh hin, verkaufe alles, was du hast, und gib's den Armen, so wirst du einen Schatz im Himmel haben, und komm und folge mir nach! Er aber wurde unmutig über das Wort und ging traurig davon; denn er hatte viele Güter.

Mk 10, 17–22

Die Communauté de Taizé

Die CdT versteht sich als eine »Begegnung von Menschen, die einander nicht gewählt haben und die versuchen, in dieser unserer Zeit etwas von der christlichen Urgemeinde zu leben ...«. Sie besteht aus einer Gruppe von heute ca. 90 Mitgliedern, die international und überkonfessionell zusammengesetzt ist und sich dem Prior und Gründer der Gemeinschaft, Frère Roger Schütz, unterstellt. Ihre besondere Aufgabe sieht die CdT darin, durch ihre bloße Existenz ein Gleichnis des Reiches Gottes darzustellen, um so an der Versöhnung aller Menschen und der Einheit der christlichen Kirchen mitzuwirken. Ihr Grundprinzip der Gratuität (Absichtslosigkeit) als einer Funktion ihrer Existenzweise hat Konsequenzen für ihre Selbstdarstellung und ihre Formen sozialen Engagements.

Gruppenstrukturen, theologische Positionen und Ziele der Gemeinschaft haben die Brüder nicht verbindlich definiert. Mit dieser Formlosigkeit versuchen sie, ihre Vereinigung vor einer starren Verselbständigung zu bewahren. Der Ablehnung sozialer Privilegien korrespondiert der Verzicht auf Eigentum. Die CdT bestreitet ihren Unterhalt aus den beruflichen Tätigkeiten jedes einzelnen Mitglieds wie auch aus der landwirtschaftlichen Kooperation mit den umliegenden bäuerlichen Betrieben. Überschüssige Gewinne fließen verschiedenen sozialen Aufgaben zu. Alle Arten materieller oder finanzieller Zuwendungen werden zurückgewiesen. Allein diese organisatorische, wirtschaftliche und gesellschaftliche Unabhängigkeit sichert der CdT unbürokratische Entscheidungsmöglichkeiten und die Wahrung des Prinzips, in der »Dynamik des Vorläufigen« (Frère Roger Schütz) zu leben.

Die Besitzlosigkeit ist darüber hinaus Ausdruck eines gelebten Symbols, das die Brüder in die Worte fassen: »Handeln wie Gott – arm an Mitteln.« Diese Haltung wird sichtbar verwirklicht in den Fraternitäten. Sie sind Kleingruppen von Brüdern, die sich nur eine begrenzte Zeit an verschiedenen Orten der Welt ansiedeln, um als Repräsentanten der CdT inmitten von ökonomisch und gesellschaftlich Entrechteten unter deren Bedingungen zu leben.

Ruth Weisweiler

Wie interpretieren die Brüder aus Taizé Mk 10, 21?

Lebendige Partnerschaft

Im neoromantischen Beziehungsideal steckt die Erwartung, dass der Mensch in der Geschlechterbeziehung die Erfüllung all seiner Sehnsüchte und seiner gesamten Glückserwartung finden könnte. Es hat eine religiöse Qualität. Die Geschlechterliebe soll mich von meiner menschlichen Begrenztheit befreien. Sie wird zum Träger der Heilserwartung und der Erlösungssehnsucht.
Damit will ich nicht bestreiten, dass in der Geschlechterliebe nicht auch eine religiöse Dimension berührt würde. Im Gegenteil. Für die große Mehrzahl der Menschen heute ist sie vielleicht der einzige Ort, an dem sie Entgrenzung und Transzendenz konkret erleben. Doch wird diese Erfahrung nur dann nicht missdeutet, wenn sie sich der Endlichkeit des einzelnen Liebesaktes, seiner Symbolhaftigkeit und Gleichnishaftigkeit bewusst bleibt. Auch der intensivste Liebesakt sprengt unsere Begrenztheit nicht wirklich. Wir bleiben darin auch Einsame, denen die Unio mystica höchstens aufleuchtet, aber nicht zuteil wird.
Auf der Suche nach lebbaren Formen der Paarbeziehung sollten wir uns also als allererstes bewusst bleiben, dass unser Sehnsuchtspotential in einer erotischen Beziehung höchstens momenthaft, aber nicht auf Dauer unterzubringen ist und dass diese Sehnsucht jede mögliche menschliche Liebesbeziehung übersteigt.
Eine zweite Implikation des neoromantischen Beziehungsideals ist die Gleichsetzung von Liebe mit dem intensiven sinnlich-lustvollen Liebeserlebnis im Hier und Jetzt, das von unserem Tun und Wollen unabhängig ist. Liebe wird gleichgesetzt mit der Erfahrung der Verliebtheit. Nun ist es eine allgemeine Erfahrung, dass dieses intensive Glückserlebnis am Anfang einer Beziehung nicht durchzuhalten ist. Das aber bedeutet dann auf dem Hintergrund der Gleichsetzung von Liebe und Verliebtheit, dass die Liebe verschwunden und die Beziehung gescheitert ist. Es bleibt nichts als Resignation oder: neue Intensität mit anderen Partnern zu suchen, in der Illusion, diese ließe sich dann auf Dauer festhalten, was unausweichlich zu neuer Enttäuschung und neuer Resignation führen muss. Demgegenüber scheint mir wichtig zu sein, sich bewusst zu machen, dass das Liebes-Erlebnis und die Liebe zwei verschiedene Dinge sind. Die Verliebtheit ist gleichsam die künstlerische Intuition, in der die Vollgestalt des Kunstwerks zwar aufleuchtet, aber noch nicht Realität ist. Realität wird sie erst durch Handwerk.
Eine dritte Implikation des Beziehungsideals der dauerhaften romantischen Liebe ist die Gleichsetzung von Liebe und Verschmelzung. Symbiotische Phasen, in denen beide zu einer Einheit verschmelzen, gehören natürlich zu jeder Beziehung und dieses Verschmelzungsbedürfnis ist wohl überhaupt die tiefste Sehnsucht unseres Herzens. Aber genauso tief sitzt auch das Bedürfnis, dass wir uns dabei nicht verlieren, sondern wir selber bleiben und immer mehr wir selber werden, und dies ist das Bedürfnis nach Getrenntheit, nach Autonomie. Je unreifer die Liebe ist, desto mehr steht sie im Gegensatz zu diesem Autonomiebedürfnis. Darum muss im Interesse der Reifung der Liebe die Verschmelzung immer wieder aufgelöst werden. Liebe kann nur reifen und Sexualität nur lebendig bleiben, wenn beide Partner auch immer wieder auf Distanz gehen.
Ein vierter Aspekt des neoromantischen Beziehungsideals ist die Überbewertung der sexuellen Intensität und überhaupt des Lustaspekts der Paarbeziehung.
Die Paarbeziehung ist dazu da, einander Lust und Spaß zu bereiten. Lust und Spaß haben aber mit Abwechslung zu tun und wenn es auch ein Ziel ist, eine Paarbeziehung möglichst abwechslungsreich zu gestalten, gehört doch zu jeder länger dauernden Beziehung der Alltag, das immer Wiederkehrende.

Welche Einfälle kommen Ihnen zu diesem Bild? Darf es neben einer bestehenden Partnerschaft Außenbeziehungen geben? Wie weit dürfen diese Ihrer Meinung nach gehen? Worin besteht Ihrer Ansicht nach »Treue«?

Die sinnliche Lust und der Spaß müssen jedenfalls zeitweise dabei in den Hintergrund treten. Wenn die Beziehung allein darauf baut, wird sie bald als leer und sinnlos erlebt. Lust und Spaß müssen dann anderswo gesucht werden. Demgegenüber scheint es mir wichtig, bewusst zu machen, dass die erotische Anziehung auch in der Beziehung der Geschlechter allein nicht ausreicht. Daneben muss es auch gemeinsame Ziele und gemeinsame Aufgaben geben, damit die Beziehung auf Dauer als sinnvoll erlebt wird.
Ein fünfter Aspekt des neoromantischen Beziehungsideals ist, dass all die hohen Erwartungen, die es enthält, auf die eine einzige Person des Partners gerichtet werden, bzw. der Anspruch an sich erhoben wird, dies alles für den Partner sein zu können. Vom Partner wird die gesamte Zuwendung erwartet, die man braucht.
Das ist eine totale Überforderung.
Ein einzelner Partner kann nicht die einzige Quelle für Nähe, Intimität und Zärtlichkeit sein. In der Regel ist für die Lebendigkeit einer Zweierbeziehung der Aufbau eines sozialen Netzes inniger Freundschaftsbeziehungen von größter Bedeutung. Beide Partner brauchen geistige und körperliche Zuwendung und Anregung

von außen, sowohl von gleich- wie von gegengeschlechtlichen Freunden, damit sie auch in der Zweierbeziehung lebendig und hingabefähig bleiben.
Eine sechste Implikation des neoromantischen Beziehungsideals ist eine mehr oder weniger biologisch aufgefasste Wachstumsidee. Liebe und Beziehung müssen sich entwickeln, müssen wachsen und reifen. Das meine ich natürlich auch. Nur wird dieses Wachsen und Reifen im Gegensatz gesehen zu bewusster, willentlicher Beeinflussung und Entscheidung. Aus dieser Einstellung heraus vermeiden viele Paare ausdrückliche Entscheidungen und Festlegungen in Hinsicht auf ihre Beziehung.
Sie vermeiden beispielsweise zu heiraten oder einen ähnlichen ausdrücklichen Akt der eindeutigen Beziehungsdefinition zu vollziehen, und sie vermeiden die Entscheidung, ob sie Kinder haben wollen oder nicht.
Natürlich brauchen die Dinge Zeit, sich zu entwickeln. Aber ebenso gilt, dass es dann, wenn die Zeit gekommen ist, immer noch nicht von selbst geht. Der Schritt der Entscheidung ist immer noch ein eigener Schritt voller Risiko, er ergibt sich nicht einfach. Zur menschlichen Entwicklung gehören diese bewussten Entscheidungen genauso wie das unbewusste Wachstum.
Das neoromantische Beziehungsideal enthält noch ein weiteres Element.
Es ist die Unantastbarkeit der Autonomie, die auch in jeder Partnerschaft gefordert wird:
Ich bin ich und Du bist Du. Ich bin nicht auf der Welt, um so zu sein, wie Du mich haben willst, und Du bist nicht auf der Welt, um so zu sein, wie ich Dich haben will. Wenn wir uns begegnen, ist es wunderschön, wenn nicht, so kann man auch nichts machen.
Diese Sätze charakterisieren diesen Anspruch. Gegenüber Anpassung und Selbstaufgabe der patriarchalen Ehe wird hier die Verpflichtung der eigenen Person und der eigenen Individualität gegenüber betont. Wir haben davon gesprochen, wie unaufgebbar dies für die Paarbeziehung ist. Dennoch wirkt dieses Autonomieideal im konkreten Zusammenleben der Partner sehr oft zerstörerisch. Das Achten darauf, ob es »für mich selbst stimmt«, wird oft zur Missachtung der Bedürfnisse des anderen. Hier wird nur die eine Hälfte des Lebens betont. Saint-Exupéry lässt den Fuchs zu dem kleinen Prinzen sagen: »Du bist für das verantwortlich, was Du Dir vertraut gemacht hast.« Das ist die andere Hälfte, die Verpflichtung gegenüber dem Beziehungspartner. In der Spannung zwischen diesen beiden Polen haben wir zu leben.

Hans Jellouschek

Diskutieren Sie die einzelnen Thesen des Psychotherapeuten und Eheberaters Hans Jellouschek. Welchen Gedanken stimmen Sie zu? Welche stellen Sie in Frage? Können Sie sich vorstellen, dass die Einsichten von Jellouschek für Paare hilfreich sind?

Spielräume entdecken

Das Geschirr der Arbeit wahrlich
ablegen.
Nicht auch noch die Freizeit in den Takt
der Arbeit zwängen.
Keine Sonntags-Neurose heraufbeschwören.
Sich nicht den Apparaten überantworten.
Spielen.
Sich ergehen.
In Muße gehen.
Sich ausstrecken. Sich hindehnen.
Sich baumeln lassen.
In der Zeit verweilen.
Einfach zubereiten – mal einzeln,
mal gemeinsam.
Heiter speisen.
Sich auf den Arm nehmen.
Sich der Pflicht entledigen.
Der Neigung leben.
Die Neigungen aufeinander einspielen.
Phantasie schweifen lassen.
Improvisieren.
Narr. Schalk. Clown sein.
Spontan wach sein. Zuspringen können.
Sich einem anderen Menschen ganz
und gesammelt zuwenden.
Trödeln.
Sich an buntem Plunder ergötzen.
Träume wie Luftballons hochsteigen
lassen.
Augenblicke auskosten.
Die Seele ausspannen wie ein Segel.
Sich freie Zeit einverleiben.
Spielräume entdecken.
Räume mit Spiel erfüllen.
Für Verhältnisse sorgen, die Spielräume
offen halten, ja die selber
immer mehr zu Spielräumen werden.

Wolfgang Dietrich

Vor der Entscheidung

Herbert Wentscher: Gerechtigkeit

Normen und Verhalten

Einblick Durchblick Überblick

Man ist ja von Natur kein Engel,
vielmehr ein Welt- und Menschenkind.
Und ringsumher ist ein Gedrängel
von solchen, die dasselbe sind.

In diesem Reich geborener Flegel,
Wer könnte sich des Lebens freun,
Würd' es versäumt, schon früh die Regel
der Rücksicht kräftig einzubläun.

Wilhelm Busch

Wilhelm Busch hatte es vor mehr als hundert Jahren noch einfacher mit Normen und Verhalten. Heute erscheinen überlieferte Normen fragwürdig und neue widersprüchlich. Dieses Kapitel soll zur Klärung beitragen.

Das erste Unterkapitel **Was sollen wir tun?** stellt an aktuellen Problemen des Umgangs mit dem Leben die Frage nach den Grenzen von Wissenschaft und Technik. Dabei ist zu klären, **ob alte Normen noch tragfähig sind** oder **ob sie durch neue ersetzt werden müssen.**

Es folgt ein Bezug **auf Grund- und Menschenrechte** mit der Überlegung, inwieweit sich aus solchen Grundnormen Pflichten oder Handlungsgrenzen ergeben: **Grundrechte als Grenzen?**

Die Notwendigkeit grundlegender **Normen** zur Verhaltensregulierung wird anthropologisch begründet und geschichtlich durch sehr alte Gebotsreihen veranschaulicht. Unter den religiös begründeten **Geboten verschiedener Völker** haben die biblischen **Zehn Gebote** weltgeschichtlich die größte Bedeutung erlangt. Ihre Zuordnung zu einer Präambel, mit der sich Gott als Retter und Befreier vorstellt, setzt gleichzeitig die Perspektive für ihre fortlaufende Interpretation und Weiterführung.

Das nächste Unterkapitel **Lernen von Normen** behandelt die individuelle Übernahme und Veränderung von Normen am Beispiel der moralischen Entwicklung und Gewissensbildung.

In dem Unterkapitel **Ortung des Menschen** werden Funktion und Wesen des Gewissens erarbeitet.

Anschließend wird das Problem des **Normenwandels,** das schon zu Beginn des Kapitels an Beispielen des Umgangs mit dem Leben konkret vor Augen trat, als gesellschaftliches, geschichtliches und philosophisch-ethisches Phänomen dargestellt und reflektiert. Der umfangreiche Schlussteil behandelt das Verhältnis von **Religion und Moral** im Vergleich der Minimalmoral und der Bergpredigt.

Was sollen wir tun?

Leihgebärmutterservice

Das Unternehmen Fertility and Genetics Research Inc. (FGR) erwägt in den nächsten fünf bis zehn Jahren einen »Leihgebärmutter-Service« anzubieten. Einer Frau, der zum Beispiel wegen eines Herzleidens von einer Schwangerschaft abgeraten wird, spülen die Ärzte das befruchtete Ei aus der Gebärmutter, um es mit Hilfe des Embryotransfers einer anderen Frau einzusetzen, der »Leih(gebär)mutter«, die genetisch nicht mit dem Kind verwandt ist.

Manipulationen am werdenden Leben durch medizinische Technik und Gentechnik lassen nach den Zielen und Grenzen menschlichen Handelns fragen. Welche Ziele sind zu rechtfertigen? Gibt es Grenzen (Normen), die trotz wertvoller Ziele nicht überschritten werden dürfen?

Das transparente Ei

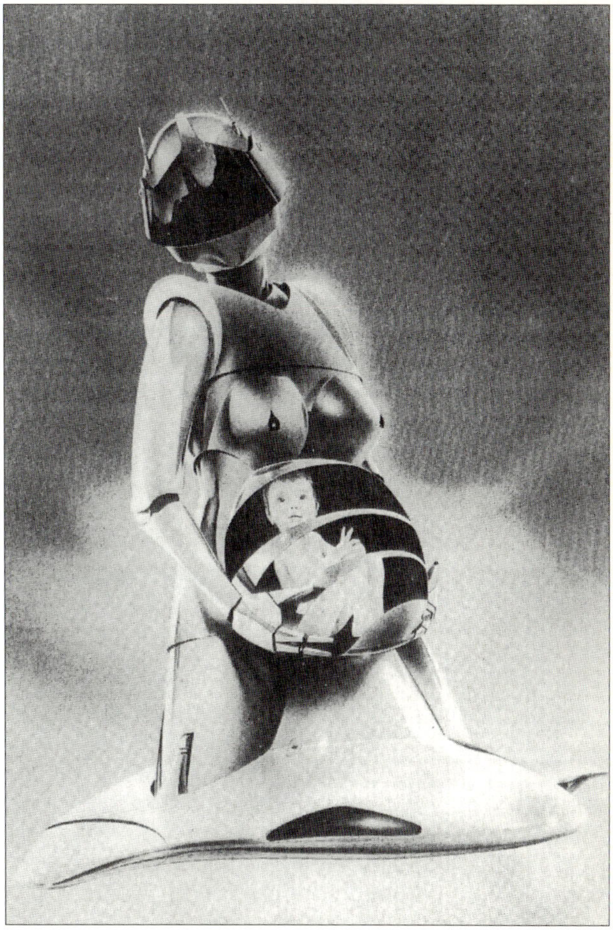

»Ich kann Ihnen gratulieren. Diesmal wird es ein Junge. Augenfarbe blau, wie Sie es gewünscht haben. Genetische Anomalien konnten wir ausschließen. Ein kleiner Schönheitsfehler: Der Intelligenzquotient wird vermutlich nicht besonders hoch sein, aber im Bereich des Normalen liegen. Leider ist uns der versuchte Gentransfer diesmal nicht gelungen. Und wir wollen nicht mit weiteren Korrekturen den ansonsten hochwertigen Keim gefährden. Übrigens, in Anbetracht der ausgezeichneten Gesamtqualität empfehlen wir Ihnen, eine Teilung des Embryos vornehmen zu lassen. Das hätte für Sie gleich drei Vorteile. Erstens: Im Fall des Misslingens der Schwangerschaft oder auch des vorzeitigen Todes ihres Kindes hätten wir dann noch eine Kopie auf Eis. Zweitens: Entspricht dieses Kind in besonderem Maß Ihren Wünschen, könnten wir jederzeit einen Zwilling produzieren. Drittens: Sollte Ihr Sohn später ein Organtransplantat benötigen, könnten wir auf den Ersatzembryo zurückgreifen und entsprechendes Organgewebe züchten.«
Ohne Zögern stimmten die zukünftigen Eltern der – wie man ihnen zusicherte – ungefährlichen Teilung des Embryos zu. Man kann ja nie wissen.
Eine erfundene Geschichte. Niemand kommt auf die Idee, sie für mehr als eine überzogene Zukunftsvision zu halten. Oder doch?

Embryos im Reagenzglas künstlich verdoppelt

Experten sprechen von verwerflichem Experiment

NEW YORK (dpa). In den USA ist ein weltweit einmaliges Experiment gelungen: Ein menschlicher Embryo wurde künstlich verdoppelt. Der erfolgreiche Versuch des amerikanischen Forschers Jerry Hall von der George-Washington-Universität in Washington ist bei Medizinern auf starke Ablehnung gestoßen. Die Methode, bei der Experten von »klonen« sprechen, kann die Chancen bei einer künstlichen Befruchtung erhöhen. Sie wird jedoch von vielen Experten als ethisch verwerflich bezeichnet.

Hall hatte aus 17 Embryonen im frühesten Entwicklungsstadium insgesamt 48 »produziert«. Bei einer künstlichen Befruchtung sei es nun möglich, gleich mehrere identische Embryonen in die Gebärmutter einzusetzen und damit die Chancen auf ein Baby zu erhöhen, hieß es. Außerdem könnten geklonte Embryonen eingefroren und erst Jahre später in den Mutterleib eingepflanzt werden. Ein »verspäteter« Zwilling könnte dann theoretisch zum Organspender werden oder sogar das erste Baby im Falle des Todes »ersetzen«.
Entsprechende Versuche beim Menschen sind nach Ansicht von Professor Wilhelm Braendle von der Universitätsklinik Eppendorf (UKE) in Hamburg »aus ethischen Gründen verwerflich«. Er hält es unter deutschen Experten für unstrittig, dass solche Experimente nicht vorgenommen werden dürften. Auch US-Experten äußerten sich kritisch. Der Medizin-Ethiker John Fletcher sagte: »Unsere Politik der Embryonenforschung ist in totaler Unordnung.« »Die Öffentlichkeit wird darin einen weiteren Schritt auf einem sehr abschüssigen Wege hin zu immer mehr Manipulation sehen«, meinte David Meldrum vom Zentrum für Reproduktionsmedizin.
Beim Klonen werden die Chromosomen (Träger der Erbanlagen) einer befruchteten Eizelle geteilt. Eine Hälfte verbleibt in dieser Zelle, die zweite wird in eine andere Zelle übertragen. So können sich aus einem Ei zwei oder mehr identische Embryonen entwickeln. Auch die Natur selbst »klont« gelegentlich einen menschlichen Embryo – dabei entstehen eineiige Zwillinge.

Sprechen Sie über Chancen und Gefahren. Bedenken Sie:

Vom rein technischen Standpunkt ist der Versuch so bahnbrechend nicht; in der Tiermedizin wird er schon länger praktiziert. Beim Menschen aber wirft diese Art von Manipulation eine Fülle ethischer Fragen auf. Wird man eines Tages die nicht der Mutter eingepflanzten, gefrorenen Embryonen sozusagen als eiserne Reserve im Kühlfach lagern und bei Bedarf als »Ersatzteillager« für eine potentiell notwendige Organtransplantation verwenden? Oder werden Eltern, wenn ihr Kind stirbt, eine identische Kopie gleich nachfordern können, damit die Mutter sie anschließend austrägt?

Monica Botskor

Fetozid bei Erbmängeln?

Ein Paar erwartet das erste Kind. Die Mutter läßt eine Fruchtwasseruntersuchung durchführen. Im Fruchtwasser schwimmen Zellen des Fötus. Aus diesen Zellen werden die Chromosomen entnommen und in zusammengehörige Paare geordnet. Dann können die Chromosomen unter dem Lichtmikroskop hinsichtlich ihrer Art, Anzahl und Größe überprüft werden.
Auf diese Weise lässt sich zum Beispiel erkennen, ob Trisomie 21 vorliegt. Diese genetische Anomalie (Unregelmäßigkeit) besteht darin, dass das 21. Chromosomenpaar um ein drittes Chromosom vermehrt ist. Das dazugehörige Krankheitsbild wird Mongolismus genannt.
Die Mutter erfährt nach der Untersuchung, dass ihr Kind diese Krankheit haben wird. Es wird lebenslang schwerstbehindert und pflegebedürftig sein. Seine Lebenserwartung beträgt maximal 30 Jahre. Der Arzt fragt, ob er einen Schwangerschaftsabbruch vornehmen soll.

Abtreibung bei Verhütung?

Eine 17-jährige Schülerin erwartet ein Kind. Sie erzählt es ihrer Mutter. Diese rät zur Abtreibung: »Deine Zukunft ist sonst im Eimer.« Ihre Freundin fragt: »Habt ihr Verhütungsmittel angewandt?« Als sie antwortet, ihr Freund verwende immer Kondome, sagt ihre Freundin: »Dann kannst du auch abtreiben. Denn es ist ja nicht deine Schuld, dass etwas daneben gegangen ist.«

Fruchtbarkeitsfigur aus Ghana

Tötung schwerstbehinderter Kinder?

Dass Ärzte, wenn Kinder mit schwersten Missbildungen zur Welt kommen, etwa mit offen klaffender Rückenmarkspalte, ohne Großhirn oder ohne funktionstüchtigen Magen-Darm-Trakt, diese Neugeborenen (im Einverständnis mit den Eltern) »liegenlassen«, wird von denen, die damit zu tun haben, nicht bestritten. In der Bundesrepublik wird die Zahl auf 1200 im Jahr geschätzt. Unter Einsatz aller modernen Hilfsmittel könnten diese Kinder für Wochen, Monate, manchmal auch Jahre am Leben erhalten werden – doch was für ein Leben ist das?
Daher tritt der australische Philosoph Peter Singer für die Tötung solcher Kinder ein. Sein Argument: Das »Recht auf Leben« gilt nur für Personen. Schwerstbehinderte Säuglinge seien keine Personen. Denn es fehle ihnen an Vernunft und Selbstbewusstsein. Die Tötung eines schwerstbehinderten Säuglings sei moralisch nicht gleichbedeutend mit der Tötung einer Person.

Ungeborene Kinder und Neugeborene werden heute von vielen nicht mehr als Geschenk der Natur oder Gottes betrachtet, sondern als Produkte, zu deren Herstellung auch Wissenschaft und Technik eingesetzt werden. Dadurch sind unbekannte Normenkonflikte entstanden. Arbeiten Sie an jedem Beispiel heraus, welche Normen davon berührt werden und welche Konflikte daraus erwachsen.

Alte Normen noch tragfähig?

Recht auf Suizid?

Die in der Öffentlichkeit stark umstrittene Deutsche Gesellschaft für humanes Sterben (DGHS) wirbt für den »Freitod«: »›Kürzlich starb einer meiner besten Freunde. Er starb in einem entsetzlichen Zustand. Der kaum mehr unter Kontrolle zu bringenden Schmerzen wegen hatte man ihn einige Monate vor seinem Tod künstlich gelähmt – aber auch so musste ihm seine Gattin anderthalbstündlich eine intravenöse Spritze verabreichen, um die qualvollen Schmerzen wenigstens einigermaßen zu lindern. Sein Zustand war erbarmungswürdig.‹
Dort, wo der Tod allein das vermag, was die Medizin nicht leisten kann – den Menschen aus Qual und Siechtum zu erlösen –, muss er gewählt werden können.«

Freitod mit Selbstmordmaschine

Eine 53-jährige Frau, die an der Alzheimerschen Krankheit litt, hat sich im US-Bundesstaat Oregon, wo Selbstmord nicht strafbar ist, mit Hilfe eines Arztes per Knopfdruck ein Betäubungsmittel und ein Gift injiziert. Sie wollte sich und ihrer Familie nicht mit den Problemen der fortschreitenden Krankheit belasten. Ärzte nannten die Sterbehilfe ihres Kollegen unmoralisch und möglicherweise illegal: »Er verschiebt die Grenzen«, klagte ein Priester vom Zentrum für biomedizinische Ethik der Universität Minnesota. Nach Ansicht der US-Ärztekammer ist passive Sterbehilfe, etwa durch Abschalten einer lebenserhaltenden Maschine, ethisch vertretbar, aktive Sterbehilfe aber nicht.

Meinungen

»Sterbehilfe kann nur heißen: keine künstliche Verlängerung des kranken Lebens.«

Heinrich Albertz, Pfarrer

»Unbestreitbar ist, dass manche Menschen ihr Sterben als unerträglich erfahren, gleichsam in dieser Situation nicht leben und nicht sterben können.«

Hans Grewel, Theologe

»Jeder, der diese Frage ehrlich beantworten will, müsste eigentlich auf einer Intensivstation gelegen haben, um begreifen zu können, dass der Mensch nicht nur ein Recht auf ein humanes Leben, sondern auch auf ein humanes Sterben hat.«

Eine Angehörige

»Allein die Gewissheit, notfalls mit Sterbehilfe rechnen zu können, gibt den Kranken eine ungeheure Stärke – die meisten sterben dann ohne Euthanasie von ganz allein.«

Lide Jannink, Ärztin und Vorsitzende der Niederländischen Vereinigung für freiwillige Euthanasie

Können auch aus diesen beiden Beispielen konkrete Normen abgeleitet werden? Wie müssen diese gegebenenfalls verändert oder ergänzt werden? Kann die Goldene Regel zur Anwendung kommen?

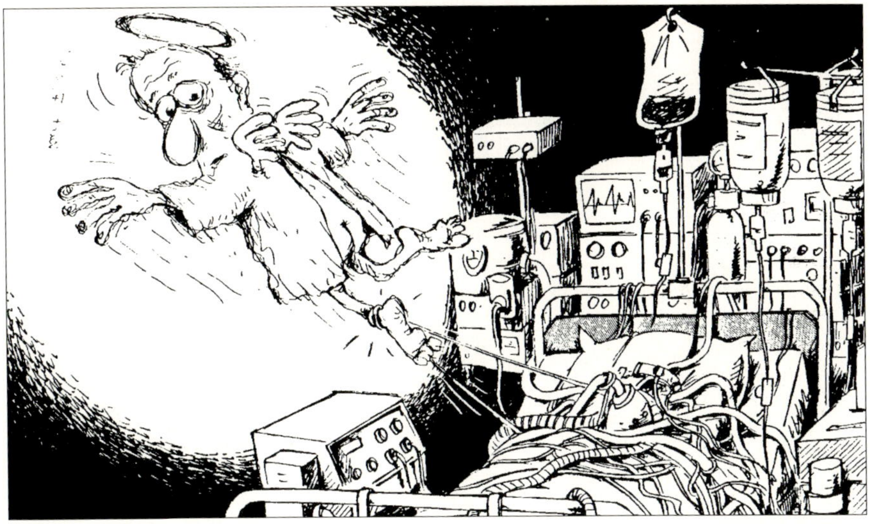

Haben Menschen, deren Leiden unheilbar ist, das Recht, den Zeitpunkt ihres Todes selbst zu bestimmen? Oder ist Tötung auf Verlangen unchristlich?

Gerhard Mester

Tötung auf Verlangen

Todkrank, schwer leidend, von medizinischer Hochtechnologie am Leben erhalten: So möchte niemand sterben. Kein Wunder also, dass sich eine Mehrheit der Deutschen für ein Recht des Einzelnen auf Sterbehilfe (Euthanasie) ausspricht – für einen »schönen Tod«, wie das griechische Fremdwort auf deutsch heißt.

Alle Maßnahmen, die den Tod eines Kranken vorzeitig herbeiführen, also zum Beispiel eine Infusion oder eine Giftmischung – Mediziner und Juristen sprechen in diesem Fall von aktiver Sterbehilfe –, sind in Deutschland verboten. Im Paragraphen 216 des StGB heißt es dazu: »Tötung auf Verlangen. Ist jemand durch das ausdrückliche und ernstliche Verlangen des Getöteten zur Tötung bestimmt worden, so ist auf Freiheitsstrafe von sechs Monaten bis zu fünf Jahren zu erkennen.«

Straffrei ist dagegen seit einem Urteil des Bundesgerichtshofes 1991 die passive Sterbehilfe. Der Arzt kann auf Maßnahmen verzichten, die das Leben eines Sterbenden verlängern. Ebenso ist ihm erlaubt, dem Patienten schmerzlindernde Medikamente wie Morphium zu verabreichen, auch wenn diese Medikamente den Sterbeprozess beschleunigen.

Ebenfalls straffrei ist in Deutschland die Beihilfe zur Selbsttötung. Das bedeutet, dass ein Arzt seinem todkranken, sterbewilligen Patienten ein Gift zum eigenen Gebrauch zur Verfügung stellen kann – vorausgesetzt, der Patient ist zu einer »eigenverantwortlichen Willensentscheidung« fähig. Für Menschen mit psychischen Erkrankungen (etwa Depressionen) trifft dies nicht zu.

Das niederländische Parlament hat unlängst ein Gesetz verabschiedet, das aktive Sterbehilfe weitgehend liberalisiert. Den holländischen Ärzten ist Euthanasie unter bestimmten Bedingungen fortan erlaubt: Der sterbewillige Patient muss todkrank sein und unerträgliche Schmerzen haben, er darf nicht geistesgestört sein und muss seinen Arzt mehrfach um Sterbehilfe gebeten haben. Der Arzt muss daraufhin den Fall mit seinen Kollegen und mit den Angehörigen des Patienten besprechen. Schließlich ist die Sterbehilfe den Behörden zu melden.

Tim Schleider

Grundrechte als Grenzen

Lucas Cranach: Adam und Eva

Die Würde des Menschen

Der Mensch als Objekt, Tier oder Maschine?

Der Schutz des menschlichen Lebens

Gilt dieser Schutz auch bei der Embryonenforschung und -technik und für das ungeborene oder beschädigte Leben?

Das Recht auf Naturwüchsigkeit der eigenen Abstammung

Haben Kinder das Recht zu erfahren, wer ihre leiblichen Eltern sind?

Der Schutz von Ehe und Familie

Gilt das auch für unverheiratet Zusammenlebende und für gleichgeschlechtliche Partnerschaften?

Der Schutz der körperlichen und seelischen Unversehrtheit

Was heißt das für das Zusammenleben mit Menschen, die ansteckende Krankheiten haben?

Das Recht auf Gemeinschaft, Zuwendung und Fürsorge

Gilt es auch für Menschen mit ansteckenden Krankheiten?

Der Schutz der natürlichen Genomstrukturen

Wie sieht dieser aus bei Tieren und Pflanzen als Manipulationsobjekte?

Das Recht auf und die Pflicht zu Hilfeleistung

Unterstützung bei Suizidversuchen?

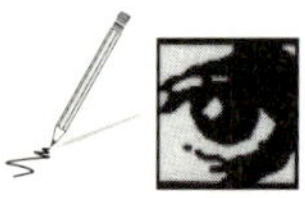

Diese Normen spielen heute eine große Rolle. Man zählt sie zu den Grund- oder Menschenrechten. Ist das richtig? Viele befürchten eine Aushöhlung der Grund- und Menschenrechte durch die modernen Entwicklungen und Verhaltensweisen. Andere verlangen Änderungen, wieder andere Präzisierungen durch konkretere Normen. Formulieren Sie selbst Grundrechte von Mensch und Natur.

Der normbedürftige Mensch

Jean Yves Hamel

Instinkte und Normen

Im Gegensatz zu den Tieren ist beim Menschen die Instinktsteuerung erheblich eingeschränkt. Zur Sicherung des eigenen Verhaltens und zur Regelung des Zusammenlebens bedarf der Mensch ethischer Normen. Dadurch wird die Instinktreduktion ausgeglichen; der Mensch reguliert mit grundlegenden Normen sein Verhalten aufgrund ethischer Einsicht.
Das Verhalten der Tiere wird weithin ausgelöst und gesteuert durch Reize ihrer natürlichen Umwelt. Durch das Leben in der Zivilisation sind für den Menschen solche Umweltreize vermindert. Die Motivation für sozial angemessenes oder wertvolles Verhalten muss der Mensch daher erwerben (Erziehung, Schule, Beruf).
Die Situation verschärft sich in der modernen Zivilisation. Die mit den Sinnen wahrnehmbare Wirklichkeit (»Merkwelt«) hat sich teilweise von jener Wirklichkeit abgelöst, auf die sich unser Handeln auswirkt (»Wirkwelt«). So entfallen natürliche Tötungshemmungen, wenn der verantwortliche Täter die Folgen seines Handelns, z. B. das Leiden und den Tod von Menschen, nicht mehr unmittelbar erlebt.

Welcher Stellenwert kommt den alten Normen heute noch zu?

Tabus und Gebote

Es gibt seit ältester Menschenzeit eine Vielzahl von Verhaltensregulativen – aufgerichtet noch vor allen Rechtssatzungen. Es sind die Tabus. Auch sie können so gut wie alles betreffen, was Einzelne tun bzw. nicht tun dürfen, z. B. bestimmte Orte nicht betreten, mit bestimmten Menschen keinen Umgang haben, keine nahen Verwandten heiraten. Wer ein Tabu verletzte, musste mit dem Tod rechnen. Es liegt nahe, Tabus und Gebote bzw. Normen in Zusammenhang zu bringen. Beide verbieten etwas und auch das Verletzen von Geboten wird meistens bestraft. Doch gibt es bemerkenswerte Unterschiede: Tabus lassen sich nirgends auf eine bündige und geradezu exemplarische Reihe beschränken. Meistens ist ihre Anzahl in einer Kultur sehr groß, auch in unserer. Tabus sind außerordentlich wirksam. Die Furcht vor ihrer Verletzung ist so groß, dass eigentlich niemand auf den Gedanken kommt, dies absichtlich zu tun. Schließlich sollte auch gesehen werden, dass Tabus keiner Sprache bedürfen. Sie werden eher durch Verhalten vermittelt als durch Anrede.

Robert Schuster

Im Vergleich zum Tabu sind die Gebote schwach, verletzlich und werden faktisch dauernd verletzt. Man muss fragen, warum der Mensch nicht ganz auf das Tabu gesetzt hat, um sein Verhalten zu regulieren.
Suchen Sie Beispiele für heutige Tabus!

Gebote verschiedener Völker

5 Gebote für Laien (Buddhismus)

1. Ich beobachte das Gebot, mich fern zu halten von Vernichtung des Lebens von Geschöpfen.
2. Ich beobachte das Gebot, mich fern zu halten von Diebstahl.
3. Ich beobachte das Gebot, mich zu enthalten unerlaubten geschlechtlichen Verkehrs.
4. Ich beobachte das Gebot, mich fern zu halten von Lug und Trug.
5. Ich beobachte das Gebot, mich zu enthalten des Genusses berauschender Mittel.

10 Gebote der Maori

1. Du sollst keines anderen Mannes Schwein töten mit dem Bogen, den du von uns erhalten hast.
2. Du sollst keines anderen Mannes Weib berühren.
3. Du sollst nicht lügen.
4. Du sollst nicht stehlen im Garten eines anderen.
5. Du sollst deinen eigenen Garten bestellen.
6. Du sollst eine Ehe eingehen.
7. Du sollst eine Familie gründen.
8. Du sollst deinen Nächsten achten.
9. Du sollst deinen Platz in der Gemeinschaft kennen.
10. Du sollst ältere Verwandte lieben.

Hesiod (327–333)

Gleich ist es,
wer den Verfolgten, wer den Fremdling misshandelt,
wer dem Blutsverwandten das Bett besteigt,
wer unbedacht frevelt an Waisen,
wer seinen Vater verletzt und auf der Schwelle zum Alter ihn schmäht mit böser Rede.
Ja, da zürnt der ewige Zeus selber, am Ende schickte er den Unrechtstaten noch immer schwere Vergeltung.

Die 12 Gebote der Fali (Nigeria)

1. Der Junge, der keine Feldarbeit tun will, sei verflucht.
2. Der Junge, der seinem Vater und seiner Mutter nicht gehorchen will, sei verflucht.
3. Der Junge, der im Dorf stiehlt, sei verflucht.
4. Wer Gift sucht, um Menschen umzubringen, sei verflucht.
5. Wer Ehebruch mit der Frau seines Bruders begeht, sei verflucht.
6. Wer jemanden im Dorf umbringt, sei verflucht.
7. Wer sich im Krieg fürchtet, sei verflucht.
8. Wer ein Tunichtgut ist, sei verflucht.
9. Wer lügt, sei verflucht.
10. Wer mit Verwandten Geschlechtsverkehr hat, sei verflucht.
11. Wer seinen Dorfgenossen fängt und ihn verkauft, sei verflucht.
12. Wer dem Gebot der Fetischpriester widerspricht, sei verflucht.

Vergleichen Sie die vier Gebotsreihen. Welche Lebensbereiche sind im Blick? Welche Formulierungen stehen dem Tabu am nächsten? Welche Erfahrungen und Konflikte haben wohl zu diesen Normen geführt? Welche allgemeinen Grundsätze oder Werte könnten hinter den jeweiligen Gebotsreihen vermutet werden?

Der Dekalog

Die Zehn Gebote (= der Dekalog) unterscheiden sich von den nebenstehenden Gebotsreihen durch ihren grundlegenden Bezug auf Gottes rettendes Handeln an Israel: »Ich bin der Herr, dein Gott, der dich aus Ägyptenland geführt hat aus der Knechtschaft.«

Überlieferung: Die weltgeschichtlich bedeutendste Gebotsreihe ist an zwei Stellen im Alten Testament überliefert: 2 Mose 20 und 5 Mose 5.

Die Zählung: Die jüdische Tradition zählt den ersten Satz »Ich bin der Herr, dein Gott ...« als erstes Gebot. Götzen- und Bilderverbot bilden gemeinsam das zweite; das Gebot, den Gottesnamen nicht zu missbrauchen, das dritte. Das Begehrensverbot ist das zehnte.
Die orthodoxen und reformierten Kirchen folgen dieser Zählung; allerdings wird der erste Satz nicht als Gebot für sich gezählt, sondern als Präambel betrachtet. Dafür sind Götzen- und Bilderverbot zwei Gebote. Martin Luther fasste mit der auf Augustin zurückgehenden katholischen Zählung das Götzenverbot und die Präambel zusammen. Das Bilderverbot, das Augustin zum ersten rechnet, lässt Luther weg und erreicht die Zehnzahl durch die Teilung des Begehrensverbots.
In den unterschiedlichen Zählungen werden Verschiebungen der inhaltlichen Gewichtung erkennbar. Die jüdische, orthodoxe und reformierte Zählung ergibt ein Verhältnis von vier zu sechs zwischen Gottes- und Menschenrecht. In der katholischen und lutherischen Tradition verschiebt sich das Verhältnis auf drei zu sieben und damit auf eine stärkere Betonung des Menschenrechts. Fast zu jedem Gebot lässt sich in der Bibel eine ältere Fassung finden, die konkreter und damit nicht so umfassend und allgemeingültig ist wie die des Dekalogs.

Marc Chagall: Moses mit den Gesetzestafeln

Die zwei Tafeln: Die Überlieferung von den zwei steinernen Tafeln fehlt im Kontext von 2 Mose 20. Sie werden erst in der literarischen Überlieferung von 2 Mose 32–34 erwähnt, wobei offen bleibt, ob mit den Tafeln ausschließlich die Gebote gemeint sind. Das ist erst 5 Mose 5, 22 der Fall. Auch dort, wie im ganzen Alten Testament, fehlt jeder Hinweis darauf, wie sich die Gebote auf die Tafeln verteilen. Die traditionelle kirchliche Deutung geht ebenfalls auf Augustin zurück. Die ihr zugrunde liegende Unterscheidung von Gottes- und Menschenrecht ist vom Inhalt auch durchaus einsichtig.
Der Wortlaut des Dekalogs weist jedoch auf eine andere Einteilung hin. Präambel, Götzen- und Bilderverbot sind in der ersten Person Singular formuliert – also als direkte Gottesrede. Die übrigen Gebote sprechen von Gott in der dritten Person. Es kann kein Zweifel daran bestehen, dass die jüdische Tradition mit Recht von der Gottesrede her alle anderen Gebote gelesen und verstanden hat.

Was lässt sich aus der Entwicklung der Gebote von konkreten zu allgemeinen Formulierungen folgern?

Bedingungen der Freiheit

Die Präambel – Der Gott der Befreiung: Ich bin der Herr, dein Gott, der dich aus Ägyptenland geführt hat, aus der Knechtschaft (5 Mose 5, 6).

Die Selbstvorstellung Gottes leitet die Gebote nicht nur ein. Sie bildet den tragenden Grund des ganzen Dekalogs und ist die Voraussetzung für jedes Einzelgebot. Mit seinem Namen hat sich Gott programmatisch festgelegt. In der Selbstoffenbarung im brennenden Dornbusch (2 Mose 3) und in der Befreiungstat, die Israel aus dem »Haus der Knechtschaft« herausholte, wurde Gottes Wesen in seinen Reden und an seinem Handeln deutlich. Der unbedingte Zuspruch seines Namens (»Ich bin der Gott für euch«) und die uneingeschränkte Verlässlichkeit seines Tuns eröffnen den Menschen Lebensraum (siehe auch S. 147, 164).

Welche Befreiungstat Gottes ist für Israel immer grundlegend gewesen? Lesen Sie die Geschichten in 2 Mose 1–18 und berichten Sie über die dort dargestellte Beziehungsgeschichte Gottes mit seinem Volk und Mose.

Gefährdete Freiheit – Das erste Gebot: Die geschenkte Freiheit ist nicht unangefochten. Die eröffnete Beziehung ist nicht ungefährdet. Gott steht im Konkurrenzkampf mit anderen Kräften und Mächten und er stellt sich diesem Kampf. Sein Volk droht in Gedankenlosigkeit und Undankbarkeit den eröffneten Lebensraum zu zerstören. Die Notwendigkeit der Gebote beruht auf einer realistischen Sicht der Welt und des Menschen. Es ist nicht zufällig und schon gar nicht beliebig, dass sie als Gebote in der Sprachform des Imperativs gegeben sind.

Du sollst keine anderen Götter haben neben mir (5 Mose 5, 7).

Glaubst Du echt ans Material

Vor fast dreitausend Jahren
irgendwo in Babylon
schreit Jesaja durch die Stadt:
»Reißt die Götter von den Höhen,
hört auf, Bilder anzuflehen,
weil ein Götze weder Herz noch
Ohren hat.

Götzen sind aus Holz und Stein.
Hören uns nicht, wenn wir schrei'n.
Ziemlich schlichte Konstruktionen
religiöser Projektionen.
Reißt die Götzenbilder ein!«

»Nach biblischen Geschichten«,
meinst du,
»kann ich mich nicht richten.
Mensch, was geht mich dein
Jesaja an?!«
Doch die aufgeklärten Leute
ehren neue Götzen heute –
oder hast du keinen Talisman?

Glaubst du echt ans Material?
Auto, Geld und Lottozahl?
Macht der Platinschmuck am Finger
deine Lebensangst geringer?
Ein Computer übernimmt die
Partnerwahl.

Glaubst du echt ans Material?
Börsentips und Kapital?
Opferst täglich Kraft und Mühe
für moderne heil'ge Kühe,
unser Wirtschaftswachstum
braucht's nun mal.

Andreas Malessa

Überlegen Sie, inwiefern die Verehrung von Göttern für Israel eine Bedrohung der Freiheit bedeuten konnte. Inwiefern bedrohen heute neue Götzen die Freiheit?

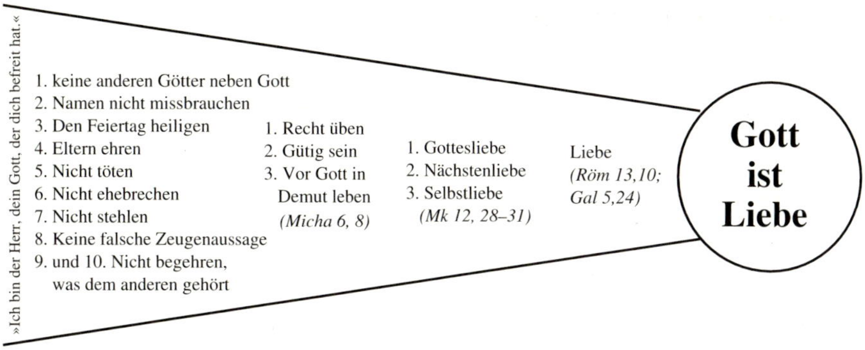

Den Wortlaut der Gebote finden Sie in 5 Mose 5, 6–21 oder 2 Mose 20, 2–17. Überprüfen Sie in Gruppen zu den Geboten 1– 4, 5–7 und 8–10, ob diese zu Recht »Lebensbedingungen der Freiheit« genannt werden. Suchen Sie auch andere Bezeichnungen.

Die Seele des Dekalogs ist sein »DU«

Im geschichtlichen Sinne sind die Zehn Gebote weder Glaubensartikel noch Sittenregeln, sondern Gesetze einer Gemeinschaft. Es wird das »DU« angesprochen, aber nicht als isoliertes Individuum, sondern in Verbindung mit den Mitmenschen. Geschützt werden die vier Grundgüter: das Leben, die Ehe, das Eigentum und die soziale Ehre. »Aber diese vier Gebote genügen noch nicht, um die Gemeinschaft vor der Zerrüttung durch allerorten ausbrechende innere Konflikte zu bewahren. Sie beziehen sich nicht auf Haltungen, die nicht in Handlungen übergehen. Es gibt aber eine Haltung, die den inneren Zusammenhang der Gemeinschaft zerstört, auch wenn sie sich nicht eigentlich in Handlungen umsetzt. Es ist die Haltung des Neids. Das Verbot des ›Begehrens‹, also ›begehre nicht das Haus, d. h. den Bestand des persönlichen Lebens überhaupt: Hausstand, Besitz und Ansehn, deines Genossen‹, ist als das Verbot des Neidens zu verstehen; es geht nicht auf eine Gesinnung des Herzens allein, sondern auf eine Haltung von Mensch zu Mensch, die das Gewebe der Gesellschaft zersetzt.«

Martin Buber

Versuchen Sie, die Behauptung Bubers, dass Neid oder Begehren die menschliche Gesellschaft zersetzen, mit Beispielen zu belegen oder zu widerlegen.
Suchen Sie Beispiele des »Begehrens«, z. B. in Polizeiberichten von Straftaten wie Eigentumsdelikten, Diebstählen, Sachbeschädigungen, Einbrüchen.

Wenn die Schüler Messer tragen

Dolche, Stilette, Springmesser, Fallmesser. Immer häufiger tragen Jugendliche derartige Waffen bei sich.

In der Konfrontation mit den »Feinden« muss sich das Zusammengehörigkeitsgefühl stärken. Werte wie Kameradschaft, Tapferkeit und Männlichkeit sind bestimmend. Feinde können deshalb alle anderen sein, wichtig ist, dass man sich auseinandersetzt und keiner Konfrontation ausweicht. Gewalt muss um der Gewalt willen ausgeübt werden. Die kleinste Provokation reicht aus, um gewalttätig werden zu können. Schließlich müsse man sich »verteidigen«. Je mehr Gewalt der Einzelne ausübt, desto besser ist die Gruppe, desto höher ist der Integrationswert innerhalb der Gruppe.

Untersuchungen haben ergeben, dass entgegen der herkömmlichen Ansicht nur etwa fünf Prozent der gewalttätigen Jugendlichen arbeitslos ist und der Alkoholkonsum nicht ausschlaggebend für die Gewalttaten war. Es zeigte sich, dass betrunkene Randalierer meistens von nüchternen provoziert wurden. »Alkoholmissbrauch und Arbeitslosigkeit erklären die Hintergründe für gewalttätiges Verhalten nicht.« Gewaltbereitschaft hat mehrere Gründe. Zum einen haben die Jugendlichen ein kaum ausgeprägtes Selbstwertgefühl und daher ein übersteigertes Anerkennungsbedürfnis, das im Umfeld wie im Beruf nicht befriedigt werden kann. Sie fliehen in eine neue Identität, was zum Teil in ihrer Kleidung zum Ausdruck kommt. Zum anderen befinden sie sich in einer Autoritätskrise.

Sie haben es nicht gelernt, natürliche Autoritäten anzuerkennen und sich mit ihnen auseinanderzusetzen. Sie haben entweder Grenzen in ihrem Verhalten überhaupt nicht kennen gelernt oder sie als zu eng erlebt. Beides führe zur Orientierungslosigkeit und erkläre die Auseinandersetzungen mit der Polizei, von der sie Grenzen gesetzt bekommen. Als weitere Ursache für die Gewaltbereitschaft wird die Unfähigkeit gesehen, »Versagungen zu ertragen«.

Die Frustrationstoleranz ist extrem niedrig und demzufolge ist das Verzichtenmüssen auf eine Auseinandersetzung für sie die schlimmste Form der Bestrafung. »Die Furcht, Verbote ertragen zu müssen, macht enorme Energien frei, Handlungskompetenz zu demonstrieren, und fördert somit ein blindaggressives Verhalten.« Ein weiteres Motiv für die Gewalttätigkeit seien »emotionale Defizite«, die es den Jugendlichen nicht ermöglichen, Gefühle zu erleben und mit ihnen angemessen umzugehen.

Elke Sölle

Kennen Sie Beispiele für die zunehmende Gewalt gerade unter Jugendlichen?
Wie erklären Sie sich die zunehmende Gewalt?

Was bedeutet die zunehmende Gewalt für die Zukunft unseres Zusammenlebens und die Beurteilung des Menschen?

Gebote der Jugend?

1. Keiner von uns ist unnütz. Jeder kann immer noch als schlechtes Beispiel dienen.
2. Die Jugend steht im Mittelpunkt und somit allen im Weg.
3. Keiner weiß, was er will, aber das mit ganzer Kraft.
4. Alle haben die Übersicht verloren, aber wir haben wenigstens den Mut zur Entscheidung.
5. Jeder macht, was er will. Keiner macht, was er soll. Aber alle machen mit.
6. Wo wir sind, klappt nichts! Aber wir können nicht überall sein.
7. Wir arbeiten Hand in Hand. Was der eine nicht schafft, lässt der andere liegen.
8. So wie wir aussehen, sind wir nicht. Keiner arbeitet so, wie er aussieht.
9. Die Jugend ist eine Gemeinschaft, aber jeder nur für sich.
10. Wir sind voller Tatendrang, wir wollen unser Leben selbst gestalten, aber uns fehlt die Kraft.

Hans-Jürgen Starke

Ergänzungsbedürftig?

Wir vermissen einen Satz bei den 10 Geboten, der lautet: »Bedrücke nicht deinen Genossen«. Eine Gesellschaft, die durch soziale Ungleichheit, durch den Missbrauch der Besitzmacht zum Ansichraffen des Kleinbesitzes, durch die Ausbeutung der Kräfte des wirtschaftlich Schwachen und Abhängigen von innen her zersprengt wurde, braucht ein solches Gebot. In einer Gesellschaft, in der der große Protest der Propheten erscholl, ist eine zentrale Sammlung der zur inneren Festigung der Gemeinschaft unentbehrlichen Gesetze undenkbar, die das soziale Unrecht nicht ausdrücklich bekämpft. Sie ist einer Zeit angemessen, in der zwar schon Ungleichheit des Besitzes bestand, sie aber noch nicht zu verhängnisvollen Missbräuchen führen konnte, sodass die daraus sich ergebende vordringliche Gefahr der Neid und nicht die Bedrückung war.

Martin Buber

Einige Wissenschaftler vertreten heute die Auffassung, die in der Bibel vorliegende Fassung der Zehn Gebote sei in dieser Form ursprünglich an die freien Bauern Israels gerichtet gewesen und stamme aus dem 7. Jahrhundert v. Chr., einer Zeit, in der die sozialen Unterschiede noch nicht so krass ausgeprägt waren. Gibt der Text der Zehn Gebote Hinweise, die diese Auffassung stützen? Welche Folgerungen sind aus der Bemerkung Martin Bubers zu ziehen? Welche Gebote sollten erweitert oder konkretisiert, welche hinzugefügt werden?

Lernen von Normen

Gewissensbildung

Im Lernen von Normen wird das Gewissen »ausgebildet«. Wie dies geschieht, erklären verschiedene psychologische Theorien. Wird das Gewissen durch Normen und Sanktionen programmiert oder hat es eine Chance zu freier Entwicklung? Wenn Letzteres der Fall ist, muss Gewissen mehr sein als die Summe gelernter Normen.

Die wandelnde Glocke

Es war ein Kind, das wollte nie
Zur Kirche sich bequemen
Und sonntags fand es stets ein Wie,
Den Weg ins Feld zu nehmen.

Die Mutter sprach: Die Glocke tönt,
Und so ist dir's befohlen,
Und hast du dich nicht hingewöhnt,
Sie kommt und wird dich holen.

Das Kind, es denkt: Die Glocke hängt
Da droben auf dem Stuhle.
Schon hat's den Weg ins Feld gelenkt,
Als lief es aus der Schule.

Die Glocke, Glocke tönt nicht mehr,
Die Mutter hat gefackelt.
Doch welch ein Schrecken hinterher!
Die Glocke kommt gewackelt.

Sie wackelt schnell, man glaubt es kaum;
Das arme Kind in Schrecken,
Es läuft, es kommt als wie im Traum,
Die Glocke wird es decken.

Doch nimmt es richtig seinen Husch,
Und mit gewandter Schnelle
Eilt es durch Anger, Feld und Busch
Zur Kirche, zur Kapelle.

Und jeden Sonn- und Feiertag
Gedenkt es an den Schaden,
Lässt durch den ersten Glockenschlag,
Nicht in Person sich laden.

Johann Wolfgang von Goethe

Welche Rolle spielt die Glocke in diesem Gedicht? Wer oder was spricht mit Hilfe der Glocke? Was hat die wandelnde Glocke mit dem Lernen von Normen zu tun?

Ein Jugenderlebnis

Einen tiefen Eindruck machte mir ein Erlebnis aus meinem siebenten oder achten Jahre. Heinrich Bräsch und ich hatten uns Schleudern aus Gummischnüren gemacht, mit denen man kleine Steine schleuderte. Es war im Frühjahr, in der Passionszeit. An einem Sonntagmorgen sagte er zu mir: »Komm, jetzt gehen wir in den Rebberg und schießen Vögel.« Dieser Vorschlag war mir schrecklich, aber ich wagte nicht zu widersprechen, aus Angst, er könnte mich auslachen. So kamen wir in die Nähe eines kahlen Baumes, auf dem die Vögel, ohne sich vor uns zu fürchten, lieblich in den Morgen hinaussangen. Sich wie ein jagender Indianer duckend, legte mein Begleiter einen Kiesel in das Leder seiner Schleuder und spannte dieselbe. Seinem gebieterischen Blick gehorchend, tat ich unter furchtbaren Gewissensbissen dasselbe, mir fest gelobend, danebenzuschießen. In demselben Augenblick fingen die Kirchenglocken an, in den Sonnenschein und in den Gesang der Vögel hineinzuläuten. Es war das »Zeichen-Läuten«, das dem Hauptläuten eine halbe Stunde voranging. Für mich war es eine Stimme aus dem Himmel. Ich tat die Schleuder weg, scheuchte die Vögel auf, dass sie wegflogen und vor der Schleuder meines Begleiters sicher waren, und floh nach Hause. Und immer wieder, wenn die Glocken der Passionszeit in Sonnenschein und kahle Bäume hinausklingen, denke ich ergriffen und dankbar daran, wie sie mir damals das Gebot »Du sollst nicht töten« ins Herz geläutet haben.

Albert Schweitzer

Auch in diesem Bericht hat die Glocke eine Bedeutung für das Gewissen und das Lernen von Normen. Welche Rolle spielt sie im Unterschied zum obigen Gedicht? Informieren Sie sich gegebenenfalls über Albert Schweitzer, besonders über seine Bedeutung für die Ethik (siehe auch S. 84).

e. o. plauen: »Hoffnungsloser Fall«

Gewissensentwicklung aus psychodynamischer Sicht

Sigmund Freud (1856–1939) erklärte die Entstehung des Gewissens mit der Ausbildung eines Über-Ichs:
»Durch Erziehung in der Kindheit habe jeder Mensch ein Über-Ich erworben, das als zwanghaftes Gewissen wirke:
Als Niederschlag der langen Kindheitsperiode, während der der werdende Mensch in Abhängigkeit von seinen Eltern lebt, bildet sich in seinem Ich eine besondere Instanz heraus, in der sich dieser elterliche Einfluss fortsetzt. Sie hat den Namen des Über-Ichs erhalten.
Die wesentlichste Funktion des Über-Ich-Gewissens besteht darin, Aggressionen zu binden und Schuldgefühle zu entwickeln. Es gibt zwei Ursprünge des Schuldgefühls, den aus der Angst vor der Autorität und den späteren aus der Angst vor dem Über-Ich. Das erstere zwingt dazu, auf Triebbefriedigungen zu verzichten, das andere drängt, da man den Fortbestand der verbotenen Wünsche vor dem Über-Ich nicht verbergen kann, außerdem zur Bestrafung.
Eine Handlung des Ichs ist dann korrekt, wenn sie gleichzeitig den Anforderungen des Über-Ichs und der Realität genügt, also deren Ansprüche miteinander zu versöhnen weiß. Das Über-Ich … beobachtet das Ich, gibt ihm Befehle, richtet es und droht ihm mit Strafen, ganz wie die Eltern, deren Stelle es eingenommen hat. Wir heißen diese Instanz … unser Gewissen.«

Das Muss-Gewissen und das Sollte-Gewissen

Der amerikanische Psychologe Gordon W. Allport kritisierte und veränderte die »Gewissenstheorie« Freuds:
Das »Klopfen des Gewissens« ist beim Erwachsenen selten gebunden an die Furcht vor Bestrafung, ganz einerlei, ob die Strafe von außen verhängt wird oder ob man sie sich selbst auferlegt. Es ist mehr ein Erlebnis von wertbezogener Verpflichtung.
Das früheste Gewissen des Kindes reagiert aus Furcht vor Strafen. Aber wenn Konflikte und Impulse in Beziehung zum Selbst-Bild und zum Eigenstreben gesetzt werden, finden wir, dass der Sinn der Verpflichtung nicht länger ein Zwang ist; »sollte« ist nicht dasselbe wie »muss «. Ich muss vorsichtig mit Streichhölzern sein; ich muss den Verkehrsregeln gehorchen; ich muss meinen Zorn beherrschen – denn wenn ich das nicht tue, werden unangenehme Folgen eintreten. Aber ich sollte einen Brief schreiben, ich sollte Picknick-Reste aufsammeln; ich sollte das Gute tun, wie ich es begreife. Immer, wenn ich ein eigenes, auf mich selbst bezogenes Werturteil vollziehe – so, als ob ich sage: »Dies ist im Einklang mit meinem Selbst-Bild, jenes nicht« –, fühle ich einen Sinn der Verpflichtung.
Schuldig fühle ich mich in der Regel, wenn ich Entscheidungen treffe, die mir nicht angemessen sind. Die Theorie, die ich hier vorschlage, tritt dafür ein, dass das Muss-Gewissen dem Sollte-Gewissen vorangeht.

1. Äußere Sanktionen werden ersetzt durch innere.
2. Erlebnisse des Verbots, der Furcht und des »Muss« werden abgelöst durch Erlebnisse der Bevorzugung, des Selbst-Respekts und des »Sollte«.
3. Spezifische Gewohnheiten des Gehorsams machen einer allgemeinen Autonomie (self-guidance) Platz, d. h. übergreifenden Wert-Schemata, die dem Verhalten Richtung geben.

Arbeiten Sie Gemeinsamkeiten und Unterschiede zwischen den beiden »Gewissenstheorien« heraus. Nennen Sie Beobachtungen und Erlebnisse, die eine Entwicklung von einem kindlichen »Muss-Gewissen« zu einem reifen »Sollte-Gewissen« auslösen oder erleichtern könnten.

Nicht versetzt

Ich kam mit dem Schulzeugnis nach Hause, in dem ein schrecklicher Satz zu lesen war, ein Satz, vor dem mein ganzes Dasein zerbrechen wollte. Ich ging mit diesem Satz große Umwege, wagte mich nicht mit ihm nach Hause, sah immer wieder nach, ob er nicht plötzlich verschwunden war, doch er stand immer da, klar und deutlich.
Als ich schließlich doch nach Hause kam, weil ich nicht die Kühnheit hatte, mich als Schiffsjunge nach Amerika anheuern zu lassen, saß bei meinen Eltern Fritz W. »Was machst du denn für ein betrübtes Gesicht«, rief er mir zu. »Ist es ein schlechtes Zeugnis«, fragte meine Mutter besorgt und mein Vater blickte mich an, als sehe er alles Unheil der Welt hinter mir aufgetürmt.
Ich reichte das Zeugnis meiner Mutter hin, aber Fritz riss es mir aus der Hand und las es schon und brach in schallendes Gelächter aus. »Nicht versetzt«, rief er und schlug sich mit seiner kräftigen Hand auf die Schenkel. »Nicht versetzt«, rief er noch einmal, während meine Eltern abwechselnd ihn und mich verstört anstarrten, und zog mich zu sich heran und schlug mir auf die Schultern. »Nicht versetzt, genau wie ich«, rief er, »ich bin viermal sitzen geblieben.«
Damit war die Todesangst zerstäubt, alle Gefahr war vergangen. Aus den verwirrten Gesichtern meiner Eltern konnte sich keine Wut mehr hervorarbeiten, sie konnten mir nichts mehr vorwerfen, da ja Fritz W., dieser tüchtige und erfolgreiche Mann, alle Schuld von mir genommen hatte und mich dazu noch besonderer Ehrung für würdig hielt.

Peter Weiss

Nicht jeder wird die Schuldgefühle von Peter auf Anhieb verstehen. Wie hat Peter vermutlich seine Eltern erlebt und welche Erwartungen hatten diese im Blick auf die Schule? Bestätigt die Erinnerung Peters die Gewissenstheorie Freuds ein Stück weit? Könnte Fritz W.s Verhalten im Zusammenhang mit Allports Gewissenstheorie von Bedeutung sein?

Archimedische Punkte des Gewissens

Archimedes suchte für die physikalische Welt den einen festen Punkt, von dem aus er es sich zutraute, diese aus den Angeln zu heben. Die soziale, moralische und politische Welt, die Welt der Menschen nicht aus den Angeln, sondern in die rechten Angeln hineinzuheben, dafür gibt es in jedem von uns mehr als einen archimedischen Punkt.
Punkt 1: Jeder Mensch höre auf sein Gewissen! Das ist möglich. Denn er besitzt eines. Diese Uhr kann man weder aus Versehen verlieren noch mutwillig zertrampeln. Diese Uhr mag leiser oder lauter ticken – sie geht stets richtig. Nur wir gehen manchmal verkehrt.
Punkt 2: Jeder Mensch suche sich Vorbilder! Das ist möglich. Denn es existieren welche. Und es ist unwichtig, ob es sich dabei um einen großen toten Dichter, um Mahatma Gandhi oder um Onkel Fritz aus Braunschweig handelt, wenn es nur ein Mensch ist, der im gegebenen Augenblick ohne Wimpernzucken das gesagt und getan hätte, wovor wir zögern. Das Vorbild ist ein Kompass, der sich nicht irrt und uns Weg und Ziel weist.

Entwicklung des moralischen Denkens

Der Schweizer Psychologe Jean Piaget hat die kognitive (= auf das Denken bezogene) Dimension der moralischen Entwicklung in den Vordergrund gerückt. Er geht davon aus: »Jede Moral ist ein System von Regeln. Das Wesen der Sittlichkeit besteht in der Achtung, welche das Individuum für diese Regeln empfindet.« Piaget beobachtete Spielregeln der Kinder (beim Murmelspiel) und befragte sie nach dem Zustandekommen der Regeln. Ferner legte er 6–12-jährigen Kindern Geschichten vor, in denen es um Verletzung moralischer Regeln in unterschiedlichen Situationen sowie um Gerechtigkeit ging. Sein Ergebnis: Es gibt drei Entwicklungsphasen:

1. Moralischer Realismus (heteronome Moral, frühestens 6–8-jährige)

Die Regeln werden als objektiv, göttlichen Ursprungs, unveränderlich angesehen. Sie werden mit der Autorität der Eltern verbunden und müssen gehorsam befolgt werden; Änderung gilt als Übertretung. Handlungen werden nicht aufgrund der Absicht eingeschätzt, »sondern aufgrund ihrer materiellen Übereinstimmung mit den vorgeschriebenen Regeln«. Entsprechend wird zwischen Lüge und Irrtum nicht unterschieden. Die Lüge wird nach Unwahrscheinlichkeit bewertet, sie ist falsch, weil sie bestraft wird. – Im Hinblick auf die Strafe herrscht der Sühnecharakter vor. Strafe besteht darin, »den Schuldigen zu züchtigen, ihn auf schmerzhafte Weise die Schwere seiner Verfehlung fühlen zu lassen«. Die strengste Strafe ist die gerechteste Strafe.

2. Übergangsphase (frühestens 9–10-jährige)

Durch Kooperation mit gleichgestellten Gleichaltrigen »entwickelt sich der Egalitarismus und siegt über alle anderen Elemente«. Es entwickelt sich eine Solidarität, die den ausschließlichen Gehorsam in Frage stellt.

3. Autonomie (autonome Moral, frühestens 11–12-jährige)

Regeln werden nun als auf gegenseitigem Übereinkommen beruhend erkannt. Änderungen sind auf gemeinsamen Beschluss hin möglich. Die Handlungen werden jetzt nach der Absicht beurteilt. Die Lüge wird abgelehnt, weil sie das Vertrauen stört und das Zusammenleben behindert. Sie wiegt um so schwerer, je besser sie den anderen täuscht. – Jetzt gilt nicht mehr Sühne, sondern die Gegenseitigkeitsstrafe. Sie ist begründet, es besteht ein Zusammenhang zwischen Vergehen und Strafe.

Vergleichen Sie die Entwicklungsphasen des moralischen Denkens mit denen des Gewissens von Freud und Allport S. 113 f. Stellen Sie Gemeinsamkeiten und Unterschiede fest!

Ich weiß, wo meine Grenzen sind

Mit meinen Eltern kamen die Konflikte meistens dadurch, weil ich zu wenig zu Hause war. Ich konnte dort nie Freunde oder Freundinnen mitbringen, die so aussahen wie ich.

Was würden denn da die Nachbarn sagen? Meine Eltern haben sich zwar immer korrekt verhalten, waren freundlich zu den Leuten, aber wenn sie weg waren, dann kamen die üblichen Sprüche. »Wie sieht der denn aus, der hat wohl keine Arbeit!« usw. Ich habe wirklich jede Gelegenheit genutzt, um möglichst oft und möglichst lange von zu Hause weg zu sein.

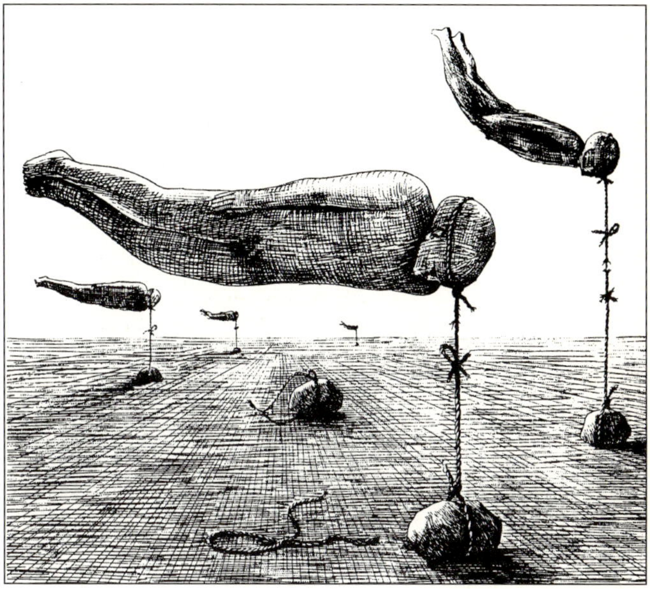

Jacques Armand Cardon

Jetzt vor kurzem musste ich immer um 23 Uhr zu Hause sein. Selbst das hat mir nicht genügt. Meine Eltern erlaubten mir auch, samstags bis 5 Uhr in eine Disco zu fahren. Mit zunehmender Freiheit stieg nun mein Verlangen danach, mehr, öfter und länger wegzubleiben. So kam ich samstags oft gar nicht mehr nach Hause, übernachtete bei irgendwelchen Kumpels von mir. Zu Hause ist meine Mutter dann immer ausgeflippt, hat mich dann fast als Nutte abgestempelt. Sie dachte wunders, was ich nachts mache. Das hat mich immer am meisten geärgert. Alle dachten, ich wäre dumm, mal im Klartext ausgedrückt. Und ich stehe auch jetzt noch auf dem Standpunkt, dass alles, was ich gemacht habe, o. k. war und dass ich nur getan habe, was ich verantworten konnte, auch wenn alle anderen gesagt haben, ich sei noch zu jung mit meinen 16 Jahren. Doch ich gestehe mir selber zu, dass ich echt mehr Durchblick habe als andere in meinem Alter und dass ich selbst gut mit mir klarkomme, z. B. mit den Drogen. Ich habe mich immer in Grenzen gehalten, ich habe zwar alles ausprobiert, aber mehr auch nicht.

Wer hat denn heute mit 17 noch nicht einmal gehascht? Ich kann damit umgehen und weiß auch, wo meine Grenzen sind. Ich komme auch genauso gut ohne klar.

Christiane

Nicht alle Menschen erreichen die dritte Phase (nach Piaget). Zumindest denken und argumentieren sie nicht immer ihr entsprechend. Erörtern Sie, in welche Entwicklungsphasen die Eltern von Christiane und Christiane selbst einzuordnen wären. Lesen Sie dann auf der folgenden Seite die Theorie von Lawrence Kohlberg und überprüfen Sie, ob sie sich noch besser auf diesen Bericht anwenden lässt als die Theorie Piagets.

Vergleichen Sie die Ebenen Kohlbergs mit den Entwicklungsphasen Piagets. Sehen Sie in Kohlbergs Theorie eine Weiterentwicklung, Ergänzung, Verfeinerung von Piagets Sicht oder einen Rückschritt? Versuchen Sie, Kohlberg und Piaget an Beispielen zu erklären!

Drei Ebenen der Entwicklung

Der amerikanische Psychologe Lawrence Kohlberg hat auch Erwachsene in seine Untersuchungen einbezogen und drei Ebenen der Entwicklung des moralischen Denkens unterschieden.

1. Vorkonventionelle Ebene
Auf dieser Ebene reagiert das Kind bereits auf kulturelle Regeln und Maßstäbe von »gut« und »böse«, »recht« oder »unrecht«, doch es versteht diese Maßstäbe im Sinne der physischen oder lustbetonten Konsequenzen der Handlung (Bestrafung, Belohnung, Austausch von Vorteilen) oder im Sinne der physischen Macht der Personen, die die Regeln und Maßstäbe zur Geltung bringen (Eltern, Lehrer usw.).

2. Konventionelle Ebene
Auf dieser Ebene wird das Erfüllen der Erwartungen der eigenen Familie, Gruppe oder Nation als Selbstzweck gewertet, ohne Rücksicht auf unmittelbare und offensichtliche Konsequenzen. Die Einstellung ist nicht nur bestimmt durch Konformität (Anpassung) gegenüber persönlichen Erwartungen und gesellschaftlicher Ordnung, sondern durch Loyalität, aktive Aufrechterhaltung, Unterstützung und Rechtfertigung der Ordnung und Identifikation mit den Personen oder der Gruppe, die als Träger der Ordnung auftreten.

3. Nachkonventionelle Ebene
Auf dieser Ebene herrscht ein deutliches Bemühen, moralische Werte und Prinzipien zu bestimmen, die unabhängig von der Autorität der Gruppen und Personen, die diese Prinzipien vertreten, und unabhängig von der Identifikation des Individuums mit diesen Gruppen gültig sind und Anwendung finden.

Gewissen – Ortung des Menschen

Freud sah im Gewissen nur eine normierende Instanz, einen Mechanismus, der die gelernten Normen anwendet. Alle anderen genannten Theorien sehen im Gewissen mehr, weil sie die Möglichkeit freier Gewissensentscheidungen anerkennen. Der Apostel Paulus erwähnt sogar die Möglichkeit, sich im Gewissen gegen die Stimmen des Gewissens zu entscheiden. Was also hat es mit dem Gewissen auf sich?

Ich geh' da nicht mehr hin

Nelly merkte es ja doch, dass der Mutter an der Geburtstagsfeier bei Tietzens mehr lag als an jeder anderen Einladung, und sie wusste auch, warum: Loris Vater war der einzige Fabrikbesitzer in der Klasse. – Benimm dich, wie du es gewöhnt bist, und red, wie dir der Schnabel gewachsen ist!
Es öffnete ein Mädchen in schwarzem Kleidchen, mit weißem Häubchen und weißem Schürzchen, wie die Kellnerinnen im Café Staege. Loris Mutter erschien. Du bist also die kleine Nelly. Ich habe ja so viel Gutes von dir gehört … Lori selbst mit aufgedrehten Löckchen in kariertem Taftkleid mit großer Schleife. Nun, Lori, kümmere dich um deinen Gast. Papa – sie betonte das Wort auf der letzten Silbe – hat angerufen; er wird später zu uns hereinschaun. – Ach, die armen Männer. Arbeitet dein armer Vater auch so viel? – Ziemlich viel, sagte Nelly. Aber meine Mutter arbeitet vielleicht noch mehr. – Köstlich, das Kind.
Beim warmen Kakao fängt Nellys Nase zu laufen an. Ihre Freundin Hella, die mit

schwierigen Lagen leichter fertig wird als sie, bittet höflich, ihr Taschentuch aus dem Mantel holen zu dürfen, und wird beschworen, sich doch um Himmels willen keinen Zwang anzutun. Reizend! sagte Frau Tietz zu ihren Freundinnen, als Hella draußen ist. Jetzt kann Nelly doch nicht auch noch aufstehn. Sie zweifelt auch stark, ob sie das Taschentuch eingesteckt hat, das ihr die Mutter zurechtgelegt hatte. Sie trinkt fünf Tassen Kakao, damit sie ihre Nase immer in die Tasse stecken kann. Das freut uns aber wirklich, wie wir deinen Geschmack getroffen haben … Reizend, sagt Frau Tietz. So ungezwungen, die Kinder heute! Und nun könnt ihr gerne »Hänschen, piepe mal« spielen oder »Mein rechter Platz ist leer …«.

Herr Direktor Tietz, der dann wirklich erscheint, ist ein kleiner, fast rundlicher Mann mit dünnem, fadem, zurückgekämmtem Haar und einer gewaltigen dunklen Hornbrille. Nelly hat noch nie einen Mann gesehen, der einen Ring mit einem schwarzen Stein am kleinen Finger trägt, den er abspreizt, während er im Stehen aus einem winzigen Tässchen Kaffee trinkt, den Frau Tietz »Mokka« nennt. Herr Tietz fragt Nelly nach ihren Zensuren und vergleicht sie mit denen seiner Tochter Lori. Er seufzt vorwurfsvoll und kann sich den Unterschied nicht erklären, obwohl die Erklärung kinderleicht ist und Nelly auf der Zunge liegt: Lori ist dumm und faul.

Nelly begreift genau, was der Blick bedeutet, den Herr Direktor Tietz mit seiner Frau wechselt, ehe er Nelly vorschlägt, Lori doch ab und an zu besuchen und bei der Gelegenheit gleich ein paar Schularbeiten mit ihr zu machen. Herr und Frau Tietz stellen sich das reizend vor, Kakao gibt es natürlich jedes Mal und anschließend würde man in Loris schönem Kinderzimmer spielen, das Nelly doch gut gefallen hat, nicht wahr? Frau Tietz hat es genau gesehen.

Da widerfährt Nelly – nicht zum ersten Mal, aber selten vorher so deutlich –, dass sie sich in zwei Personen spaltet; die eine der beiden spielt harmlos mit … Die andere sieht: Hier will man etwas von ihr. Man ist berechnend. Man hat sie eingeladen, um ihr etwas zu stehlen, was man auf keine andere Weise bekommen kann.

Nelly, zu einer Person vereinigt, steht plötzlich im Flur und zieht ihren Mantel an. Ein Griff, mechanisch: Na also. Taschentuch in der linken Tasche. Frau Tietz hat ihre Augen überall. Aber Nellychen, was ist denn? Es gibt ja noch Götterspeise mit Sahne und meine Freundin kann dich dann mit ihrem Auto nach Hause fahren.

O nein. Nelly ist entschlossen zu gehen und wenn sie, um wegzukommen, ein bisschen unverschämt werden, ein bisschen schwindeln muss, so mag das bedauerlich sein, ist aber nicht zu ändern.

Die Mutter, telefonisch unterrichtet, sieht sie prüfend an, fasst ihr sogar an die Stirn. Fieber hast du nicht etwa? Nein, sagt Nelly. Ich geh da nicht mehr hin.

Die Mutter schmiert ihr ein Leberwurstbrot. Auf einmal treffen sich ihre Blicke und sie müssen beide lachen, erst verstohlen, dann platzt es heraus, am Ende schreien sie vor Gelächter, schlagen sich auf die Schenkel, wischen sich mit dem Handrücken die Lachtränen vom Gesicht.

Christa Wolf

Welche Elemente der Gewissenstheorien und der moralischen Entwicklungstheorien können Sie in dieser Geschichte wiederfinden?
Deuten Sie das Ende der Geschichte in Bezug auf den Gewissensbildungsprozess.
Was lässt sich nicht mithilfe der behandelten Theorien erklären?

Die Summe der ganzen christlichen Religion

Eins, dass ich
ein armer Sünder bin zwar,
das ander,
dass Gott gnädig ist fürwahr.
Das erste muss bedenken ich,
das ander glauben festiglich,
denn ich betrüb mich, o Gott,
meiner Missetat
und erfreu mich, o Gott,
deiner Gnad.
Summe:
Gott gibts,
Christus verdients,
der Glaube begreifts,
die Werke bezeugens.

Martin Luther

Befreites Gewissen

Das Gewissen ist der Ort, wo sich entscheidet, wer der Mensch in Wahrheit ist. Ist er da in der Enge und in der Angst der Verzweiflung, so ist nicht bloß er selbst ganz davon betroffen, sondern auch die ganze Welt wird ihm hineingerissen in die Verzweiflung.
Ist dagegen sein Gewissen fröhlich und getrost, so ist nicht nur der Mensch selbst fröhlich und getrost, sondern auch die ganze Wirklichkeit gewinnt für ihn ein anderes Gesicht. Was ihn im Gewissen bindet, das entscheidet darüber, wie ihn die ganze Wirklichkeit angeht. Wird sein Gewissen befreit, so steht er schlechthin in Freiheit und keine Macht der Welt kann daran etwas ändern.
Man bezeichnet darum das Gewissen besser nicht als Ort im Menschen, sondern – mag es auch befremdend klingen – als Ort des Menschen. Denn im Gewissen entscheidet es sich, wo der Mensch hingehört, wo er ist und wo er seine Bleibe hat.

Gerhard Ebeling

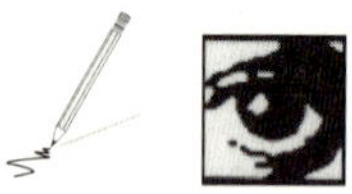

Andere Theorien bezeichnen das Gewissen als gleichzeitig moralisch und transmoralisch (= das Moralische überschreitend). Erklären Sie mithilfe des Textes von G. Ebeling, warum Gewissen mehr ist als Moral. Worin gründet demnach die Freiheit des Gewissens? Vergleichen Sie Ebelings Aussage mit dem Jugenderlebnis von A. Schweitzer (S. 112), dem Bericht von Christiane (S. 117), der Geschichte »Ich geh' da nicht mehr hin« (S. 118 f.), den Zitaten von Martin Luther und den Features.

Unser Herrgott gönnt uns wohl, dass wir essen, trinken und fröhlich seien. Deshalb hat er auch so viele Dinge geschaffen. Er will lediglich, dass wir ihn für einen Gott erkennen und halten. Denn er will nicht haben, dass wir sagen könnten, er habe uns nicht genug gegeben, er könne unsern armen Madensack nicht ernähren und füllen.

Martin Luther

Erfahrungen und Normenwandel

Der Wandel der politischen Verhältnisse, die wissenschaftlichen und technischen Entwicklungen lassen alte Normen überlebt erscheinen und haben neue Verhaltensweisen legitimiert. In welchen Bereichen vollziehen sich diese Veränderungen? Werden neue moralische Grundhaltungen erkennbar?

Ein Beispiel:
Ein junger Mann fährt zum Rendezvous mit einer verheirateten Frau. Vor fünfzig Jahren war dies noch ein Problem ersten Ranges, auch ein moralisches Problem. Wir sind heute gestimmt, es toleranter zu behandeln. Ich würde trotzdem daran festhalten, dass der junge Mann seine Verantwortlichkeit gegenüber den Mitmenschen – der Dame selbst, ihrem Gemahl, vielleicht ihren Kindern – wohl erwägen sollte, desgleichen die Wirkung, welche das Unternehmen auf ihn selbst hat.
Was jedoch unverzeihlich ist, sind Dinge, die er überhaupt noch nicht in Erwägung zieht, zuvörderst die Tatsache, dass er in einem Kleinauto mit schlechtem Vergaser und bleigespicktem Benzin fährt. Hier stiftet er quantitativ feststellbaren Schaden; hier nimmt er in aller Unschuld an einer weltweiten Verschwörung teil, die für unsere Enkel wesentlich gefährlicher ist als die bisher sogenannten moralischen Folgen seiner Unternehmung.

Carl Amery

Kommentar:
Ich lasse mir mein Leben (Handeln) nicht madig machen. Schließlich tue ich nur, was alle tun. Ich fahre Auto. Und zwar gut. Ich will mein Leben leben, so wie es zu mir passt. Ich will glücklich sein. Der Amery tut so, als wäre mein Verhältnis mit einer verheirateten Frau nicht das eigentlich Anstößige. Aber den Unterton höre ich schon. Was mischt sich der da überhaupt ein? Die Sache mit meiner Freundin ist meine Privatsache. Und ein Auto fährt doch jeder. Also was soll's?

Nehmen Sie Stellung zu Beispiel und Kommentar. Beobachten Sie die Äußerungen Ihrer Mitschüler/innen unter dem Gesichtspunkt »Normenwandel«.

Jan P. Schniebel: Auch ein Normenwandel

Lucas Cranach: Der Jungbrunnen

Der Götze »Leistung« wackelt

Ein Lehrling, der ein Jahr lang eine Banklehre gemacht hatte, hört auf. Mit ein paar Freunden, die auch »die Schnauze voll haben«, tut er sich zusammen. Sie bieten sich in der Zeitung für Maler- und Tapezierarbeiten an. Es gibt genügend Hauseigentümer, die eine Renovierung zum halben Preis auch dann in Kauf nehmen, wenn einmal nicht alles so ganz proper ausfällt. Außerdem wissen sie, dass »die Jungs« die Termine einhalten. Wenn die Gruppe genug verdient hat, macht sie Pause. Ihr Rhythmus: ein oder zwei Wochen »reinhauen«, dann wieder Erholung. Seit anderthalb Jahren machen sie das jetzt. Warum sie das tun? Da haben sie schnell Geld, bis 1100,– DM netto die Woche; und sie haben Zeit für Sachen, die ihnen Spaß machen: musizieren, malen, reisen. Im Sommer wollen sie für ein paar Monate ans Mittelmeer. Deshalb müssen sie im Frühjahr mehr arbeiten. Sie fühlen sich frei. An die Zukunft denken sie ruhig. »Wir können das ewig so weiter machen.«

Drei Sozialarbeiter, die zwei Jahre mit lernbehinderten Kindern gearbeitet hatten, haben »den Job hingeschmissen«. Er war ihnen zu anstrengend und sie sahen ihre Erfolge durch unverständige Eltern und bornierte Lehrer immer wieder zunichte gemacht. Am Rand der Stadt haben sie in einem Schuppen eine Auto-Reparaturwerkstatt aufgemacht. Sie verstehen etwas davon. Man kennt sie in der Szene der Stadt. Es kommen aber auch »ganz normale« Leute. Sie reparieren gut und billig. Manches Teil, das in anderen Werkstätten auf dem Müll landet, wird hier wieder zurechtgebogen. Das sieht man dann an den Autos. Aber die meisten Kunden haben keinen neuen Wagen. Bisweilen muss man auf die Reparatur länger warten, denn die drei überarbeiten sich nicht. Sie wollen keine Reichtümer scheffeln. Es kommt öfter vor, dass die Werkstatt geschlossen ist. Ein gelber Zettel mit aufgemalten Blumen verkündet, wie lange sie fort sind, und »kommt dann wieder«.

Es gilt nicht mehr als Schande, keinen festen Job zu haben, sei es, weil man keinen bekommt, sei es, weil man keinen will. Es gilt auch nicht mehr als Dummheit, auf sozialen Aufstieg und Berufskarriere zu verzichten. In den geschilderten Fällen, die natürlich nicht die statistische Regel beschreiben, kündigt sich eine weitreichende Veränderung der Arbeits- und Leistungsmoral an. Die Norm der Selbstverwirklichung durch Arbeit verliert ihre Anziehungskraft.

Jörg Bopp

Sind die zwei Beispiele repräsentativ für »die Jugendlichen« heute? Manche behaupten, der Verfasser verallgemeinere unzulässig Verhaltensweisen, die nur für bestimmte Gruppen gelten. Welche Normen hinsichtlich Arbeit und Leistung gelten in Ihrem Bekanntenkreis?

Das war damals noch nicht drin

»Wir hatten mit 14 mit Mädchen an und für sich gar nichts. Wir wussten auch gar nicht, was wir mit denen hätten anfangen sollen. Das waren für uns blöde Weiber. Wenn die mal zu uns gekommen sind, haben wir gesehen, dass die sich schnell wieder aus dem Staub machen. Heute ist das ja gang und gäbe, die sind heut' mit 12 zusammen …« *Facharbeiter, 44 Jahre*

»Heute streben die Jugendlichen früher nach einer Gemeinsamkeit, als wir es taten. Bei uns war es so mit 17, 18, 19. Heut' hat sich das verschoben, heut' geht es schon mit 14 los. Bei meiner Tochter war es schon mit 15 und das ganze Bild hat sich verschoben. Ich meine, die wollen heute alles früher auskosten. Warum das so ist, weiß ich nicht.« *Hausfrau, 51 Jahre*

»Und so Bekanntschaften mit Jungs, das war ja damals noch nicht so arg drin. Das ging dann viel später los, da waren wir dann schon 18, 19, bis wir dann … Und das war ja eigentlich auch nur so, da hat man sich halt mal irgendwo getroffen, auf'm Platz abends, und hat miteinander geredet oder vor'm Kino war dann immer so Treffpunkt, da waren immer so viele, wie heute auch. Da stand man dann, bis es Nacht wurde.« *Angestellte, 43 Jahre*

Mehr Schwierigkeiten mit der Liebe

Die Sexualität ist selbstverständlicher geworden. Die Liebesbeziehungen und die Formen ihrer sexuellen Befriedigung sind vielfältiger geworden.
Der Unterschied zu früheren Generationen ist graduell, aber als solcher auffällig. Die traditionellen Tabuschwellen verlieren allmählich ihren Schrecken. Nur die Reinlichkeitsmoral ist sehr streng geblieben. Die Jugendlichen gewinnen ein aufmerksameres und freundlicheres Verhältnis zu ihrem Körper und seinen Ausdrucksmöglichkeiten. … Die Geschlechter sind dabei, sich in Aussehen und Kleidung, Empfinden und Verhalten auszugleichen; sie werden androgyner. Die traditionellen Rollenaufteilungen werden nicht mehr als befriedigend erlebt. Kurz: die jugendliche Sexualität gewinnt an polymorphen Ausdrucksmöglichkeiten. Es sind heute eher die emotionalen Seiten der Freundschaften, die den Jugendlichen zu schaffen machen. Nachdem der Ballast der sexuellen Ängste beträchtlich an Gewicht verloren hat, kommen die Empfindlichkeiten gegenüber den emotionalen Konflikten im Geschlechterverhältnis schärfer heraus. Sie beunruhigen die Jugendlichen: die Spannung zwischen Nähe und Eigenständigkeit, zwischen Gemeinsamkeit und Andersartigkeit, das Verhältnis von Eifersucht und Toleranz, von Geborgenheit und Offenheit für neue Erfahrungen und Entwicklungen. Die Jugendlichen fühlen sich nicht selten ihren Affekten hilflos ausgeliefert und suchen nach Orientierungen. Die Liebe schafft mehr Ängste und Schwierigkeiten als die Sexualität.

Jörg Bopp

Oft wird behauptet, die Normen für Liebes- bzw. Sexualbeziehungen hätten sich am stärksten gewandelt.
Formulieren Sie selbst Normen von früher und heute und vergleichen Sie.
Siehe auch S. 93 ff.

Streben nach Glück (Eudämonismus) bedeutet für viele das gleiche wie Streben nach Lebenslust (= Hedonismus). Prüfen Sie sich selbst, und fragen Sie Ihre Bekannten nach ihren Lebensvorstellungen. Inwieweit sind diese eudämonistisch und hedonistisch? Wo sehen Sie Grenzen und Unterschiede? Siehe auch S. 80 und S. 88.

Lebenssinn: Maßvoll glücklich

Wir unterhielten uns über die Zukunft. »Meine Zukunft … meine Zukunft sieht so aus, das heißt, so stelle ich sie mir vor:
Ich werde bald Abitur machen, ein gutes Abitur werde ich machen. Ich werde mich mit Angélique verloben, später werden wir einmal heiraten. Wir werden ein Haus haben und viele Kinder. Ich werde in meinem Rahmen glücklich leben.
Nein, an eine Weltkatastrophe oder einen Krieg in der Zukunft glaube ich nicht. Vielleicht muss ich zur Bundeswehr, aber ich werde solche Sachzwänge akzeptieren. Dann werde ich studieren; ich will Architektur studieren. Ich werde Häuser bauen, meinen Beruf freudig und gerne ausüben. Ich werde viel reisen, die Welt sehen. Ich werde viele Freunde haben, lieben und geliebt werden. Ich werde sehr oft glücklich und zufrieden sein und manchmal traurig. Ich werde alt werden und einmal sterben. Ja, so ungefähr stelle ich mir meine Zukunft vor«, sagte er, emphatisch, freudig erregt, schwärmerisch.
Er sprang dann lässig auf den Sattel seines Fahrrades, winkte uns, lächelte uns an und rollte auf die Straße. Der vieltonnige Lastwagen konnte nicht mehr bremsen; für den Lastwagenfahrer kam Benjamins Versuch, die Straße zu überqueren, zu überraschend.

Prinzipien eudämonistisch-hedonistischer Lebensführung

- Sei dir selbst der Nächste, so wird auch dein Nächster er selbst.
- Tu dir so viel Gutes an wie möglich, rate deiner Umwelt ebenso.
- Übernimm keine Aufgaben, die dir Zwang und Unlust abverlangen.
- Liebe die, die du wirklich liebst. Hasse die, die du wirklich hasst. Lasse die in Ruhe, die dir gleichgültig sind.
- Wenn Erfolg dir Spaß macht, sei erfolgreich. Wenn dein Erfolg andere verletzt, überlege, ob die Verletzung dir mehr Unlust macht als dein möglicher Erfolg Spaß.
- Arbeite nicht, um zu leben; und lebe nicht, um zu arbeiten. Sondern lebe und arbeite, wie es dir Spaß macht.

Nehmen Sie Stellung zu diesen »moralischen« Prinzipien. Überlegen Sie Konsequenzen für das Zusammenleben mit Partnern/Familie, die Beziehungen zu Freunden und Freundinnen, für das Zusammenleben in der Gesellschaft und für die Politik.

Pieter Breughel d. Ä.: Bauernhochzeit

Normenwandel in Europa

An drei Modellen wird ersichtlich, wie sich Ordnung und Moral in der europäischen Geschichte darstellen.

1. Die hierarchische Ordnung vor der Aufklärung

Der eigene Lebensraum ist überschaubar. Er ist die Mitte der Welt. Die Machtstruktur ist hierarchisch, das Individuum ist nichts. Unter dem Herrscher gibt es bestenfalls Stände. Über allem steht die Kirche, der auch der Herrscher dient. Er garantiert ihren Schutz.

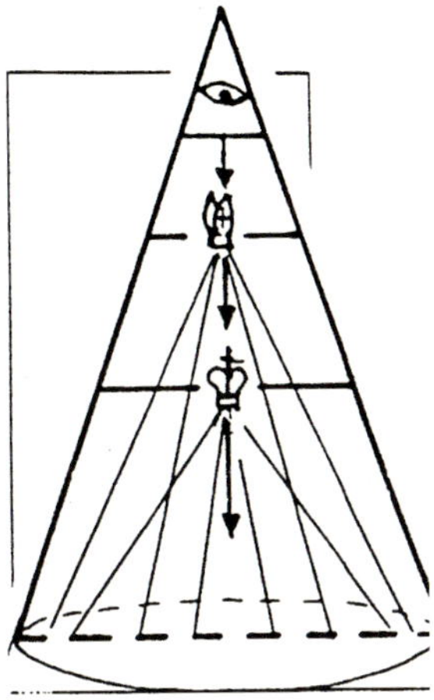

2. Die aufgeklärte Gesellschaft

Die Position der Kirche wird relativ geschwächt durch den zunehmenden Einfluss wissenschaftlichen und ökonomischen Denkens. Der Herrscher leistet sich trotz Ausrichtung auf eine Staatsreligion z. B. die Duldung anderer Religionsgruppen im Staat. Gleichzeitig emanzipieren sich Wissenschaft und Kunst von Staat und Kirche: Kant trennt die Bereiche Erkenntnis, Moral und Ästhetik, die nach eigenen Gesetzen zu beurteilen sind. Pascal trennt Körper und Geist und Herz in ähnlicher Weise. Lessing trennt die Konfessionen von der Religiosität, wenn er in seiner Version der Ringparabel den Beweis der Ringe verlangt. Die Ringe haben die Kraft, vor Gott und Menschen angenehm zu machen. Die aufgeklärte Gesellschaft bleibt aber einer Mitte verpflichtet. Wie Lessing die gemeinsame Kraft der Ringe als Maßstab der Echtheit wählt, bleibt der Herrscher der Religion verpflichtet.

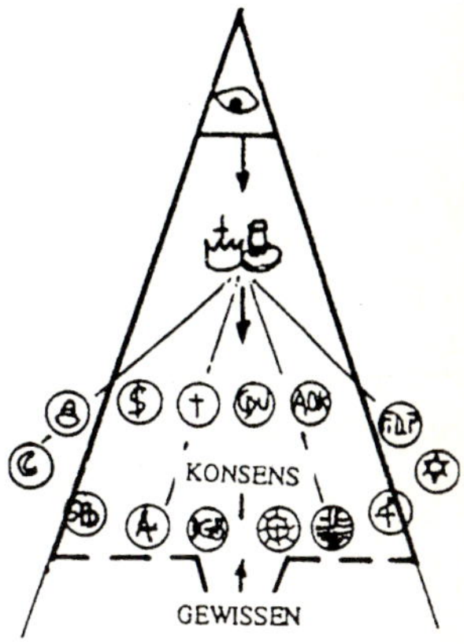

3. Die »moderne« Gesellschaft

Das Individuum entwickelt sich zum »Souverän«. Dem Staat wird mehr und mehr die dienende Funktion zugewiesen. Dadurch wird er zu einer Institution unter anderen, die Politiker zu einer Gruppe unter anderen. Auch die Kirche hat ihre beherrschende Funktion verloren, ist zu einer Institution unter anderen geworden. Ihre Mitglieder gehören Gruppen unter anderen an. Eine gemeinsame Mitte ist nicht mehr auszumachen. Das Umfeld der Gesellschaft erweitert sich auf die ganze Welt und wird ebenfalls differenziert.

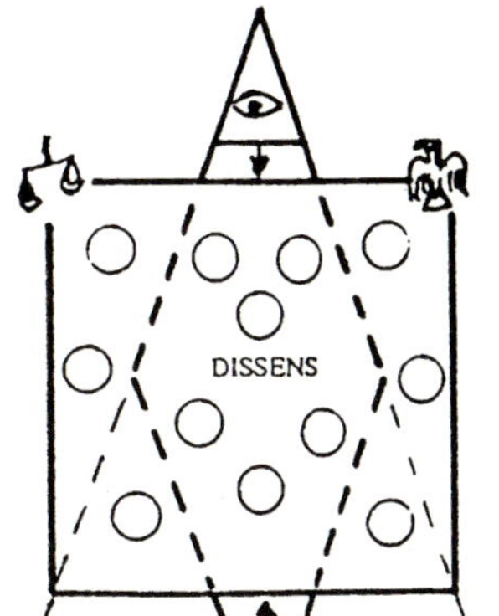

Im Laufe der Geschichte trat an die Stelle eines hierarchisch strukturierten Staates eine zunehmend differenzierte Gesellschaft, die die Autorität des Staates mehr und mehr in Frage stellte. Auch die Kirche hat das Gewissen des Individuums inzwischen als letzte Instanz anerkannt. Damit wird erklärlich, warum der zunehmende Individualismus keineswegs das Ende aller Ethik bedeutet. Vielmehr soll der Einzelne durch ethische Reflexion zum Subjekt seiner Entscheidungen werden!

Führt die zunehmende Befreiung des Individuums zu moralischer Beliebigkeit oder gibt es einen für alle nützlichen und akzeptablen moralischen Rahmen, eine »Minimalmoral«? Welche neuen Situationen entstehen?

Minimalmoral

In jeder menschlichen Gruppe oder Gesellschaft sollten einige wenige, inhaltlich feststehende Normen, eine »Minimalmoral«, allgemein akzeptiert sein.

Wie unterschiedlich die verschiedenen Individuen in ihren einzelnen Wünschen, Idealen, Präferenzen und damit in ihren diesen dienenden moralischen Forderungen auch sein mögen, sie müssen rationalerweise, nämlich im Sinne einer Zweck-Mittel-Rationalität, praktisch ein Interesse daran haben, dass gewisse Rahmenbedingungen des sozialen Zusammenlebens allgemein akzeptiert und in der Regel befolgt werden:

- Schutz des Lebens (einschließlich seiner ökonomischen Voraussetzungen)
- Schutz der körperlichen Integrität und der Bewegungsfreiheit
- Einhaltung von Verträgen und Abmachungen
- Wahrheit von Mitteilungen
- Privateigentum.

Der Grund, den praktisch jedes Individuum hat, gerade dieses System von Normen zu akzeptieren, ist der folgende: Die Vorteile (die Rechte), die das System gewährt, wiegen für jeden auf lange Sicht schwerer als die Nachteile und Opfer (die Pflichten), die es auferlegt.

Wir können uns das etwa am generellen Tötungsverbot oder am generellen Verbot der Lüge verdeutlichen: Jeder mag gelegentlich ein Interesse daran haben, etwa einen unliebsamen Rivalen aus dem Weg zu schaffen und umzubringen. Doch größer als dieses gelegentliche Interesse ist sein anhaltendes Interesse, nicht selbst von einem anderen umgebracht zu werden. Jeder hat gelegentlich ein Interesse daran, die Unwahrheit zu sagen. Doch größer ist sein Interesse (insbesondere mit Rücksicht auf die Bedeutung zutreffender Informationen für eine rationale Zukunftsplanung), jedenfalls in der Regel von anderen die Wahrheit gesagt zu bekommen.

Der Wunsch nach sozialer Geltung der genannten Normen beruht somit auf einer Interessenabwägung, die jedes Individuum vernünftigerweise vornimmt. Diese Interessenabwägung sieht so aus: Jeder verzichtet auf die Durchsetzung gewisser – ihm weniger wichtiger – Interessen (etwa auf die gelegentliche Tötung eines Rivalen) zugunsten einer Sicherung seiner wichtigeren Interessen (etwa seines Interesses am Überleben). Und er erreicht diese Sicherung seiner wichtigeren Interessen gerade dadurch, dass er auf die Durchsetzung seiner weniger wichtigen Interessen verzichtet – weil nämlich dieser Verzicht die Sicherung der wichtigeren Interessen seiner Mitmenschen (nämlich deren Überleben) zur Folge hat und den Mitmenschen damit einen guten Grund gibt, seinen (also des einzelnen) Respekt ihres Lebens durch einen entsprechenden Akt von ihrer Seite – nämlich ihren Respekt seines Lebens – zu vergelten. Das führt dazu, dass letzten Endes jeder ein vorrangiges Interesse daran hat, dass der allgemeine Verzicht auf die Realisierung gewisser Interessen (etwa des Interesses, gelegentlich zu töten) zu einer von allen akzeptierten und befolgten sozialen Norm wird.

Norbert Hörster

Formulieren Sie die Normen der »Minimalmoral« im Sinne Hörsters. Reichen diese Normen aus, um das Zusammenleben und das Überleben der Menschheit zu sichern? Würden Sie einen Egoisten oder Hedonisten, der sich an die Normen dieser Minimalmoral hält, als menschlich bezeichnen? Diskutieren Sie, ob sich eine Verpflichtung auf eine »Mimimalmoral« mit der Gewissensfreiheit vereinbaren lässt.

Religion und Moral

Eine Minimalmoral läßt sich vernünftig begründen. Eine andere Frage ist, ob sie auch eingehalten wird. »Man kann jedenfalls damit leben und braucht sich nicht gegängelt zu fühlen«, sagen die einen. »Jeder soll sich im Übrigen so verhalten, wie es ihm selbst vorteilhaft erscheint«, fügen sie hinzu. Andere entgegnen: »Ein solches Leben ist nicht lebenswert. Es gleicht einem unbarmherzigen Konzept, in dem die Schwächeren unterliegen. Man kann zur Not damit leben, aber es ist unmenschlich und gegen Gottes Absichten.«

Otto Pankok: Die Bergpredigt

Ich aber sage euch:

Ihr habt gehört,
dass ein rechtschaffener Bürger
nach der Regel handelt:

Du sollst für deine Familie leben
und sie glücklich machen,
und andere Leute gehen dich nichts an.

Du sollst die Zuneigung
deiner Nachbarn gewinnen
und Fremde links liegen lassen.

Du sollst deinen Freunden beistehen
und deine Konkurrenten ausschalten.

Du sollst Gesinnungsgenossen bevorzugen
und Andersdenkende verurteilen.

Du sollst deiner Partei dienen
und deine politischen Gegner verfolgen,
wo immer du kannst.
Deine Feinde,
die dir zusetzen und dich einengen,
die dir Vorteile und Besitz streitig
machen,
die deine Lebensart verneinen
und deine Denkweise verlachen,
bekämpfe bis aufs Blut.
Lass keine Gelegenheit aus,
sie herabzuwürdigen.
Zerstöre ihr Image
durch Gerüchte und Geschichten.

Ihr habt gehört, dass gesagt ist:
Du sollst deinen Nächsten lieben
und deinen Feind hassen.
Ich aber sage euch:
Liebt eure Feinde.
Misstraut eurem Hass
und versetzt euch in die Lage derer,
die ihr am liebsten
in die Wüste jagen möchtet.
Überrascht eure Gegner
mit Entgegenkommen.

Schenkt ihnen eure Freundlichkeit,
entwaffnet sie durch ein Lächeln.
Verlasst Vorurteile und Misstrauen,
lernt einander endlich besser kennen.
Verrechnet nicht ständig
begangenes Unrecht,
sondern durchbrecht den Teufelskreis
von Untat, Vergeltung und Rache.
Tut ihr den ersten Schritt!
Macht euch das Interesse,
das Wohl eurer Feinde zu Eigen
und wirkt auch dafür.
Segnet, die euch fluchen.
Tut wohl denen, die euch hassen.
Sprecht die an, die euch aus dem Wege gehen.
Vergebt denen, die euch übel wollen.

Findet gute Worte für die,
die euch betrügen und hintergehen.
Fühlt mit denen,
die gegen euch arbeiten und wühlen.
Betet für eure Verleumder,
auf dass ihr Kinder seid
eures Vaters im Himmel,
auf dass Gottes Liebe
durch euch wirksam wird.
Wenn ihr nur
eure Freunde und Parteigänger liebt,
was tut ihr Besonderes?
Wenn ihr nur zu denen haltet,
die eure Sprache sprechen,
eure Lieder singen,
eure Abzeichen tragen,
was ist das schon?
Wenn ihr nur zu denen freundlich seid,
die euch schmeicheln
und schöne Augen machen,
dann wird Liebe
zum schnöden Tauschgeschäft,
zum Spiel: Eine Hand wäscht die andere!

Wenn euer Aktionsradius,
eure Sympathien
nur bis zur Verwandtschaft reichen,
wenn euer Horizont
beim Hund und Gartenzaun endet,
dann ist das zum Verzweifeln wenig.

Wenn ihr nur für die zu haben seid,
die für euch stimmen
und eure Gruppe verstärken,
wenn ihr nur eure Überzeugung
und Eigenart anhimmelt
und Andersdenkende ausschließt,
dann seid ihr verblendet
in eurer Kleingruppenmoral,
dann seid ihr kleinkariert
und ziemlich gefährlich.

Denn wenn ihr nur liebt,
die euch lieben,
was tut ihr Besonderes?

Da ist überhaupt noch nichts bewegt,
noch nichts geschehen
für Frieden und Gerechtigkeit,
für eine freundlichere Menschenwelt.
Da ist der entscheidende Schritt
in meine Nachfolge
noch nicht getan.

Ihr sollt zielbewusst leben,
auf das Gottesreich ausgerichtet,
gleichwie euer Vater im Himmel
ein unvergleichliches Ziel hat:
einen neuen Himmel
und eine neue Erde,
in welchen Gerechtigkeit wohnt.

Manfred Fischer

Dieses Gedicht interpretiert die sogenannte Bergpredigt Jesu (Mt 5–7), in der Normen zusammengefasst sind, die der Botschaft Jesu entsprechen. Es handelt sich mithin um religiös begründete Normen. Wie unterscheiden sich diese von der oben vorgestellten Minimalmoral?

Die Seligpreisungen der Bergpredigt

Die Seligpreisungen Jesu zeigen, für welche Personen sich Jesus in besonderer Weise eingesetzt hat. Die Seligpreisungen sind in zwei Fassungen überliefert, in der Bergpredigt bei Matthäus und in der Feldrede bei Lukas.

Lukas 6, 20–23:

Selig seid ihr Armen; denn euch gehört das Reich Gottes.
Selig seid ihr, die ihr jetzt weint; denn ihr werdet lachen.
Selig seid ihr, die ihr jetzt hungert; denn ihr werdet gesättigt werden.
Selig seid ihr, wenn euch die Menschen hassen und wenn sie euch ausschließen und schmähen und euren Namen als einen bösen ächten um des Sohnes des Menschen willen.
Freuet euch an jenem Tage und frohlocket; denn siehe, euer Lohn wird groß sein im Himmel. Denn ebenso taten ihre Väter den Propheten.

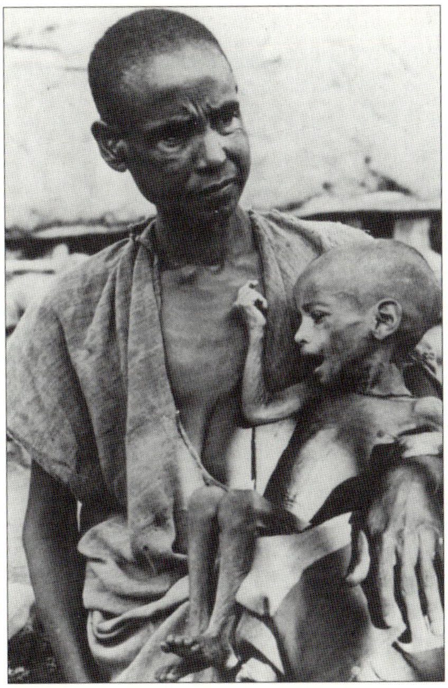

Matthäus 5, 3–12:

Selig sind die geistlich Armen; denn ihrer ist das Reich der Himmel.
Selig sind die Trauernden; denn sie werden getröstet werden.
Selig sind die Sanftmütigen; denn »sie werden das Land besitzen«.
Selig sind, die hungern und dürsten nach der Gerechtigkeit; denn sie werden gesättigt werden.
Selig sind die Barmherzigen; denn sie werden Barmherzigkeit erlangen.
Selig sind, die reinen Herzens sind; denn sie werden Gott schauen.
Selig sind die Friedensstifter; denn sie werden Söhne Gottes heißen.
Selig sind, die um der Gerechtigkeit willen verfolgt werden; denn ihrer ist das Reich im Himmel.
Selig seid ihr, wenn sie euch schmähen und verfolgen und alles Arge wider euch reden um meinetwillen und damit lügen.
Freuet euch und frohlocket, weil euer Lohn groß ist in den Himmeln. Denn ebenso haben sie die Propheten verfolgt, die vor euch gewesen sind.

Die Fassung des Lukas wird meistens für die ältere gehalten. Was haben beide Fassungen gemeinsam?
Sprechen Sie über die Erweiterungen. Passen sie zum Grundbestand?
Gibt es Menschen in heutiger Zeit, die durch die Seligpreisungen besonders angesprochen werden?

Wie Bettler vor Gott

Die Armen und Elenden sind die, die von der Welt nichts zu erwarten haben, aber von Gott alles erwarten, die auf Gott Angewiesenen, aber auch auf Gott Sich-Werfenden, in ihrem Sein und Verhalten die Bettler vor Gott. Was die in den Seligpreisungen Angeredeten, Seliggepriesenen eint, ist dies, dass sie an die Grenze der Welt und ihrer Möglichkeiten gestoßen sind: die Armen, die in das Gefüge der Welt nicht passen und darum der Welt nicht passen; die Trauernden, für die die Welt keinen Trost hat; die Demütigen, die aus der Welt sich keine Geltung mehr erzwingen, die Hungernden und Dürstenden, die nicht leben können ohne die Gerechtigkeit, die Gott allein ihnen zusprechen und in der Welt aufrichten kann. Aber auch die Barmherzigen, die ohne nach Recht zu fragen, ihr Herz dem andern öffnen; die Friedestifter, die Macht und Gewalt durch Versöhnung überwinden; die Aufrichtigen, die sich auf die Verschlagenheit der Welt nicht verstehen, und endlich die Verfolgten, die unter Schmähung und Todesnot von der Welt leibhaftig aus ihren Grenzen gestoßen werden.

Günter Bornkamm

Wer sind die »Armen«, die »Trauernden«, die »Demütigen«, die »nach Gerechtigkeit Hungernden«, die »Barmherzigen«, die »Friedensstifter« heute? Welcher Platz wird ihnen in der Leistungsgesellschaft eingeräumt?

Der Kern der Bergpredigt

Jesu Feindesliebe ist der Kern der Bergpredigt. Die Feindesliebe steht auch im Zusammenhang mit dem Vorschlag, bescheiden zu sein: »Richtet nicht, damit ihr nicht gerichtet werdet.« Jesu Appell geht an alle, die ihre weiße Weste zur Schau stellen. Spielt euch nicht zu selbsternannten Richtern auf! Baut eure Vorurteile ab! Auschwitz und Dachau, Treblinka und Sobibor waren nur möglich auf dem Fundament festgemauerter Vorurteile. Was damals die Juden waren, das sind heute die Kommunisten oder die Ausländer. Nach 1945 hat Max Picard zu Recht auf den »Hitler in uns« hingewiesen. Täuschen wir uns nicht selbst: »Richtet nicht«, damit sind wir alle gemeint. Wir selbst sind zu allem fähig. Gelegentlich erinnern uns vielleicht noch die Träume an das Böse in uns. Was wir träumen, sind wir. Träume kommen aus unserem Innersten …
Martin Buber hat für den Sinn von Nächstenliebe eine schlichte Begründung: »Liebe deinen Nächsten, er ist wie du.« Zu Feindesliebe und Nächstenliebe werden wir ohne Selbstliebe nicht fähig sein. Wer uneins ist mit sich selbst, wer selbst zerrissen ist, wer keine Liebe zu seinem wahren Selbst entwickeln kann, stellt immer eine Belastung für andere dar. Es gibt auch für Feindesliebe keinen vernünftigeren Sinn als diesen: Liebe deinen Feind, er ist wie du.
Feindesliebe ist nicht der Versuch, Streit und Aggression aus der Welt zu schaffen. Aber Feindesliebe ist der Versuch zu streiten, ohne dass Blut fließt und ohne dass gedroht wird. Feindesliebe heißt nicht, Gegensätze zu übertünchen, sondern Gegensätze zu überbrücken, damit man zueinander kommen kann. Streit zivilisiert auszutragen – das ist nicht nur eine politische, sondern auch eine religiöse Aufgabe.
Die neue Botschaft Jesu ist ein Angriff auf die alte Gesellschaft, sie fordert ein neues Sozialverhalten. Ein neues Verhalten des einzelnen bewirkt neue Verhältnisse in der Gesellschaft. Mit dieser neuen Forderung soll das, was bisher »Schriftgelehrte und Pharisäer« für gerecht hielten, korrigiert werden. Matthäus schließt das Wort von der Feindesliebe mit der überraschenden Begründung: »Ihr sollt also

vollkommen sein, wie es auch euer himmlischer Vater ist.« So etwas ist in der Religionsgeschichte eine Revolution: Hier ist nicht asketische Vollkommenheit gemeint, sondern ein Heil-Sein und Ganz-Sein im hebräischen Sinne. »Shalom« heißt als Verb: ganz, heil, vollständig machen. Man könnte auch Intaktsein oder Wohlergehen sagen. Das Ganz-Sein des Menschen soll dem Ganz-Sein Gottes entsprechen. Hier ist das neue Gottesbild und das neue Menschenbild Jesu.
Feindesliebe und Gewaltverzicht hängen zusammen. Bei Jesus ist der Gewalttäter der innerlich Unterlegene und der Unfreie. Wenn der innerlich Freie und innerlich Überlegene bei einem Konflikt nicht einen großzügigen Anfang macht, gibt es aus dem Teufelskreis von Gewalt und Gegengewalt kein Entrinnen. Feindesliebe ist nicht Trottelhaftigkeit, sondern Klugheit. Feindesliebe heißt, den Mut zum ersten Schritt zu haben. Feindesliebe ist innere Souveränität und nicht ängstliche Berechnung und egoistische Rechthaberei. Feindesliebe ist nicht kleine theologische Münze, die man verschachern könnte, sondern der Wille des Schöpfers.

Franz Alt

Gerhard Mester

Denken Sie sich Situationen des politischen, gesellschaftlichen und privaten Lebens aus, für die Jesu Weisungen »Richtet nicht« und »Liebet eure Feinde« relevant sein könnten.
Diskutieren Sie über mögliche Wirkungen entsprechenden Verhaltens.

Leben nach der Bergpredigt: gewaltfrei?

Wir alle leben gewaltfrei. Wir bedrohen niemanden. Wir leben in einer gewaltfreien Gesellschaft. Wir handeln nicht mit Waffen, die nach Afrika gehen. Wir zwingen schließlich niemanden, unsere Waffen und Zubehör zu kaufen. Gewalt ist bei uns ganz unbekannt – von den paar Kriminellen abgesehen. Wir zwingen niemanden zu verhungern, wenn wir die Rohstoffpreise künstlich niedrig halten. Das hat doch mit Gewalt nichts zu tun, wenn wir die Einfuhren aus der Dritten Welt drosseln. Wir leben ganz ohne Gewalt. Wir jagen niemandem Angst ein. Wir diktieren doch keinem Menschen eine Arbeit, die er nicht will. Das hat doch mit Gewalt nichts zu tun, wenn wir immer reicher und die anderen immer ärmer werden. Wir haben mit Gewalt nichts im Sinn. Wir lehnen sie ab als politisches Mittel. Wir wohnen friedlich nebeneinander, jeder in seinem Einfamilienhäuschen. Wir rasen nicht mit Autos aufeinander los, Kindesmisshandlungen sind bei uns unbekannt. Die 90 Kinder pro Jahr, die durch ihre Eltern zu Tode kommen, das sind schreckliche menschliche Verirrungen. Aber mit Gewalt hat das nichts zu tun. Das braucht auch nicht in die Zeitung. Das ist ganz überflüssig, solche unwichtigen Vorfälle so hochzuspielen.

Und außerdem, wir haben es doch nicht getan. Mit Gewalt hat das alles nichts zu tun, was bei uns passiert. Die Neurosen, die leider immer mehr Menschen befallen, haben ganz individuelle Ursachen. Die Jugendlichen, die Schule, Lehre oder Studium abbrechen – mit Gewalt oder mit Leistungsdruck oder mit psychischem Stress hat das nichts zu tun. Wir leben ohne Gewalt. Ohne Waffengewalt, ohne Wirtschaftsgewalt. Wir leben gewaltfrei. Wir.

Dorothee Sölle

Aktualisieren Sie diese Texte und das Bild aufgrund Ihrer Erfahrungen. Sie können Szenen alltäglicher Gewalt in Text und Bild zusammenstellen. Oder schreiben Sie selbst eine Geschichte.

Chefs forderten Kinderlosigkeit

Aus Angst vor der Arbeitslosigkeit haben sich kinderlose Frauen im Alter zwischen 19 und 33 Jahren aus Sachsen-Anhalt sterilisieren lassen. Mit der schriftlichen Bestätigung hätten sich die Frauen dann bei Arbeitgebern beworben, weil Arbeitgeber Bewerberinnen und Angestellte zur Sterilisation aufgefordert hätten. Als Begründung sei den Frauen gesagt worden, dass beispielsweise der Schwangerschaftsurlaub und die Freistellung bei Krankheit eines Kindes eine Belastung für den Betrieb seien.

Blinder Gehorsam oder ethischer Egoismus?

Was die Weisungen der Evangelien, insbesondere die Bergpredigt angeht, so wäre vor allem der Umstand zu bedenken, dass sie weitgehend »Bildworte« darstellen, weniger eindeutig ethisch formulierte Gebote. Daraus schon lässt sich entnehmen, dass sie nicht gesetzlich zu verarbeiten sind. Die bildhaften Weisungen der Bergpredigt wollen zweifellos die Tat, nicht etwa nur die Gesinnung; sie appellieren an den menschlichen Willen, aber so, dass sie es dem Menschen selbst anheim stellen, Weise und Ausmaß der Verwirklichung in eigener Regie zu übernehmen. Das Tun, das die Verwirklichung unternimmt, kann deshalb nur eines aus Freiheit, aus Glauben, aus der Unruhe der Liebe und der eschatologischen Hoffnung für das Heil einer heillosen Welt sein. Dann ist es freilich wohl nur im Vertrauen auf Christus, den gekreuzigten und auferstandenen, vollziehbar. Der augenscheinliche Widerspruch der »realen Verhältnisse«, der dem, der dem Bösen keinen Widerstand entgegensetzt, sondern es sich totlaufen lässt (Mt 5, 38–42) oder der es durch das Gute zu überwinden sucht (Röm 13, 21), entgegenschlägt, lässt sich nicht wegdisputieren.
Hier, an diesem Punkt, wird über das Weltverhältnis des Glaubens entschieden, nicht in einer unkritischen Bejahung des Gegebenen. Insofern muss die Bergpredigt »tendenziell«, nicht verbalistisch oder legalistisch, verstanden werden. Die »Gesinnung«, die sie verlangt, geht auf Großmut und Wagnis, nicht auf die kleinliche Rechnerei der religiösen Krämerseelen und Sicherheitsbeamten. Sie erweckt Initiative und Phantasie mit situationsbezogener Klugheit, die einer Moral, der es in erster Linie um die Verwirklichung des Guten zu tun ist, so wenig fehlen können, wie sie in einer, die am liebsten »nichts falsch machen« möchte, so gefährlich wie überflüssig sind. Bisher schwankte man gegenüber der Bergpredigt zwischen Gesetzlichkeit und weitgehender Unverbindlichkeit oder Gleichgültigkeit. Worauf es ankäme, wäre die Vorstellung eines Ethos, das, ohne gesetzlich zu sein, doch zugleich verbindlich wäre. Genau dies ist mit der Bergpredigt gemeint. Unser ethisches Bewusstsein krankte bislang daran, dass man meinte, was nicht durch allgemeine Vorschrift sich regeln lässt, sondern der Freiheit überlassen sei, müsse notwendig schief gehen. Jesus hat offenbar so nicht gedacht. Er hat vom Menschen Glauben, und das schließt Vertrauen ein, erwartet.

Joseph Blank

Wie sind die Weisungen der Bergpredigt zu verstehen?

Es gibt drei klassische Antworten:

1. Die Gebote der Bergpredigt sagen, was Nachfolger Jesu tun müssen, um sich das Heil bei Gott zu verdienen!
2. Alle Forderungen in der Bergpredigt sind unerreichbar! Deshalb sind sie keine Anleitung zum christlichen Handeln. Sie dienen der Erkenntnis, dass Menschen nur durch die Gnade Gottes erlöst werden können.
3. Die Bergpredigt Jesu ist ein Aufruf zur äußersten Anstrengung der Nachfolger Jesu, diese Welt zu verändern!

Diskutieren Sie diese Antworten. Vergleichen Sie dazu den Text von Joseph Blank.

Leben gegen die Bergpredigt

Die Menschheit befindet sich heute in einer Krise, deren katastrophaler Höhepunkt wahrscheinlich noch vor uns liegt … Das Problem der Armut, der sozialen Ungerechtigkeit, ist nicht gelöst; nach den gegenwärtigen Indizien wird es sich verschärfen. Kriege werden geführt wie eh und je: Bevölkerungswachstum und technische Weltveränderung heben das Gleichgewicht der Natur, in der wir leben, aus den Angeln.

1. Verstärkung des Hungers und der Armut
   Die Macht des Kapitals führt zu einer zwangsweise immer größeren Verschuldung der armen Länder, obwohl diese oft im Besitz reicher Rohstofflager sind. Ist aber erst der Mechanismus der Gewinn- und Konkurrenzwirtschaft auch in diesen Ländern in Gang gebracht, dann gibt es kein Entrinnen mehr. Die teuren Rohstoffe müssen unter dem Druck des Kapitals immer billiger abgegeben werden, der Lebensstandard sinkt, es bleibt nur weitere Verschuldung, die zu noch mehr Abhängigkeit und zu Armut und Hunger führt.

2. Vernichtung von Lebensmitteln
   Durch unablässige Steigerung der Produktion unter Verwendung von gesundheitsschädlichem Dünger und immer mehr Technik kommt auch hier die Überproduktion in Gang. Unter den landwirtschaftlichen Betrieben erfolgt eine Auslese. Das Konkurrenzdenken und der Zwang, mit der Produktion Geld zu verdienen, lässt einen anderen Weg, den der reinen Bedarfsdeckung, nicht zu.

3. Arbeitslosigkeit, Ausgrenzung
   In einer Wirtschaftsordnung, die vordergründig auf Erzielung von Gewinn ausgerichtet ist, muss bei zunehmender Produktivität (durch Technik, Rationalisierung und Automation) und allmählich stagnierendem Verbrauch Arbeitslosigkeit entstehen.

4. Gefährdung der Umwelt
   Durch bisherige Nichtanwendung des Verursacherprinzips bei immer härterem Wettbewerb infolge Überproduktion auf allen Gebieten wird die mögliche umweltfreundliche Technik für die Produktion verhindert. Wer hierfür Geld ausgibt, während der Konkurrent (auch im Ausland) dies nicht tun muss, gerät im gnadenlosen Wettbewerb unter die Räder.

5. Zunahme von Krankheiten und Verkehrsopfern
   Solange unser wirtschaftliches Denken und Handeln sich an der Quantität orientiert und damit den für so viele Menschen tödlichen Konkurrenzmechanismus in Gang setzt, müssen Krankheiten durch Leistungsdruck, Umweltgifte und Lebensgenuss zwangsläufig zunehmen.

Diskutieren Sie noch einmal die klassischen Antworten.

6. Egoismus und Entsolidarisierung nehmen im Denken und Handeln der Menschen einen immer größeren Raum ein. Und dabei wird solches Verhalten als »normal« empfunden, auch wenn es inhumane Auswirkungen hat.

Die Hoffnung: Christen sind das »Salz der Erde«!

»Ein Christ sei das Salz der Erde,
bis dass ich wiederkommen werde!«,
der Herr einst zu den Seinen sprach.
Doch – salzen wir denn seither nach?

Es kocht sich eine jede Gruppe
der Christen ihre eigne Suppe.
Damit man bleibe chemisch rein
in dieser Welt, salzt man sich ein.

Wie viel ist schon in ihr verschimmelt,
derweil wir uns nur angehimmelt,
als Salz uns dünkten viel zu schad!
Schmeckt deshalb diese Welt so fad

und füttert sich mit faulen Reizen,
weil wir mit unsrer Würze geizen?
Das Salz wird dumm, verliert die Kraft,
der Glaube schwindet und erschlafft,

verzehrt er sich in eignen Dingen.
Noch könnten wir die Welt durchdringen!
Doch tun wir's nicht, dann naht der Schritt,
der weggeworfnes Salz zertritt.

Erwin Brezing

Jupp Wolter: Leichtes Handgepäck

Backen Sie Brot ohne Salz. Sprechen Sie über Möglichkeiten, den eigenen Lebensraum »als Salz zu würzen«.

Gedanken zu einem Kirchentagsplakat

Nehmet einander an – der Versöhnungsgedanke bekommt in einer Situation, in der brutale Gewalt gegen Fremde und Andersdenkende auf Deutschlands Straßen, der entsetzliche Krieg im ehemaligen Jugoslawien, die Hungerkatastrophen in Somalia und anderswo in Afrika, der undurchschaubare Bürgerkrieg zwischen Juden und Arabern in Israel die öffentliche Diskussion bestimmen, eine utopische Dimension. Es kann der Frömmste nicht im Frieden leben, wenn's seinem bösen Nachbarn nicht gefällt, antwortet der Volksmund dem Aufruf Jesu, einander in Frieden anzunehmen. Nehmet einander an, wie Christus euch angenommen hat – diese Aufforderung geht in erster Linie an die christliche Gemeinde, liest man sie im Evangelium. Sie betrifft die Schwierigkeit der Christen, trotz unterschiedlicher Auffassungen und Lebensweisen in einer produktiven Gemeinschaft zusammenzuleben. Sie betrifft die Kluft zwischen dem, was wir lieben, und dem, was wir ablehnen.

Die Trümmer auf dem Altar einer katholischen Kirche erinnern an den Krieg zwischen Christen in Irland, an den Hass zwischen Christen und Moslems im zerfallenen Jugoslawien, an die Kämpfe im Libanon. Was sucht dieses Bild auf dem Plakat zum Deutschen Evangelischen Kirchentag? Die Blicke trauernder Opfer von Gewalt fordern unsere Betroffenheit heraus, wie die auf dem Plakat. Betroffenheit – eine Vokabel mit enormer Inflationsrate. Es regt sich unser Gewissen und wir wollen etwas tun! Wir spenden Geld vielleicht, schicken Pakete, unterstützen Lichterketten gegen Gewalt, helfen, wenn es machbar ist, den Opfern von Gewalt und Hass, die in unserer persönlichen Umgebung erreichbar sind. Mehr können wir nicht tun? Almosen können helfen. Verändern können sie nicht.

Nehmet einander an – meint das nicht: mit allen Vor- und Nachteilen? »Ich habe nichts gegen Ausländer, aber ...« Sauberkeit und Ruhe müssen schon sein, oder?! Eine Moschee in unserem Wohnviertel, dessen Minarett unseren Kirchturm um zwei Meter überragt? Frechheit! Undenkbar, was?!

Einen Fremden sollst du nicht bedrängen, weil ihr selbst die Stimmung des Fremden kennt, denn ihr seid im Lande Ägypten Fremde gewesen.

2 Mose 23, 9

Wie können wir dem erwartungsvollen Blick des braunhäutigen Mädchens von unserem Kirchentagsplakat entsprechen, wenn wir den Balken in unserem eigenen Auge nicht sehen? Sind wir tatsächlich unbeteiligt an der Radikalität enttäuschter Jugendlicher, sind Arbeitslosigkeit und Atheismus wirklich die einzigen Ursachen für das, was uns so entsetzt? Hat unser moralisch aufrichtiges Engagement für die Juden wirklich nichts mit dem arabisch-israelischen Konflikt zu tun? (Die Bibelreisen sind trotz der täglichen Toten immer noch recht preiswert …)

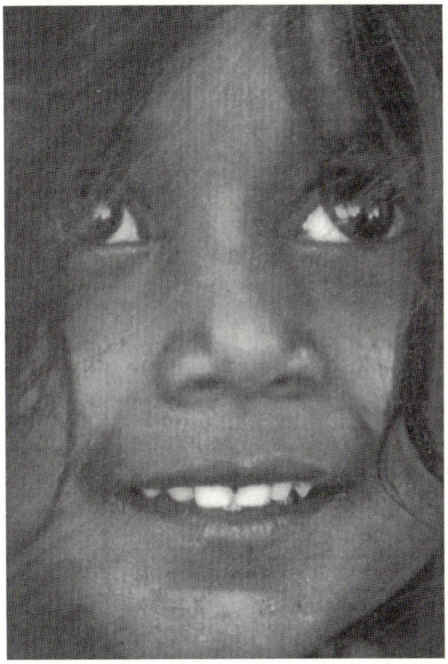

Nehmet einander an, wütende Soldaten und trauernde Witwen, brandschatzende Radikale und hungernde kleine Mädchen – so könnte man die Bilder auf dem Plakat verstehen. Und wo stecken wir, die wir diese Szenerie betrachten? Was betrifft das uns, abgesehen von unserer wieder und wieder beteuerten Betroffenheit?

Nehmet einander an – ein altvertrauter Spruch, der sich hervorragend dazu eignet, ihn in einem mitreißenden Rhythmus zum Mitklatschen zu vertonen. Ich sehe schon vor mir, wie wir einander lächelnd die Hände reichen und begeistert im Takt wippen. Bis eine Gruppe kahlköpfiger Jugendlicher mit Flaschen wirft. Oder sich ein Roma-Treck vor der Abschiebung in unseren Altarraum flüchtet.

Martin Jankowski

Du sollst Adonaj, deinen Gott, aus deinem ganzen Herzen und mit deinem ganzen Leben und mit deiner ganzen Stärke und mit deinem ganzen Verstand lieben, und deinen Nächsten wie dich selbst.

Lukas 10, 27

Rudolf Hausner: Aufruf zur Verteidigung der persönlichen Freiheit

Zur Freiheit berufen

Ihr seid zur Freiheit berufen! Nur macht die Freiheit nicht zu einem Anreiz für das Fleisch, sondern dient einander durch die Liebe. Denn das ganze Gottesgesetz wird in einem Worte erfüllt: »Liebe deinen Nächsten wie dich selbst!« Wenn ihr aber einander beißt und fresst, so seht nur zu, dass ihr nicht voneinander verzehrt werdet!

(*Gal 5, 13–15*)

Überlegen Sie, inwiefern Schlüsseltexte der Bergpredigt (z. B. Feindesliebe; Sorget nicht …; Richtet nicht …) auf Möglichkeiten von Freiheit oder Unfreiheit hinweisen.
Wie beurteilen Sie die Behauptung, die Bergpredigt sei »die MAGNA CHARTA DER FREIHEIT«? Vgl. auch S. 174.

Wie tief unfrei man aber mitten im freien Rechtsstaat, mitten in der Wohlstandsdemokratie sein kann, das kommt an der Stelle an den Tag, auf die Paulus hier hindeutet, wenn er vom Nächsten spricht. Der Nächste, der Mensch ganz nahe bei mir, der ist die Stelle, an der äußerlich freie Menschen plötzlich als innerlich unfrei enthüllt werden. Hinter der Fassade unserer äußeren Freiheit verbirgt sich ein sehr unfreier Mensch und verrät sich, sobald er den Mund aufmacht, mit lauter Sätzen, die mit: Ich kann nicht … anfangen: »Ich kann diese Menschen nicht leiden!« »Ich kann den Kerl nicht riechen!« »Ich kann mir das nicht gefallen lassen!« »Ich kann das nicht verzeihen!« »Ich kann auf das und das nicht verzichten.« Nach außen ist einer ein angesehener Bürger, ein muskulöser Kraftprotz, ein bewunderter Sportler, eine Schönheit. Hinter solchen Fassaden aber sind wir uns selbst gegenüber Schwächlinge und Feiglinge, die ohnmächtigsten Nichtskönner. Unsere stärkste Fessel sind wir selbst – und das ist es, was Paulus meint, wenn er hier vom »Fleisch« spricht: nicht unseren Leib, nicht unsere Geschlechtlichkeit, sondern unser Selbst, unseren Götzendienst vor unserem eigenen Ich. Das beten wir an, dem dienen wir als angstvolle Sklaven. Paulus ist der Bote eines Herrn, der mehr kann und will, als nur uns armen Menschen strenge Gesetze geben. Dieser Herr weiß wohl, dass wir Menschen von einer falschen Liebe nur freikommen können durch eine größere Liebe. Darum kommt er zu uns als ein Bruder für uns alle, liebt uns alle als seine Nächsten mehr als sich selbst, gibt sich hin bis in den Tod hinein für seine Feinde und lässt uns das erzählen durch das Evangelium. Liebe macht Gegenliebe möglich – das ist die Art, wie er uns von unserer Ichsucht befreit.

Helmut Gollwitzer

Beten und Handeln: Das Vaterunser

Etwa in der Mitte der Bergpredigt steht das Vaterunser. Das zeigt: Beten und Handeln gehören zusammen. Der folgende Text arbeitet diesen Zusammenhang heraus:

Beter: »Vater unser, der du bist im Himmel …«
Gott: »Ja?«
»Unterbrich mich nicht! Ich bete!«
»Aber du hast mich doch angesprochen!«
»Ich dich angesprochen? Äh … nein, eigentlich nicht. Das beten wir eben so: Vater unser im Himmel!«
»Da, schon wieder! Du rufst mich an, um ein Gespräch zu beginnen, oder? Also, worum geht's?«
»Geheiligt werde dein Name …«
»Meinst du das ernst?«
»Was soll ich ernst meinen?«
»Ob du meinen Namen wirklich heiligen willst? Was bedeutet denn das?«
»Es bedeutet … es bedeutet … meine Güte, ich weiß es nicht, was es bedeutet. Woher soll ich denn das wissen?«
»Es heißt, dass du mich ehren willst, dass ich dir einzigartig wichtig bin, dass dir mein Name wertvoll ist.«
»Aha, hm, das verstehe ich. Dein Reich komme, dein Wille geschehe, wie im Himmel also auch auf Erden …«
»Tust du das wirklich?«
»Dass dein Wille geschieht? Natürlich! Ich gehe regelmäßig zum Gottesdienst, ich zahle Kirchensteuer und Missionsopfer.«
»Ich will mehr: dass dein Leben in Ordnung kommt, dass deine Angewohnheiten, mit denen du anderen auf die Nerven gehst, verschwinden, dass du von anderen her und für andere denken lernst: dass allen Menschen geholfen wird und sie zur Erkenntnis der Wahrheit kommen, auch dein Vermieter und dein Chef. Ich will, dass Kranke geheilt, Hungernde gespeist, Trauernde getröstet und Gefangene befreit werden. Denn alles, was du diesen Leuten tust, tust du dann für mich.«
»Warum hältst du das ausgerechnet mir vor? Was meinst du, wie viel stinkreiche Heuchler in den Kirchen sitzen? Schau die doch an!«
»Entschuldige, ich dachte, du betest wirklich darum, dass mein Herrschaftsbereich kommt und mein Wille geschieht. Das fängt nämlich ganz persönlich bei dem an, der darum bittet. Erst wenn du dasselbe willst wie ich, kannst du ein Botschafter meines Reiches sein.«
»Das leuchtet mir ein. Kann ich jetzt mal weiterbeten? Unser tägliches Brot gib uns heute …«
»Du hast Übergewicht, Mann! Deine Bitte beinhaltet die Verpflichtung, etwas dafür zu tun, dass die Millionen Hungernden dieser Welt ihr tägliches Brot bekommen.«
»Und vergib uns unsere Schuld, wie auch wir vergeben unseren Schuldigern …«
»Und dein Arbeitskollege?«
»Jetzt fang auch noch von dem an! Du weißt doch, dass er mich öffentlich blamiert; dass er mir jedes Mal dermaßen arrogant gegenübertritt, dass ich schon wütend bin, bevor er seine herablassenden Bemerkungen äußert. Das weiß er auch! Er nimmt mich als Mitarbeiter nicht ernst, er tanzt mir auf dem Kopf herum, dieser Typ hat …«

»Ich weiß, ich weiß! Und dein Gebet?«
»Ich meine es nicht so!«
»Du bist wenigstens ehrlich. Macht dir das eigentlich Spaß, mit soviel Bitterkeit und Abneigung im Bauch herumzulaufen?«
»Es macht mich ganz krank.«
»Ich will dich heilen. Vergib ihm doch und ich vergebe dir. Vielleicht vergebe ich dir auch schon vorher. Dann sind Arroganz und Hass seine Sünde und nicht deine. Vielleicht verlierst du Geld; ganz sicher verlierst du ein Stück Image. Aber es wird dir Frieden ins Herz bringen.«
»Hm, ich weiß nicht, ob ich mich dazu überwinden kann.«
»Ich helfe dir dabei!«
»Und führe uns nicht in Versuchung, sondern erlöse uns von dem Bösen ...«
»Nichts lieber als das. Melde bitte Personen oder Situationen, durch die du versucht wirst.«
»Wie meinst du das?«
»Du kennst doch deine schwachen Punkte: Unverbindlichkeit, Finanzverhalten, Sexualität, Aggression, Erziehung. Gib der Versuchung keine Chance.«
»Ich glaube, dies ist das schwierigste Vaterunser, das ich je betete. Aber es hat zum ersten Mal etwas mit meinem alltäglichen Leben zu tun.«
»Schön! Wir kommen vorwärts. Bete ruhig zu Ende.«
»Denn dein ist das Reich und die Kraft und die Herrlichkeit in Ewigkeit. Amen.«
»Weißt du, was ich herrlich finde? Wenn Menschen wie du anfangen, mich ernst zu nehmen, echt zu beten, mir nachzufolgen und dann das zu tun, was mein Wille ist. Wenn sie merken, dass ihr Wirken für das Kommen meines Reiches sie letztlich selbst glücklich macht.«

George Grosz: Vaterunser

Nehmen Sie Stellung zu den Deutungen der einzelnen »Bitten« des Vaterunsers, die der Text vornimmt. Halten Sie sie für zutreffend? Würden Sie andere hinzufügen?

Die Bibel

Das gesellige Buch

Ein Buch?
Mehr noch: eine Bücherei!
66 verschiedene Bücher
von nicht nur 66 verschiedenen
Autoren,
denn manch eines enthält
(nach Art der hölzernen Babuschkas)
in sich wiederum
drei, vier kleinere Bücher
verschiedener Autoren.

Nicht zu vergessen
die namenlosen Scharen
späterer Bearbeiter, Ergänzer,
Verknüpfer,
der fromme Fleiß
ihrer minutiösen Text-Finissage
während rund eines Jahrtausends
jüdisch-urchristlicher Geschichte.

Allmählich entstand so:
ein Bücherbuch vieler Stimmen,
die nacheinander,
nebeneinander,
durcheinander,
gegeneinander,
miteinander
reden, singen, murmeln, beten.

Dissonanzen? Jede Menge.
Widersprüche? Noch und noch.
Kein ausgeklügelt Buch.
Hundert-Stimmen-Strom
(selbst Schriftgelehrte ermessen
ihn nicht) –
wohin will er tragen?
Über Schwellen, Klippen, Katarakte
heimzu, heilzu (hoff' ich).

Merklich oder unmerklich nämlich
strömen die verschiedenartigen,
die verschiedenzeitlichen Stimmen
denn doch
und stets wieder
zu EINER Stimme zusammen:
»Das Wunder dieses
Zusammenfließens
ist größer als das Wunder
eines einzigen Autors.«

Viel-Stimmen-Buch also,
geselliges Buch
(geselligstes der Weltliteratur!):
in ihm wird
die EINE,
die verlässliche Stimme
der geselligen Gottheit laut.

Kurt Marti

Warum mir die Bibel wichtig ist

Fragen Sie Erwachsene nach ihrer Geschichte mit der Bibel.
An welche biblische Geschichte erinnern Sie sich gerne?

Lieber Andy! Du fragst mich, welche Erinnerungen an die Bibel ich aus meiner Kindheit habe. Da bringst du mich aber ganz schön in Verlegenheit. Die Bibel spielte bei uns zu Hause nämlich keine besondere Rolle. Nie wurde aus ihr vorgelesen. Auch die Herrnhuter Losungen lernte ich erst später kennen. Trotzdem erinnere ich mich an eine Bibel. Ich glaube, es war die Traubibel meiner Eltern. Mich faszinierten die Bilder. Sie stammten von einem Maler aus dem letzten Jahrhundert. Vor allem die Bilder von Abraham, von Josef, von Isaak und Jakob machten großen Eindruck auf mich, ihre wallenden Gewänder, ihre langen Haare und Bärte. Überhaupt blickten sie sehr freundlich drein. Und dann fällt mir noch das Bild von Absalom ein, der sich mit seinen Haaren in einem Baum verfangen hatte; ein Reiter durchbohrte ihn mit einem Spieß.
Biblische Geschichten wurden zu Hause nicht erzählt. In der Grundschule hatten wir dann aber eine sehr liebe Religionslehrerin. Sie erzählte uns eindrucksvoll die Geschichten von der Schöpfung, dem Sündenfall, von Kain und Abel und dem Turmbau, von Sara und Rebekka. Vor allem die Geschichte von der Sintflut hat sich mir unauslöschlich eingeprägt. Dass Gott dem Noah das Zeichen des Regenbogens gegeben hat, das hat mir gefallen. Noch heute, wenn ich einen Regenbogen sehe, fällt mir das Versprechen Gottes aus dieser Geschichte ein: »So lange die Erde besteht, soll nicht aufhören Sommer und Winter, Tag und Nacht.«

Mit herzlichen Grüßen
Dein Georg

Statements

André Agassi, Tennis-Profi: Ich hätte der Bibel nicht geglaubt, wenn sich ihre Botschaft nicht so stark in meinem Leben widergespiegelt hätte. Das hat mich zur Überzeugung gebracht, dass sie wahr ist. Ich brauche auf viele Fragen des Lebens eine Antwort. Was ist z. B., wenn ich einmal sterbe? Das Johannes-Evangelium gibt hier Antwort: »Also hat Gott die Welt geliebt, dass er seinen eingeborenen Sohn gab, damit alle, die an ihn glauben, nicht verloren werden, sondern das ewige Leben haben.«

Witta Pohl, Schauspielerin: Mein Lieblingsvers in der Bibel ist eingebettet in die Geschichte von Jakobs Kampf mit dem Engel (Gott) am Jabbok: »Ich lasse dich nicht, du segnest mich denn« (1 Mose 32, 27). Auch wir stehen ja in einem Lebenskampf, in einem Ringen um das, was wahr ist und was wahrhaftig zu tun ist. Dieser Kampf muss angenommen, ausgehalten und durchgestanden werden. Nur wenn wir nicht aufgeben, uns nicht beirren, nicht entmutigen lassen, wird uns die Erkenntnis zuteil werden. Wir werden zwar von und nach dem Kampf Gezeichnete sein, aber er wird uns und anderen Segen bringen.

Wynton Rufer, Fußball-Profi: Ich habe so viele »Lieblingsverse« in der Bibel, dass es zu viel Platz brauchen würde, sie alle aufzuschreiben. Die Bibel ist für meine Frau und mich wie eine »Straßenkarte des Lebens«, die bei den vielen Überraschungen, die das Leben so mit sich bringt, Halt und Orientierung bietet.

Geben Sie Ihr Statement ab.

Bibelquiz

?

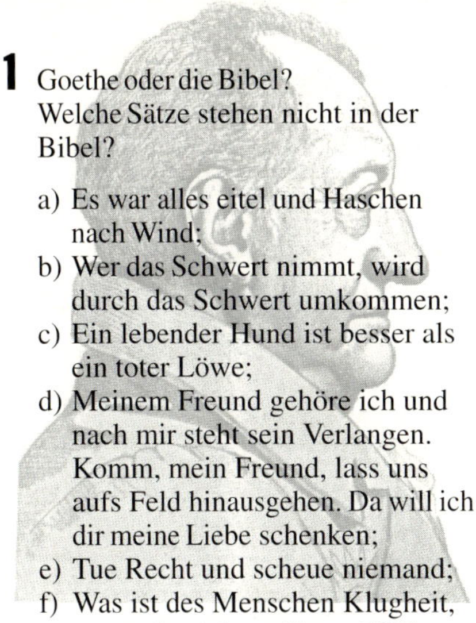

1 Goethe oder die Bibel?
Welche Sätze stehen nicht in der Bibel?

a) Es war alles eitel und Haschen nach Wind;
b) Wer das Schwert nimmt, wird durch das Schwert umkommen;
c) Ein lebender Hund ist besser als ein toter Löwe;
d) Meinem Freund gehöre ich und nach mir steht sein Verlangen. Komm, mein Freund, lass uns aufs Feld hinausgehen. Da will ich dir meine Liebe schenken;
e) Tue Recht und scheue niemand;
f) Was ist des Menschen Klugheit, wenn sie nicht auf jener Willen droben achtend lauscht;
g) Wer immer strebend sich bemüht, den können wir erlösen;
h) Der Krug geht so lange zum Brunnen, bis er bricht;
i) Was du nicht willst, dass man dir tu, das füg auch keinem andern zu;
j) Mehr Licht.

2 Wie heißt der Berg, auf dem Jerusalem erbaut ist?

a) Berg Sinai; b) Ölberg;
c) Berg Zion; d) Berg Karmel;
e) Berg Tabor.

3 Wie viele Stämme bildeten das Volk Israel?

a) 9; b) 10; c) 12; d) 15.

4 Welcher Begriff passt nicht in die Reihen?

a) Jesaja; b) Jeremia; c) Juda; d) Joel.

A Thessaloniki; B Korinth; C Rom; D Athen.

5 Wer erhob Jerusalem zur Königsstadt?

a) Abraham; b) David;
c) Saul; d) Salomo.

6 Welche Verbote stehen nicht in den 10 Geboten?

a) Du sollst nicht stehlen;
b) Du sollst nicht lügen;
c) Du sollst nicht richten;
d) Du sollst nicht ehebrechen;
e) Du sollst nicht begehren deines Nächsten Haus;
f) Du sollst nicht schwören.

7 Warum feiern die Juden das Passahfest?

Zur Erinnerung an …
a) den Tempelbau;
b) den Tod Jesu;
c) den Auszug aus Ägypten;
d) die Einwanderung ins Land Kanaan.

8 Wer hat den ersten jüdischen Tempel bauen lassen?

a) Mose; b) David;
c) Salomo; d) Paulus.

9 War der Jünger Petrus verheiratet?

a) Ja; b) Nein;
c) Ist nicht bekannt.

10 Was versteht man unter Tora?
a) Die 5 Bücher Mose;
b) Das Alte Testament;
c) Die 10 Gebote;
d) Die jüdischen Gesetze im Talmud.

11 In welchem biblischen Buch spielt der Rhizinusstrauch eine wichtige Rolle?

a) Im Buch Rut;
b) Im Buch Jona;
c) In der Apostelgeschichte;
d) In den Klageliedern Jeremias.

12 Wie hieß die Urgroßmutter König Davids, die keine Jüdin war?
a) Ester;
b) Rut;
c) Mirjam;
d) Sara;
e) Rebekka;
f) Batseba.

Die angeführten biblischen Bücher und folgende Bibelstellen helfen Ihnen bei der Lösung.
2 Mose 1, 1–5;
2 Mose 12;
2 Mose 20,1ff.;
2 Sam 5, 6, 7;
1 Kön 6;
1 Kön 8, 1;
Pred 9, 4;
Hld 7, 11–13;
Mk 1, 29–31.

Durchblick Ausblick Überblick

Die Bibel ist ein Buch, das nicht nur den Christen gehört. Unser »Altes Testament« ist die heilige Schrift der Juden. Auch im Koran, der heiligen Schrift der Muslime, wird immer wieder auf Personen und Geschichten des Alten und Neuen Testaments angespielt.

Das Freiheitsthema in der Bibel

Das Thema Freiheit zieht sich durch alle Schriften der Bibel wie ein roter Faden hindurch. Dies aufzuzeigen ist das Ziel des folgenden Kapitels.

Viele sagen jedoch:
Die Bibel hindert mich daran, selbstverantwortlich und selbstbewusst meinen eigenen Weg zu suchen und zu gehen, sie macht mich unfrei. Durch die Bibel werden meine Gefühle und Triebe als sündig erklärt und unterdrückt. Das hindert mich an einem glücklichen Leben.

Menschen in den früheren Kolonialländern sagen: Mit der Bibel in der Hand haben uns die Kolonialherren äußerlich und innerlich versklavt. Ein afrikanischer Politiker hat das einmal so ausgedrückt: »Der Missionar kam und sprach: Wir wollen beten. Darauf schlossen wir die Augen. Als wir Amen gesagt hatten, fanden wir in unserer Hand die Bibel. Aber siehe, unser Land war dahin.«

Das Alte Testament (S. 146)

Der Exodus (S. 147)
Für die Juden damals und heute ist der Exodus, die Befreiung aus der Unterdrückung und Knechtschaft in Ägypten, das wichtigste Thema ihres Glaubensbekenntnisses. Der Abschnitt fragt, welche Bedeutung diese Befreiungstat damals hatte und noch heute hat: für Juden, Christen, Frauen, Arme …

Geschichtliche Hintergründe (S. 154)

Das Alte Testament ist kein Geschichtsbuch in unserem Sinne. Aber es erzählt vom Handeln Gottes in der Geschichte. Deshalb ist es für das Verstehen des Textes wichtig, die geschichtlichen Hintergründe zu kennen.
Der erste Teil des Kapitels führt daher in die Entstehung und den Aufbau des Alten Testaments ein, in die verschiedenen Auslegungsmethoden und in die Geschichte Israels zur Zeit des Alten Testaments.

Bischof Mackenzie unter seinen Schülern in Magomero, Zentralafrika

Zum Neuen Testament (S. 162)

Auch das Neue Testament predigt Befreiung inmitten einer Welt der Unfreiheiten. Jesus von Nazaret lebte als Jude in einem besetzten Land und feierte wie alle Juden das Passahfest als Fest der Befreiung.
Darüber hinaus wird in den Evangelien deutlich, wie Menschen Jesus und seine Botschaft als Befreiung von Sünde, Krankheit und Tod erfahren. Das vorliegende Kapitel macht dies vor allem an den Wundergeschichten deutlich. Für viele sind sie heute eher ein Hindernis für den Glauben. Aber die Wundergeschichten sind ja keine wunderlichen, mirakulösen Erzählungen, die unserem Verstand widersprechen. Es sind vielmehr Erzählungen von Menschen, die durch Jesus innerlich und äußerlich frei werden; Erzählungen, die Menschen Mut machen, in einer Welt der Unfreiheit als befreite Menschen zu leben.

Aufbau und Entstehung des Neuen Testaments (S. 172)

Kleine Exkurse gehen auf den Aufbau des Neuen Testaments und die Entstehung der synoptischen Evangelien ein.

Freiheit bei Paulus (S. 174)

Freiheit heißt auch das entscheidende Stichwort für Paulus. Die Freiheitsbotschaft des Paulus hat viele Facetten. Eine greifen wir heraus: die Freiheit vom Gesetz. Diese Freiheit vom Gesetz wurde in der christlichen Tradition häufig antijüdisch missverstanden. Deutlich wird, wie diese paulinische Losung zu einem schweren Konflikt in der Urgemeinde zwischen den Christen, die aus dem Judentum kommen, und den Christen, die vorher keine Juden waren, führt.
Wie sich die Freiheit im täglichen Leben bewähren muss, zeigt eine uns beinahe banal erscheinende Frage in Korinth: Dürfen Christen bei einem normalen Schlachter Fleisch kaufen oder nicht? Der Hintergrund dieser Frage ist, dass damals Teile des Fleisches den Göttern geopfert wurden. Es ging also um die Frage: Anerkennen wir durch das Essen solchen Fleisches die alten Götter? Die Frage, was Freiheit vom Gesetz bedeutet, ist auch heute eine aktuelle Frage.

Die Offenbarung des Johannes (S. 180)

Auch in der Offenbarung des Johannes, diesem viel missbrauchten Buch voller rätselhafter Bilder am Ende der Bibel, ist die Freiheit, insbesondere die Freiheit von Götzen, das entscheidende Thema. Die Adressaten der Offenbarung sahen vor allem im römischen Kaiser Domitian einen solchen Götzen, weil er von seinen Untertanen göttliche Verehrung forderte. Warum Christen damals und heute vor solchen Götzen – wie immer sie auch heißen mögen – keine Angst mehr haben müssen, darauf will die Offenbarung hinweisen.

Das Alte Testament für Christen? (S. 183)

Am Ende des Kapitels wird aufgezeigt, warum auch für Christen das Alte Testament unverzichtbar und lebensnotwendig ist.

Das Alte Testament

Aufbruch

Aufbruch ist eine Grunderfahrung des Menschen. Die beiden folgenden Texte sprechen diese Erfahrung in unterschiedlicher Weise an:

Ich befahl, mein Pferd aus dem Stall zu holen. Der Diener verstand mich nicht. Ich ging selbst in den Stall, sattelte mein Pferd und bestieg es. In der Ferne hörte ich eine Trompete blasen, ich fragte ihn, was das bedeute. Er wusste nichts und hatte nichts gehört. Beim Tore hielt er mich auf und fragte: »Wohin gehst du, Herr?« »Ich weiß es nicht«, sagte ich, »nur weg von hier, nur weg von hier. Immerfort weg von hier, nur so kann ich mein Ziel erreichen.« »Du kennst also dein Ziel?«, fragte er. »Ja«, antwortete ich, »ich sagte es doch: Weg von hier, das ist mein Ziel.« »Du hast keinen Essvorrat mit«, sagte er. »Ich brauche keinen«, sagte ich, »die Reise ist so lang, dass ich verhungern muss, wenn ich auf dem Weg nichts bekomme. Kein Essvorrat kann mich retten. Es ist ja zum Glück eine wahrhaft ungeheuere Reise.«

Franz Kafka

Wenn du zum Tor des Lebens gelangen willst,
musst du aufbrechen, einen Weg suchen,
der auf keiner Karte verzeichnet
und in keinem Buch beschrieben ist.
Dein Fuß wird an Steine stoßen,
die Sonne wird brennen
und dich durstig machen,
deine Beine werden schwer werden.
Die Last der Jahre wird dich niederdrücken.
Aber irgendwann wirst du beginnen,
diesen Weg zu lieben,
weil du erkennst, dass es dein Weg ist.
Du wirst straucheln und fallen,
aber die Kraft haben, wieder aufzustehen.
Du wirst Umwege und Irrwege gehen,
aber dem Ziel näher kommen.
Alles kommt darauf an,
den ersten Schritt zu wagen.
Denn mit dem ersten Schritt
gehst du durch das Tor.

Wolfgang Poeplau

Hinter beiden Texten stehen Erfahrungen des Aufbrechens. Haben Sie ähnliche Erfahrungen gemacht?
Schreiben Sie über Situationen des Aufbruchs in Ihrem Leben.

Aufbruch in die Freiheit

Befreiung ist ein entscheidendes Stichwort in der Bibel: Befreiung aus Unterdrückung und Knechtschaft, Befreiung von Krankheit und Tod.
Die Grunderfahrung des Glaubens der Israeliten ist die Befreiung aus der Sklaverei in Ägypten. Ihr Auszug ist ein Aufbruch in die Freiheit.

Exodus

Es war Mitternacht, als der Herr alle Erstgeborenen in Ägypten erschlug, vom Erstgeborenen des Pharao, der auf dem Thron saß, bis zum Erstgeborenen des Gefangenen im Kerker, und jede Erstgeburt beim Vieh.
Da standen der Pharao, alle seine Diener und alle Ägypter noch in der Nacht auf, und großes Wehgeschrei erhob sich bei den Ägyptern; denn es gab kein Haus, in dem nicht ein Toter war. Der Pharao ließ Mose und Aaron noch in der Nacht rufen und sagte: Auf, verlasst mein Volk, ihr beide und die Israeliten! Geht und verehrt Jahwe, wie ihr gesagt habt. Auch eure Schafe, Ziegen und Rinder nehmt mit, wie ihr gesagt habt. Geht und betet auch für mich! Die Ägypter drängten das Volk, eiligst das Land zu verlassen, denn sie sagten: Sonst kommen wir noch alle um. Das Volk nahm den Brotteig ungesäuert mit; sie wickelten ihre Backschüsseln in Kleider ein und luden sie sich auf die Schultern.

2 Mose 12, 29–34

Melodie: Oskar Gottlieb Blarr
Text: Eckart Bücken

Wir ziehen aus der Mutlosigkeit
in das Land, wo Licht und Sonne scheinen.
Wir ziehen aus der Hoffnungslosigkeit,
komm, steh auf, wir ziehen aus.

Überlegen Sie, wie man dieses Lied gestalten kann (Pantomime, Tanz ...). Stellen Sie sich vor, Sie sollten in einer Stunde aufbrechen, um in ein anderes Land zu ziehen. Schreiben Sie auf, was Sie mitnehmen.

Lesen Sie die Geschichte vom Durchzug durchs Schilfmeer 2 Mose 14, 1–15 in Ihrer Bibel.
Die Israeliten sind bis zum Schilfmeer vorgedrungen, können jetzt aber nicht hindurch. In der Ferne tauchen die ägyptischen Streitwagen auf. Im Lager der Israeliten gibt es drei Meinungen. Bilden Sie drei Gruppen: Gruppe A will irgendwie hindurch. Gruppe B will zurück. Gruppe C geht am Ufer entlang und kann sich nicht entscheiden. Besprechen Sie in den Gruppen Ihre Situation. Warum haben Sie gerade diese Gruppe gewählt? Wie ergeht es Ihnen in alltäglichen Situationen: Aufbruch, Rückkehr oder Unentschlossenheit? Die drei Gruppen tauschen ihre Erfahrungen aus.

Das jüdische Passahfest – das Fest der Befreiten

Jedes Jahr am Sederabend, dem ersten Abend der Passah-Festwoche, wird in einer häuslichen Feier die Geschichte vom Auszug aus Ägypten neu inszeniert. Die Teilnehmer versetzen sich in die Rolle der ausziehenden Israeliten.

Passah/Pessach heißt übersetzt »vorübergehen«. Auf Englisch heißt das Passahfest daher: »Passover«. Lesen Sie dazu 2 Mose 12, 1– 28 (Einsetzung des Festes).
Als Leitfaden für den Sederabend dient die Pessach-Haggada (Passah-Erzählung). Ein wichtiger Bestandteil der Sederfeier sind die vier Fragen, die das jüngste Mitglied der Tischgesellschaft stellt. Als Antworten werden Bibeltexte und Texte aus der jüdischen Tradition vorgelesen.

David Wander: Red Sea

Aus der Pessach-Haggada:

Man hebt die Schüssel mit den Mazzoth auf und sagt: Dieses ist das armselige Brot, das unsere Vorfahren im Lande Mizrajim gegessen haben. Wer hungrig ist, komme und esse mit uns; wer bedürftig ist, komme und feiere das Pessachfest mit uns. Dieses Jahr hier, künftiges Jahr im Lande Israel; dieses Jahr Knechte, künftiges Jahr freie Leute.
Man schenkt den zweiten Becher ein und der Jüngste der Tischgesellschaft fragt: Warum unterscheidet sich diese Nacht von allen anderen Nächten?
In allen anderen Nächten können wir Gesäuertes und Ungesäuertes essen, in dieser Nacht nur Ungesäuertes. In allen anderen Nächten können wir allerhand Kräuter essen, in dieser Nacht nur bittere Kräuter. In allen anderen Nächten brauchen wir nicht ein einziges Mal einzutunken, in dieser Nacht zweimal. In allen anderen Nächten können wir essen, freisitzend oder angelehnt, in dieser Nacht sitzen wir alle angelehnt.
Die Mazzoth werden aufgedeckt und die Tischgesellschaft antwortet: Einst waren wir Knechte des Pharao in Mizrajim, da führte uns der Ewige, unser Gott, heraus von dort, mit starker Hand und mit ausgestrecktem Arme. Und hätte der Heilige, gelobt sei er, unsere Vorfahren nicht aus Mizrajim herausgeführt, so wären wir, unsere Kinder und alle unsere Nachkommen den Pharaonen in Mizrajim dienstbar geblieben; darum, wären wir auch alle weise, alle verständig, alle erfahren und alle schriftgelehrt, so ist es dennoch unsere Pflicht, vom Auszug aus Mizrajim zu erzählen.

Neuer Exodus

Viele Israeliten dachten: Mit der Landnahme und der Errichtung des davidischen Königtums in Jerusalem ist der Aufbruch in die Freiheit zum Ziel gelangt.
Deshalb war für sie die Zerstörung Jerusalems und die Deportation von Bevölkerungsteilen nach Babylonien im Jahre 587 v. Chr. eine politische und eine religiöse Katastrophe.
Propheten im Exil deuteten die Katastrophe als Gericht Gottes und kündigten ein erneutes befreiendes Handeln Gottes, einen neuen Exodus an. Die Worte eines dieser Propheten, dessen Namen uns unbekannt ist, sind in Jes 40–55 überliefert.

Lesen Sie Jes 40, 1–5.

Psalm 126

1 Ein Wallfahrtslied.
Wenn der Herr die Gefangenen Zions
erlösen wird,
so werden wir sein wie die Träumenden.
2 Dann wird unser Mund voll Lachens
und unsre Zunge voll Rühmens sein.
Dann wird man sagen unter den Heiden:
Der Herr hat Großes an ihnen getan!
3 Der Herr hat Großes an uns getan;
des sind wir fröhlich.
4 Herr, bringe zurück unsre Gefangenen,
wie du die Bäche wiederbringst
im Südland.
5 Die mit Tränen säen,
werden mit Freuden ernten.
6 Sie gehen hin und weinen
und streuen ihren Samen
und kommen mit Freuden
und bringen ihre Garben.

Die beiden Psalmen zeigen Verzweiflung und Hoffnung im babylonischen Exil. Sie können die beiden Texte pantomimisch oder sprachlich gestalten.

Die befreiende Kraft des Exodus

Immer wieder haben unfreie Menschen Hoffnung aus der Exodus-Geschichte geschöpft, z. B. die Negersklaven in den USA.

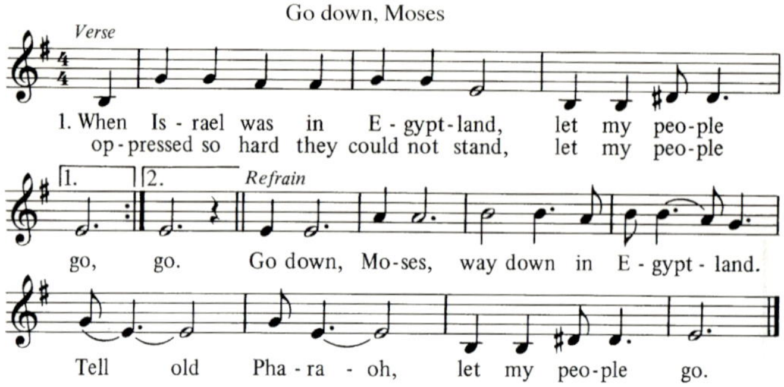

When Israel was in Egyptland,
Let my people go,
Oppressed so hard they could not stand,
Let my people go.

Go down, Moses,
Way down in Egyptland,
Tell old Pharaoh,
To let my people go.

»Thus spoke the Lord«, bold Moses said;
Let my people go,
»If not I'll smite your first born dead«,
Let my people go.

Go down, Moses,
...

»No more shall they in bondage toil«,
Let my people go,
»Let them come out with Egypt's spoil«,
Let my people go.

Go down, Moses,
...

The Lord told Moses what to do,
Let my people go,
To lead the children of Israel trough,
Let my people go.

Go down, Moses,
...

Überlegen Sie:
Wo liegt Ägypten? Wo liegt Kanaan?
– für Bürgerkriegsflüchtlinge?
– für Armutsflüchtlinge?
– für ...?
– für Sie?
Sie können eine Pantomime mit Musik zum Thema Unterdrückung – Befreiung gestalten. Sie können ein Bild malen oder eine Collage fertigen zum Thema: Was ist mein Ägypten? Was ist mein Kanaan?

Die andere Seite

Auch die Buren in Südafrika beriefen sich auf die Exodus-Tradition.

Im Jahre 1652 landeten die ersten Siedler am Kap der Guten Hoffnung, vor allem Holländer, aber auch Franzosen und Deutsche. Bis in die Zeit um 1800 breiteten sie sich in der ganzen Kapprovinz aus. Sie nannten sich Buren, d. h. Bauern. Die ansässigen Buschmänner und Hottentottenstämme wurden immer weiter zurückgedrängt oder vernichtet.

Der Führer der ersten Siedler war Jan van Ribeck. Auf seine Initiative hin begann man, Sklaven für die Feldarbeit und für andere Tätigkeiten einzusetzen: Die Herren waren die weißen Christen, die Diener die schwarzen Heiden.

Als die Engländer die Kapkolonie 1806 annektierten und ab 1834 die Sklaverei in ihrem Weltreich aufhoben, war das wirtschaftliche Leben der Buren bedroht.

Sie wollten es nicht hinnehmen, dass das Verhältnis zwischen Herren und Dienern gestört wurde. Sie zogen deshalb in einem großen Treck nach Norden. Sie waren im Allgemeinen einfache Familien, die durch ihren Fortzug in immer größere geistige und geistliche Isolation gerieten.

Die Bibel war ihre einzige Lektüre. Am Abend las man in den Familien die Geschichten vom Auszug der Israeliten aus Ägypten und von ihrer Ankunft im gelobten Land. Sie bezogen alles, was sie da lasen, wörtlich auf sich selbst: Sie waren das auserwählte Israel auf dem Zug zum gelobten Land; um sie her war die Wüste, in ihrem Rücken der Pharao, nämlich die Engländer; täglich hatten sie sich mit den heidnischen Völkern wie den Edomitern oder Kanaanitern – nämlich den Schwarzen – auseinanderzusetzen. Sie waren das auserwählte Volk, das von Gott einen Auftrag erhalten hatte.

Vergleichen Sie die unterschiedliche Lage der Buren und der amerikanischen Negersklaven. Welche Funktion hat jeweils die Exodus-Tradition?

Einträchtig: *Mandela (l.) und de Klerk bei der Nobelpreisverleihung in Oslo (1993). Beide Politiker riefen zur Versöhnung auf, stellten aber klar, dass sie weiter politische Widersacher seien.*

Durchzug durchs Schilfmeer (2 Mose 14)

Ordnen Sie das Textpuzzle zu drei Erzählsträngen. Welche Entdeckungen machen Sie dabei? Versuchen Sie, einen einheitlichen Text herzustellen.

Die Ägypter verfolgten sie;

Und sie holten sie ein, als sie am Meer lagerten (alle Streitwagenpferde und Streitwagenfahrer des Pharao und seine ganze Kriegsmacht) bei Pihachiroth vor Baal Zephon. Als nun der Pharao nahe herangekommen war,

Da erhob sich der Engel Gottes, der vor dem Heer Israels herzog, und stellte sich hinter sie.

da schrien die Israeliten zu Jahwe um Hilfe.

Und die Wolkensäule vor ihnen erhob sich und trat hinter sie und kam zwischen das Heer der Ägypter und das Heer Israels. Und dort war die Wolke finster und hier erleuchtete sie die Nacht und so kamen die Heere die ganze Nacht einander nicht näher.

Da kam das Wasser wieder und bedeckte Wagen und Männer, das ganze Heer des Pharao, das ihnen nachgefolgt war ins Meer, sodass nicht einer von ihnen übrig blieb. Die Israeliten aber waren auf dem trockenen Boden mitten durch das Meer hindurchgegangen und das Wasser war ihnen eine Mauer zur Rechten und zur Linken gewesen.

Er hemmte die Räder ihrer Wagen und machte, dass sie nur schwer vorwärts kamen.

Da wurde dem König von Ägypten gemeldet, dass das Volk geflohen sei.

Da sprach Jahwe zu Mose: Recke deine Hand aus über das Meer, dass das Wasser zurückkehrt über die Ägypter, über ihre Wagen und Männer. Da reckte Mose seine Hand aus über das Meer.

Da sprach Mose zu dem Volk: Fürchtet euch nicht, steht fest und seht zu, was für ein Heil Jahwe heute an euch tun wird. Denn wie ihr die Ägypter heute seht, werdet ihr sie niemals wiedersehen. Jahwe wird für euch streiten, ihr aber werdet euch still verhalten.

Und sie sagten zu Mose: Waren nicht Gräber in Ägypten, dass du uns wegführen musstest, damit wir in der Wüste sterben? Warum hast du uns das angetan, dass du uns aus Ägypten geführt hast? Haben wir's dir nicht schon in Ägypten gesagt: Lass uns in Ruhe, wir wollen den Ägyptern dienen? Es wäre besser für uns, den Ägyptern zu dienen, als in der Wüste zu sterben.

Er nahm 600 auserlesene Streitwagen und alle sonstigen Streitwagen Ägyptens mit einer Dreimannbesatzung auf ihnen allen.

Und die Wasser teilten sich. Und die Israeliten gingen hinein mitten ins Meer auf dem Trockenen und das Wasser war ihnen eine Mauer zur Rechten und zur Linken. Und die Ägypter folgten und zogen hinein ihnen nach, alle Rosse des Pharao, seine Wagen und Männer, mitten ins Meer.

So errettete Jahwe an jenem Tag Israel aus der Hand der Ägypter. Und sie sahen die Ägypter tot am Ufer des Meeres liegen. So sah Israel die mächtige Hand, mit der Jahwe an den Ägyptern gehandelt hatte. Und das Volk fürchtete Jahwe und sie glaubten ihm und seinem Knecht Mose.

Als nun die Zeit der Morgenwache kam, schaute Jahwe auf das Heer der Ägypter aus der Feuersäule und der Wolke und brachte einen Schrecken über ihr Heer.

da erhoben die Israeliten ihre Augen und sahen, dass die Ägypter hinter ihnen her unterwegs waren und sie fürchteten sich sehr.

Darauf sagte Jahwe zu Mose: Warum schreist du zu mir? Sage den Israeliten, dass sie weiterziehen. Du aber hebe deinen Stab auf und recke deine Hand über das Meer und teile es mitten durch, sodass die Israeliten auf dem Trockenen mitten durch das Meer gehen. Siehe, ich will das Herz der Ägypter verstocken, dass sie hinter euch herziehen, und ich will meine Herrlichkeit erweisen an dem Pharao und aller seiner Macht, an seinen Wagen und Männern und die Ägypter sollen innewerden, dass ich Jahwe bin, wenn ich meine Herrlichkeit erweise an dem Pharao und an seinen Wagen und Männern.

Da kehrte das Meer beim Anbruch des Morgens in sein gewöhnliches Bett zurück, während die Ägypter gerade ihm entgegen flohen. So stürzte Jahwe sie mitten ins Meer.

Und Jahwe verstockte das Herz des Pharao, des Königs von Ägypten, dass er den Israeliten nachjagte, während die Israeliten unter dem Schutz einer erhobenen Hand auszogen.

Da reckte Mose seine Hand aus über das Meer.

Da sprachen die Ägypter: Laßt uns fliehen vor Israel; denn Jahwe selber streitet für sie wider Ägypten.

Da wandelte sich das Herz des Pharao und seiner Diener und sie sagten: Was haben wir da getan, dass wir Israel aus unserem Dienst entlassen haben! So ließ er denn seine Streitwagen anspannen und sein Kriegsvolk nahm er mit sich.

Jahwe aber ließ durch einen starken Ostwind die ganze Nacht hindurch das Meer hinweggehen und machte so das Meer zu trockenem Land.

Darauf sprach Jahwe zu Mose: Rede zu den Israeliten und sprich, dass sie umkehren und sich lagern bei Pihachiroth zwischen Migdol und dem Meer, vor Baal Zephon; diesem gegenüber sollt ihr euch lagern. Der Pharao aber wird sagen von den Israeliten: Sie haben sich verirrt im Lande; die Wüste hat sie eingeschlossen. Und ich will sein Herz verstocken, dass er ihnen nachjage, und will meine Herrlichkeit erweisen an dem Pharao und aller seiner Macht und die Ägypter sollen innewerden, dass ich Jahwe bin. Und sie taten so.

Zur Erklärung: Viele Bibelausleger gehen davon aus, dass in 2 Mose 14 drei Überlieferungen miteinander verwoben sind: die Priesterschrift, der Jahwist und der Elohist.

Der Jahwist (J) wird so genannt, weil er von Anfang an für Gott den Namen Jahwe gebraucht. Zu J gehören z. B. die Geschichten vom Paradies, vom Sündenfall, von Kain und Abel (1 Mose 2–4) und die Geschichte vom Turmbau zu Babel (1 Mose 11). J erzählt auch vom Ruf Gottes an Abraham (1 Mose 12, 1–9).
Die Situation, in die hinein J seine Erzählung von der Errettung am Meer stellt, ist die des Großreiches Salomos. Man hatte fremde Völker unterworfen und sie für die rege Bautätigkeit zum Frondienst verpflichtet. Ziel der Politik war es, ein glänzendes Großreich aufzubauen und sich einen Namen zu machen. Man missbrauchte die geschenkte Freiheit zur Unterdrückung anderer.
Dem hält J entgegen: Israel verdankt sich allein Gott. Jahwe hat die Freiheit geschenkt; das verpflichtet dazu, sich auch gegenüber den anderen Völkern entsprechend zu verhalten. So ist es zu verstehen, dass der J-Bericht betont, dass Jahwe allein gehandelt hat, Israel sich dagegen ruhig verhielt.
J hält seinen Zeitgenossen vor: Ihr tut so, als ob ihr euch durch eigene Kraft die Freiheit verschafft hättet. Ihr handelt gegenüber den Fremden so, wie Pharao an euch gehandelt hat.

Die Priesterschrift (P) verdankt ihren Namen der Tatsache, dass in ihr viele Vorschriften für Priester und Opfer überliefert werden. Zu dieser Schrift gehören z. B. 3 Mose 8 und 9 (Priesterweihe und erste Opfer), die erste Schöpfungsgeschichte (1 Mose 1, 1–2,4a) und wesentliche Teile der Sintflutgeschichte (1 Mose 6–9).
Sie ist wahrscheinlich im babylonischen Exil in priesterlichen Kreisen entstanden. In Babylonien wurde damals Marduk als Schöpfer und Herr der Welt verehrt. Nach dem babylonischen Schöpfungsmythos besiegte er das Urmeer, die Schlange Tiamat. Er spaltete sie in zwei Hälften und bildete daraus die Welt. Daher trug er auch den Namen »Meeresspalter«. Für viele Israeliten im Exil stellte sich die Frage: Ist Marduk mächtiger als Jahwe? In dieser Situation wollte P die Israeliten trösten: »Nicht dem Marduk verdankt Israel sein Leben, sondern Jahweh, der schon im priesterschriftlichen Schöpfungsbericht sich als Herr über die ›Urflut-Thiamat‹ erwiesen hatte, hat den Befehl gegeben. Mose soll das Meer spalten, sodass Israel auf dem Trockenen gerettet werden könne. Auch Israel kennt einen Meeresspalter, einen Retter – aber der, der für Israel das Meer spaltet, der Israel rettet, der hat einen anderen Namen, der will als Jahweh angerufen werden« *(Christoph Goldmann).*

Weitere Quellenschriften: In 2 Mose 14 findet sich eine dritte Fassung der Geschichte, die aber nur fragmentarisch erhalten ist. Diese Erzählung gehört zur elohistischen Quellenschicht (E), die wahrscheinlich im 8. Jahrhundert im Nordreich entstanden ist.
Nach Meinung der alttestamentlichen Forschung gibt es noch weitere Quellenschriften. So stellt das 5. Buch Mose die Geschichte des Volkes noch einmal neu dar. Man nennt es daher auch Deuteronomium (das zweite Gesetz).

In 1 Mose 1 und in der priesterschriftlichen Fassung von 2 Mose 14 finden sich ähnliche Stilelemente. Vergleichen Sie 1 Mose 1 und 2 miteinander und stellen Sie wesentliche formale und inhaltliche Unterschiede fest. Diskutieren Sie, welche der beiden Fassungen (P oder J) heute bedeutsam sein könnte.

Geschichte Israels

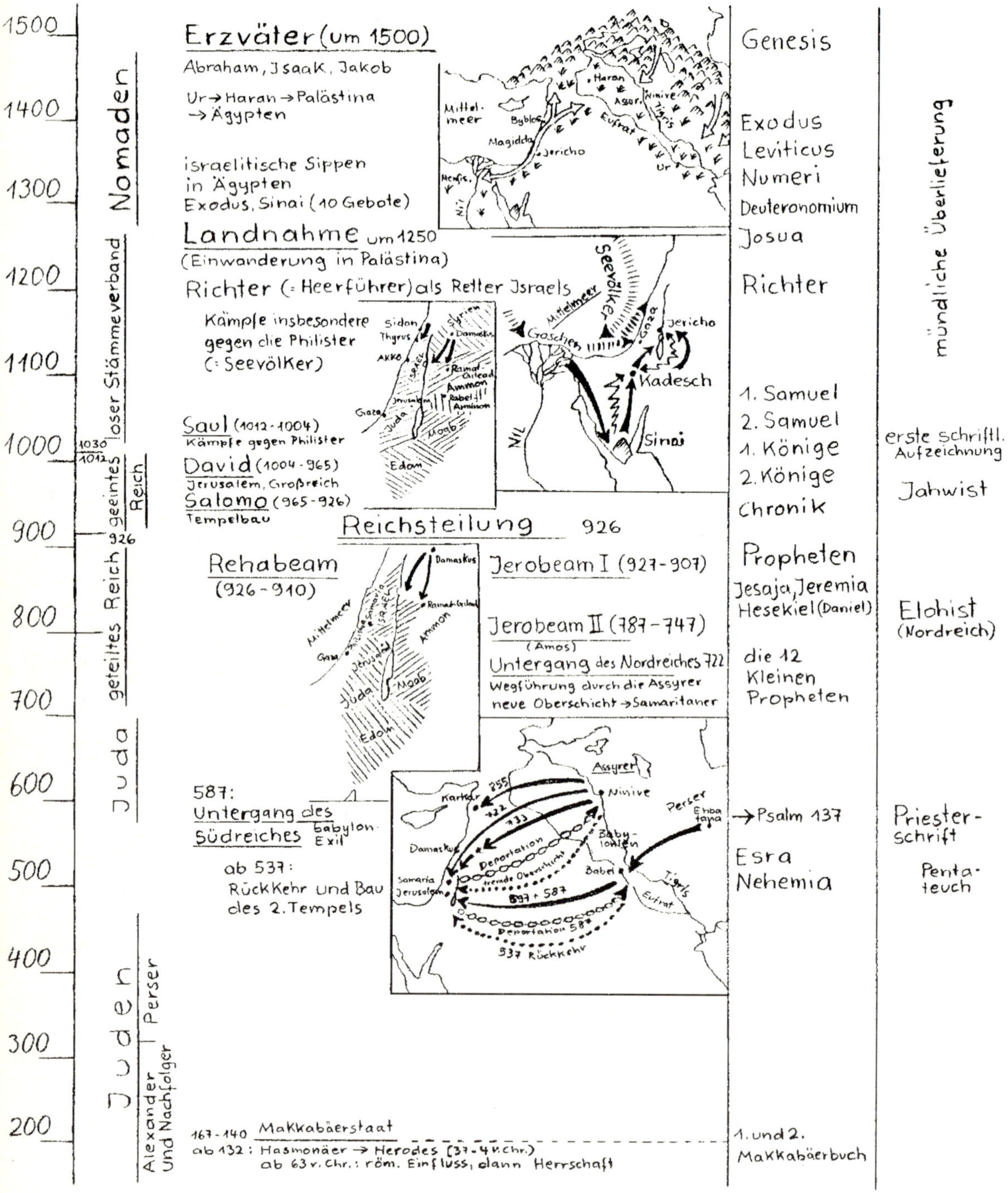

Von der mündlichen zur schriftlichen Überlieferung

Die alttestamentlichen Schriften, vor allem die Geschichtsbücher und die Psalmen, sind in einem längeren Überlieferungsprozess entstanden. Am Anfang stand die mündliche Weitergabe. In der mündlichen Überlieferung herrschen bestimmte Gesetzmäßigkeiten. Häufig werden kurze, durch einen Reim oder einen bestimmten Rhythmus geprägte Worte tradiert. Dadurch ist die Beständigkeit des Überlieferten garantiert. Ein solcher Text ist z. B. das Mirjamlied (2 Mose 15, 20 f.):

Lasst uns dem Herrn singen,
denn er hat eine große Tat an uns getan.
Ross und Reiter warf er ins Meer.

Mit diesem Lied sind wir ganz nah bei den Ereignissen. Kurze Texte wie das Mirjamlied bildeten auch den Kern für spätere ausführliche Erzählungen (vgl. 2 Mose 14).

Neben der Überlieferung von kurzen Sprüchen und Liedern stehen Erzählungen, z. B. von Abraham. Solche Erzählungen haben häufig eine bestimmte Pointe und zeigen daher oft eine erstaunliche Beständigkeit in Form und Wortlaut.

Die ersten schriftlichen Zeugnisse, die wir im Alten Testament finden, wurden in der frühen Königszeit (Großreich Davids und Salomos) verfasst. Die jüngste Schrift des Alten Testaments, das Buch Daniel, entstand um 165 v. Chr. Die schriftliche Fixierung der alttestamentlichen Bücher erstreckt sich also über einen Zeitraum von rund 800 Jahren.

Durchzug durchs Schilfmeer

Historische Aussagen und Glaubensaussagen

Schildert die Bibel historische Ereignisse oder haben wir es mit erfundenen Geschichten zu tun? Die Bibelwissenschaft sagt: Die biblischen Geschichten wurden ausschließlich wegen ihrer Bedeutung für den Glauben festgehalten. In all diesen Texten bezeugen Menschen, welche Glaubenserfahrungen sie mit Gott gemacht haben und wie ihr Glaube sich bewährt hat.

Ihre Erfahrungen sind untrennbar verbunden mit einer bestimmten historischen Situation. Daraus ergibt sich: Die Elemente des Historischen und die Elemente des Glaubens sind in den biblischen Texten fest miteinander verwoben.

Sie können im Mirjamlied historische Aussagen und Glaubensaussagen voneinander unterscheiden.

Das Manna- und Wachtelwunder

Hinter der biblischen Erzählung vom Manna- und Wachtelwunder steht eine natürliche Erscheinung im Sinaigebiet, die man auch heute noch beobachten kann. Manna ist ein tropfenartiges Gebilde an der nadelbaumartigen Mannatamariske (tamarix manifera), das durch den Stich einer Schildlaus aus dem Sekret des Insektes entsteht und unter dem Einfluss der Sonnenbestrahlung von den Nadeln auf den Boden niederfällt. Das anfangs weiße Sekret, das während der Nacht und nach einigen Tagen sich zu Klumpen verfestigt, schmeckt süßlich und wird in der nahrungsarmen Wüste auch heute noch von den Beduinen gern gegessen. Der frühe Morgen ist die beste Tageszeit, es einzusammeln, da es später von Insekten, insbesondere von Ameisen, befallen und damit ungenießbar wird.

In der Wüste

Es ist nicht anzunehmen, dass die Israeliten das Manna 40 Jahre lang gegessen haben, allein schon, weil sein natürliches Vorkommen auf die Monate Mai bis Juli beschränkt ist. Zudem hatte das Volk noch seinen reichen Herdenbesitz, dessen Erzeugnisse als Nahrungsmittel verwertet werden konnten. Schwärme von Wachteln – die einzigen Zugvögel unter den Hühnervögeln – passieren im Herbst und im Frühling die Sinaiwüste. Nach anstrengendem Flug entlang dem Mittelmeer bzw. dem Roten Meer lassen sie sich auf der Halbinsel nieder und es ist nicht schwer, die ermüdeten Vögel mit der Hand einzufangen. Auf diese Weise kann man auch in der Wüste zu unvorhergesehener Fleischnahrung kommen.

Der Naturwissenschaftler kann zwar das biologische Phänomen erklären, er ist aber überfragt, wenn er mit seinen Methoden über die Erfahrung Auskunft geben soll, die Israel in jenem Ereignis mit Gott gemacht hat. Diese Erfahrung deswegen als weniger oder gar nicht wirklich abzutun, nur weil sie nicht mit den objektiven Daten der Naturwissenschaft verifiziert werden kann, hieße, am Kern des Berichtes vorbeizugehen. Das Erlebnis der Rettung aus existentieller Bedrohung, und zwar im Bewusstsein des Volkes durch Gottes gnädige Fürsorge, ist die eigentliche Wirklichkeit, die uns angeht, und um deretwillen das Geschehnis überhaupt bedeutsam wird. Sie ist derart bestimmend, dass in dem Bericht, der die Erfahrung sprachlich in Szene setzt, das biologische Faktum ganz zurücktritt. Es geht gar nicht um ein naturwissenschaftliches »Erklären«, sondern um ein gläubiges »Verstehen«.

Lesen Sie die Erzählung in 2 Mose 16, 1–3.11–20. Vergleichen Sie auch S. 34 ff. und S. 79.

Aus der Sicht einer Frau

»In jeder Generation zieht jede Frau/jeder Mann aus Ägypten weg.« Dieser Satz hat auch mich sehr beeindruckt. Viele, Südafrikaner, Indios, die Negersklaven in den USA u. a., entdecken neu, dass der Auszug, der Aufbruch, die Befreiung aus der Unterdrückung zentrale biblische Themen sind, aus denen sie Mut für ihre Situation und ihren Weg finden.
Können nicht wir Frauen – gerade auch wir Frauen in der Kirche – an die biblischen Geschichten vom Auszug aus Ägypten anknüpfen, unsere Erfahrungen der Bedrängung formulieren, uns im Aufbruch und auf dem Wege stärken, auch wenn wir sehen, dass wir auf anderer Ebene mit unserem Volk als westliche Industrienation eher Ägypten sind?
Ich habe Ägypten verlassen, die Fremde, wo kein Platz war für Natur und Menschwerdung, Bewegung und Rhythmus des Lebens, kein Raum für die Einheit in Körper-Geist-Seelen, keine Freiheit für das Zusammenfließen von Weiblichem und Männlichem in uns und der ganzen Schöpfung.

Lucy D'Souza: Mirjam

Ich habe Ägypten verlassen, wo man die Lebenspole zerbrach und als gesonderte Elemente nur je einem Geschlecht zugestand: dem Mann die Stärke, das Harte, Vernunft, Angreifen und Ändern – uns Frauen die Schwäche, das Weiche, Gefühl, zulassende Stille. Ägypten, wo man unsere Ganzheit zertrennte und uns nach Geschlechtern bewertete, wo man den Mann als Besseren zum Oberhaupt stellte, ihm die Allmacht gab, gemäß seinen Eigenschaften als Maß aller Dinge zu handeln und zu herrschen, auch über uns Frauen, unseren Bauch, unsere Seele, andere Rechte für Frauen und Mädchen, mindere Ausbildung, Arbeit und Zukunft.
Ägypten, wo sie uns holten, wenn sie uns brauchten, benutzten und wieder wegstellten, unseren Dienst einforderten, je nachdem passiv: private Ergänzung oder Alibischmuck in der Öffentlichkeit, wo sie uns in den Himmel hoben oder missachteten. Ägypten, wo sie die Rollenaufteilung zwischen sich und uns als traditionsbewährt und naturgegeben hinstellten und Religion und Kirche heranzitierten, um unsere Untertänigkeit als gottgewollt abzusegnen.

Diese Auslegung stammt aus einer Bibelarbeit, die Frauen auf einem Kirchentag gehalten haben. Worin liegt das Spezifische dieser Auslegung? Ziehen Sie dazu auch die Kurzinformation zur feministischen Bibelauslegung (S. 158 f.) heran.

Unterschiedliche Zugänge zu biblischen Texten

Der historisch-kritische Zugang

Hierbei werden verschiedene Fragestellungen an einen Text herangetragen: Die *Textkritik* versucht, aus den verschiedenen Bibelhandschriften den ursprünglichen Text herauszufinden. Die *Literarkritik* fragt nach den verschiedenen schriftlichen Quellen, aus denen ein biblisches Buch oder ein längerer biblischer Text zusammengesetzt ist (Beispiel: 2 Mose 14, S. 152 f.). In der *Formkritik* werden die Texte danach untersucht, welcher Form oder Gattung sie angehören: Erzählung, Sage, Prophetenspruch, Gleichnis u. a. (Beispiel: Die Heilung des Gelähmten, S. 164). Die *Überlieferungskritik* geht der Frage nach, welchen Weg ein Text von der mündlichen zur schriftlichen Überlieferung zurückgelegt hat (Beispiel: Mirjamlied, S. 155).
Die *Redaktionskritik* untersucht, wie biblische Bücher, z. B. die Evangelien, durch Redaktoren zusammengestellt wurden und welche Veränderungen dadurch die einzelnen Texte erfahren haben (Beispiel: S. 109, 129).

Die tiefenpsychologische Betrachtungsweise

Welche menschlichen Grunderfahrungen spiegeln sich in einem Text? Die eigenen seelischen Erfahrungen des Lesers/der Leserin können mit dieser Fragestellung in einem neuen Licht erscheinen. Eine wichtige Rolle spielen dabei Symbole, durch die seelische Tiefenschichten erschlossen werden (vgl. dazu S. 44, 69 f.).

Die sozialgeschichtliche Bibelauslegung

Fragestellung: In welche sozialen Verhältnisse hinein ist ein biblischer Text ursprünglich gesprochen? Welche Veränderungen wollte er bewirken?
Der/die heutige Bibelleser/Bibelleserin muss sich fragen, in welchen sozialen Verhältnissen er/sie lebt und welche Veränderungen der Text dann bewirken kann.
Beispiel 1: Die Zehn Gebote (2 Mose 20), z. B. das Gebot »Du sollst deinen Vater und deine Mutter ehren«, sind ursprünglich an erwachsene Männer gerichtet, die sich im Kulturland angesiedelt hatten.
Beispiel 2: Jesu Gleichnis vom reichen Mann und vom armen Lazarus, Lk 16,19–31: Jesus wendet sich den Armen und Unterdrückten seiner Zeit zu. Was bedeutet seine Botschaft für uns reiche Mitteleuropäer?

Feministische Bibelauslegung

Frauen haben bewusst gemacht, dass die Bibel oft ein Zeugnis patriarchalischer Verhältnisse ist: So finden sich in ihr meist männliche Gottesbilder: Gott als gerechter Richter, als liebender Vater, als starker Feldherr, als Mächtiger. Jesus wird mit männlichen Attributen als Retter und Herr beschrieben.
Frauen entdecken die weibliche Seite Gottes wieder neu: So wird Gott im Alten Testament auch als Henne bezeichnet, die ihre Küken beschützt. Zugang zu Jesus finden viele Frauen dadurch, dass sie ihn als einen Mann mit vielen »weiblichen Eigenschaften« beschreiben. Frauen erkennen in biblischen Frauengestalten befreiende Vorbilder. Sie entdecken neu, dass der Geist im Alten Testament weiblich ist. Frauen machen z. B. wieder bewusst, dass es nicht nur die Fassung der Schöpfungsgeschichte gibt, nach der die Frau als Gehilfin des Mannes aus dessen Rippe geschaffen wurde (vgl. 1 Mose 1, 27).

Jüdische Bibelauslegung

Ausgangspunkt: In den Büchern der hebräischen Bibel offenbart Gott seinen Willen. Aufgabe des gesetzestreuen Juden ist es, den Willen Gottes zu studieren und auf konkrete Situationen neu anzuwenden. Deshalb steht neben der schriftlichen Überlieferung der Bibel die zunächst mündlich überlieferte Auslegung der Bibel, die im Talmud ihren schriftlichen Niederschlag gefunden hat.
Die Auslegung geht heute noch weiter. Gespräch und assoziatives Denken spielen eine wichtige Rolle. Dabei wird nicht eine Auslegung als richtig postuliert, sondern mehrere, auch sich widersprechende, bleiben nebeneinander stehen.

Unmittelbarer Zugang

Am weitesten verbreitet ist nach wie vor der unmittelbare Zugang zu biblischen Texten. Viele Menschen machen die Erfahrung, dass biblische Texte unmittelbar in die eigene Lebenssituation hinein sprechen. Ein bekanntes Beispiel dafür ist Ps 23. Diese Betrachtungsweise behält neben den wissenschaftlichen Zugängen ihr Recht, obwohl sich viele Bibelstellen gegen einen unmittelbaren Zugang sperren.

Das wörtliche Bibelverständnis

Bis in die Neuzeit hinein war die Anschauung weit verbreitet, dass Gott die Bibel den Verfassern wörtlich diktiert habe (Verbalinspiration). In der Zeit der Aufklärung wurde diese Anschauung in Frage gestellt. Doch gibt es auch heute noch viele Menschen, die die Bibel wörtlich verstehen. Besondere Schwierigkeiten eines wörtlichen Bibelverständnisses zeigen sich bei der Auslegung von Wundergeschichten (z. B. 2 Mose 14 und 16).

Streit um die Bibel

Nach dem Zweiten Weltkrieg gab es in der Evangelischen Kirche Streit um das Entmythologisierungsprogramm von Rudolf Bultmann. Der Marburger Theologieprofessor ging von folgender Voraussetzung aus: Das Weltbild der Bibel ist mythisch; in ihm gibt es Himmel und Hölle, Engel und Teufel; Gott kann gegen alle Naturgesetze direkt in das Weltgeschehen eingreifen. Der moderne Mensch dagegen hat ein von Naturwissenschaft und Technik geprägtes Weltbild, wonach alles Geschehen eine natürliche Ursache hat. Die mythischen Aussagen der Bibel bleiben daher vielen heutigen Menschen fremd und müssen »entmythologisiert« werden. Das bedeutet nicht, dass man sie aus der Bibel ausscheidet; diese Aussagen werden auf das hinter ihnen stehende Welt- und Menschenverständnis befragt. So bedeutet z. B. die Vorstellung von Engeln, dass mein Leben wunderbar geborgen ist.

Diskutieren Sie folgende Meinungen:
1. »Seit der Beschäftigung mit Bultmann kann ich nicht mehr fröhlich die Bibel lesen. Ich weiß gar nicht mehr, was ich glauben soll und was nicht.«
2. »Früher dachte ich immer: Mit der Bibel kann ich nichts anfangen. Da muss man ja an Märchen glauben. Jetzt habe ich einen neuen Zugang zur Bibel gefunden.«

Der Kanon der Schriften

Einteilung und Entstehung der jüdischen Bibel

Die Sammlung der Schriften unseres Alten Testaments vollzog sich in mehreren Schritten und war für das Judentum um das Jahr 100 n. Chr. abgeschlossen. Die jüdische Einteilung des Alten Testaments und die Kanonwerdung hängen eng zusammen:
Für den Juden besteht unser Altes Testament aus dem Gesetz (der Tora), den Propheten (den Nebiim) und den Schriften (Ketubim). Der wichtigste Teil ist die Tora, die fünf Bücher Mose.

Sieger Köder

Die Tora

Der erste Abschluss der jüdischen Kanonbildung ist mit der Reform des Esra und Nehemia erreicht. Esra und Nehemia wirkten nach der Rückkehr von Teilen der jüdischen Verbannten aus dem babylonischen Exil nach Jerusalem. In Neh 8,1 wird das »Buch des Gesetzes des Mose« erwähnt, das Esra dem Volk vorliest. Hierbei handelt es sich wahrscheinlich um die fünf Bücher Mose, die Tora, die im Exil aus verschiedenen Quellen gestaltet wurde.

Stellen Sie die christliche Einteilung des Alten Testaments graphisch dar (als Rolle oder Bücherschrank). Versuchen Sie eine entsprechende Einteilung des Neuen Testaments.

Die Propheten

Prophetensprüche und Geschichten um Propheten wurden häufig von den Schülern der Propheten aufgeschrieben. Ein schönes Beispiel hierfür findet sich in Jeremia 36. Der zweite Teil des jüdischen Kanons, die Sammlung der Prophetenbücher, dürfte um 200 v. Chr. abgeschlossen gewesen sein. Das kann man daraus schließen, dass das Buch Daniel (entstanden um 165 v. Chr.) darin keine Aufnahme mehr fand. Zu den Propheten zählen auch die Bücher Josua, Richter, Samuel und Könige, die nach christlicher Einteilung zu den »Geschichtsbüchern« gerechnet werden. Die jüdische Zuordnung zu den Propheten hat ihren Grund darin, dass man annahm, diese Bücher seien von Propheten geschrieben worden. Das Buch »Daniel« wird wegen seines späten Entstehens zu den »Schriften« gerechnet.

Die Schriften

Die übrigen Schriften des Alten Testaments werden vom Judentum unter dem Namen »Schriften« zusammengefasst. Die Sammlung dieser Schriften bildet die letzte Stufe der Kanonwerdung der jüdischen Bibel. Zwischen 100 v. Chr. und 100 n. Chr. kam dieser Prozess zum Abschluss. Nach der Katastrophe der Zerstörung Jerusalems durch die Römer im Jahre 70 n. Chr. sammelten sich jüdische Gelehrte in Jabne (auch: Jamnia) und gründeten ein Lehrhaus; hier wurde festgelegt, welche Bücher zum jüdischen Kanon gehören.

Die christliche Tradition

Die abendländische Kirche ist in der Kanonisierung des Alten Testaments der jüdischen Tradition nicht gefolgt. Man erklärte im Anschluss an die griechische Übersetzung des Alten Testaments weitere jüdische Schriften für kanonisch: das 2. Buch Esra, die beiden Makkabäerbücher, das Buch Tobit, das Buch Judit, die Weisheit Salomos, Jesus Sirach, das Buch Baruch. Man nannte diese Schriften deuterokanonisch (griech. = zweiter Kanon, ebenfalls zum Kanon gehörend). Die Reformation hat dagegen den jüdischen Kanon übernommen. Die in der katholischen Tradition deuterokanonisch genannten Schriften nannte man hier »Apokryphen« (griech. = verborgene Schriften). Nach Luthers Vorrede zu seiner Bibelübersetzung von 1534 sind die Apokryphen »Bücher, so nicht der Heiligen Schrift gleichgehalten, und doch nützlich und gut zu lesen sind«.
In der katholischen Kirche bezeichnet man mit »apokryph« folgende Bücher: Psalmen Salomos, Henoch, Buch der Jubiläen, Himmelfahrt des Moses, Testament der zwölf Patriarchen, das dritte und vierte Buch Esra, das Martyrium des Propheten Jesaja. Diese Bücher werden in der evangelischen Kirche »Pseudepigraphen« (griech. = falsch zugeschrieben) genannt.

Kanonisierung

Kanon heißt Richtschnur. Kanonisierung nennt man den Prozess, in dessen Verlauf die Schriften des Alten bzw. des Neuen Testaments zu der im Judentum und in der Kirche anerkannten Richtschnur wurden, die für Gottesdienst und Leben in der Gemeinde grundlegend wurde.

Suchen Sie sich eine Geschichte aus dem Alten Testament aus und erzählen Sie diese der Klasse.

Das Neue Testament

Eine Sammlung von Schriften, die von den Erfahrungen der Menschen mit Jesus erzählen.

Evangelien

Predigten in Form von Geschichten über Jesus und Worte Jesu.

Matthäus
entstanden um 80

Markus
entstanden um 70

Lukas
entstanden um 90

Johannes
entstanden um 90–100

Sammlung mündlicher und schriftlicher Berichte und Erzählungen:
Wundergeschichten, Streitgespräche, Gleichnisse, Offenbarungsreden, Passionsgeschichte.
Leistung der Evangelisten:
Zusammenstellung der Überlieferungen, Einleitungen, Überleitungen, Einschübe.

Apostelgeschichte

Das Evangelium gelangt durch die Predigt vor allem der Apostel Petrus und Paulus von Jerusalem nach Rom.

Apostelgeschichte	um 90; Fortsetzung des Lukasevangeliums durch denselben Verfasser	Himmelfahrt und Pfingsten: Der Abschied von Jesus und das Kommen des Heiligen Geistes. Die Ereignisse in der Urgemeinde in Jerusalem (Petrus, Stephanus). Der Übergang zur Heidenmission. Das Wirken des Paulus: seine Reisen und seine Gefangenschaft; seine Überführung nach Rom.

Briefe

der Apostel und Apostelschüler an die jungen christlichen Gemeinden.

Briefe des Paulus und seiner Schüler		
Römerbrief	etwa 57 aus Korinth	Paulus will die Gemeinde in Rom, die er nicht gegründet hat, besuchen, um von dort aus Spanien zu missionieren. Er bittet die Gemeinde in Rom um Unterstützung und legt ihr sein Verständnis des Evangeliums dar: Rechtfertigung des Sünders allein aus Glauben ohne die Werke des Gesetzes.
1. Korintherbrief	zwischen 54 und 56 aus Ephesus	Konflikte in der Gemeinde von Korinth und ihre Überwindung.
2. Korintherbrief	um 56 aus Ephesus	Auseinandersetzung mit christlichen Irrlehrern.
Galaterbrief	um 55/56 aus Ephesus	An die von Paulus gegründeten Gemeinden in Galatien: Gegenüber Predigern, die von den Galatern die Einhaltung des jüdischen Gesetzes und auch die Beschneidung fordern, betont Paulus die Freiheit vom Gesetz.
Epheserbrief	um 90 von einem judenchristlichen Paulusschüler	Die judenchristliche Minderheit soll nicht ausgegrenzt werden. Die Kirche besteht aus Juden- und Heidenchristen.
Philipperbrief	Paulus schreibt um 54/ 55 aus dem Gefängnis in Ephesus. Der Text ist wahrscheinlich aus drei Briefen zusammengesetzt.	An die erste von ihm in Europa gegründete Gemeinde in Philippi. Er betont Jesus Christus als Vorbild eines christlichen Lebens (Kap. 2) und wendet sich gegen Prediger, die für Christen die Beschneidung fordern.

Kolosserbrief	wahrscheinlich Brief eines Paulusschülers an die nicht von Paulus gegründete Gemeinde in Kolossä, um 75/80	Gegenüber gnostischen Irrlehrern betont der Brief, dass Christus allein der Herr des ganzen Kosmos ist.
1. Thessalonicherbrief	ältester Paulusbrief: 50/51 aus Athen	Beantwortet Gemeindefragen nach der Wiederkunft Christi: Inzwischen verstorbene Gemeindeglieder werden auferstehen.
2. Thessalonicherbrief	wahrscheinlich Brief eines Paulusschülers aus der Zeit der ersten großen Christenverfolgung unter Domitian (93–96)	Gegen schwärmerische Endzeitprediger. Die nahe Wiederkunft Jesu darf nicht dazu führen, dass man Arbeit und Beruf aufgibt.
Philemonbrief	um 54/55 aus dem Gefängnis in Ephesus	Bitte an seinen Freund Philemon, den entlaufenen und jetzt bekehrten Sklaven Onesimus als christlichen Bruder wieder aufzunehmen. Der Apostel stellt die Institution der Sklaverei nicht grundsätzlich in Frage.
1. und 2. Timotheus- und Titusbrief	wahrscheinlich von einem Paulusschüler um 100 aus Kleinasien oder Griechenland	Gemeint sind aber alle kirchlichen Amtsträger. Sie werden ermahnt; ihre Stellung soll gefestigt werden.

Übrige Briefe

1. Petrusbrief	wahrscheinlich aus Rom von einem Petrusschüler z. Z. der Christenverfolgung unter Domitian (93–96)	Ermahnungen, den Verfolgungen standzuhalten.
2. Petrusbrief	späteste Schrift des Neuen Testaments (ca. 125 n. Chr.)	Ermutigung angesichts der Verzögerung der Wiederkunft Christi.
Drei Johannesbriefe	Anfang des 2. Jh. von einem anerkannten Gemeindeleiter	Auseinandersetzung mit gnostischen Irrlehrern; die Liebe zu Gott wird konkret in der Nächstenliebe.
Hebräerbrief	Lesepredigt an die gesamte Christenheit, zwischen 80 und 90	Die Christen sind das neue Gottesvolk.
Jakobusbrief	im Namen des Bruders Jesu, um 100 (?)	Ermahnungen zu einem praktischen Christentum.
Judasbrief	im Namen eines Bruders Jesu; gegen Ende des 1. Jh.	Gegen gnostische Irrlehrer: Christsein bedeutet nicht Weltverachtung.

Das letzte Buch der Bibel

Offenbarung des Johannes	gegen Ende der Regierungszeit Kaiser Domitians (81–96) in Kleinasien durch den Presbyter Johannes	Trostbuch angesichts der Christenverfolgung unter Domitian: Die Wiederkunft Christi steht kurz bevor.

Das himmlische Jerusalem

Wundergeschichten

In den Evangelien erscheint Freiheit häufig als Freiheit von Sünde, Krankheit und Tod, vor allem in den Wundergeschichten. Ein Beispiel ist die Geschichte von der Heilung des Gelähmten:

Und nach einigen Tagen ging er wieder nach Kapernaum; und es wurde bekannt, dass er im Hause war. Und es versammelten sich viele, sodass sie nicht Raum hatten, auch nicht draußen vor der Tür; und er sagte ihnen das Wort. Und es kamen einige zu ihm, die brachten einen Gelähmten, von vieren getragen. Und da sie ihn nicht zu ihm bringen konnten wegen der Menge, deckten sie das Dach auf, wo er war, machten ein Loch und ließen das Bett herunter, auf dem der Gelähmte lag. Als nun Jesus ihren Glauben sah, sprach er zu dem Gelähmten: Mein Sohn, deine Sünden sind dir vergeben. *Es saßen da aber einige Schriftgelehrte und dachten in ihren Herzen: Wie redet der so? Er lästert Gott! Wer kann Sünden vergeben als Gott allein? Und Jesus erkannte sogleich in seinem Geist, dass sie so bei sich selbst dachten, und sprach zu ihnen: Was denkt ihr solches in euren Herzen? Was ist leichter, zu dem Gelähmten zu sagen: Dir sind deine Sünden vergeben, oder zu sagen: Steh auf, nimm dein Bett und geh umher? Damit ihr aber wisst, dass der Menschensohn Vollmacht hat, Sünden zu vergeben auf Erden – sprach er zu dem Gelähmten:* Ich sage dir, steh auf, nimm dein Bett und geh heim! Und er stand auf, nahm sein Bett und ging alsbald hinaus vor aller Augen, sodass sie sich alle entsetzten und Gott priesen und sprachen: Wir haben so etwas noch nie gesehen.

Mk 2, 1–12

Ähnliche Wundergeschichten wurden auch im hellenistischen Kulturraum erzählt. Die neutestamentlichen Wundergeschichten lehnen sich in ihrem Aufbau an diese Wundergeschichten an. Dabei sind immer folgende Elemente gegeben:

1. Die Art der Krankheit wird geschildert.
2. Der heilende Eingriff wird erzählt.
3. Der Heilerfolg wird festgestellt.

Sie finden diese drei Elemente in der folgenden hellenistischen Wundergeschichte.

1. Euhippos trug eine Lanzenspitze sechs Jahre lang im Kiefer.
2. Als er im Heilraum schlief, nahm ihm der Gott die Lanzenspitze heraus und gab sie ihm in die Hände.
3. Als es Tag geworden war, ging er gesund heraus, mit der Lanzenspitze in den Händen.

Diese drei Elemente finden sich auch in Mk 2. Einen wesentlichen Unterschied finden Sie in einem Einschub etwa in der Mitte der Geschichte. Warum wurden diese Verse wohl eingeschoben?

Die ursprüngliche Geschichte (ohne Einschub) hat drei Besonderheiten: »Die Betonung des Glaubens, die Sündenvergebung und im ›Chorschluss‹ den Lobpreis Gottes. Alle drei Besonderheiten lassen etwas aufleuchten von der Einmaligkeit, die den Wundern Jesu trotz aller Ähnlichkeit mit anderen ›Wundern‹ eignet und die in den neutestamentlichen Zeugnissen ihren unverwechselbaren Niederschlag gefunden hat …

Robert Hammerstiel: Jesus heilt den Blinden

Die Wundererzählung von der Heilung des Gelähmten und der Vergebung der Sünden begegnet uns in den Evangelien nicht als Text, der den Blick nur in die Vergangenheit richten will. Er ist ein Impuls für den Einsatz und das Verhalten eines jeden Christen und der Kirche insgesamt, die helfende und verzeihende Macht Jesu zu bezeugen und die Menschen unserer Zeit erfahren zu lassen. Er will aber auch einladen zum Lob Gottes, der durch Christus den Menschen sein Heil erwiesen und sie dadurch zum Dienst für eine menschenwürdige Welt befähigt hat.«

Anton Weiser

Solche Geschichten werden nicht erzählt, um historisch interessante Vorgänge festzuhalten. Sie werden erzählt, um dem Hörer zu helfen, die befreiende Kraft Jesu zu erfahren. Vgl. Eugen Drewermanns tiefenpsychologische Auslegung:
»Im Grunde wird in diesem Evangelium die Heilung von einer Krankheit berichtet, die wir alle kennen, weil wir alle mehr oder minder unter ihr leiden. Freilich handelt es sich um eine recht sonderbare Form von Krankheit. Erlebt wird sie als Gelähmtheit des Körpers, aber ihr Grund liegt eher in einer Unbeweglichkeit der Seele. Empfunden wird sie als Starre des Leibes, aber ihr Ursprung liegt in einer tiefen Angst der Seele vor möglicher Schuld in der Zukunft bzw. in einer tiefen Resignation infolge bereits begangener Fehler der Vergangenheit.«
(Siehe auch S. 69 f. und 158.)

Wunder – eine Zumutung?

Spricht man mit heutigen Menschen über die Wunder Jesu, so zeigen sich rasch zwei Grundhaltungen. Die einen sagen: An Wunder zu glauben ist für aufgeklärte Menschen des 20. Jahrhunderts eine Zumutung. Wie soll man sich das vorstellen? Wunder widersprechen jeglichen Naturgesetzen. Wenn überhaupt an Wundern etwas dran ist, dann müssen sie rational erklärbar sein. Man argumentiert etwa so: Jesus kann nicht auf dem See gewandelt sein, es muss sich also um eine optische Täuschung gehandelt haben. Die zahlreichen Wundergeschichten im Neuen Testament stellen für Menschen mit dieser Grundeinstellung eher ein Hindernis als eine Ermutigung zum Glauben dar.
Die andere Grundeinstellung besagt: Bei Gott sind alle Dinge möglich. Unser Glaube steht und fällt mit dem Glauben an die Wunder und sei das Geschilderte auch noch so unwahrscheinlich. Wer an der Tatsächlichkeit der Wunder zweifelt, der rüttelt an den Grundfesten des Glaubens. Diesen beiden Einstellungen ist eines gemeinsam: Sie richten den Blick auf das äußere Geschehen; wichtig ist beiden die Außerordentlichkeit des Wunders.

Das Wunder der Nähe Gottes

Für die Menschen zur Zeit Jesu gehörte das Außerordentliche zwar auch zu einem Wunder, es hatte aber keineswegs die Bedeutung, die es für uns heute hat. Naturgesetze im modernen Sinne, gemäß denen die Vorgänge in der Natur nach stets gleichen Regeln und damit vorhersagbar ablaufen, waren unbekannt. Im damaligen Weltbild, wo der Himmel noch oben und die Unterwelt unten war, rechnete man durchaus mit dem direkten Eingreifen einer göttlichen Macht, wodurch der natürliche Weltlauf eine andere Richtung bekommen konnte. Das war sowohl innerhalb als auch außerhalb der Welt des Judentums so.
Könnte man einen Menschen der Antike fragen, was denn für ihn das Wunder zum Wunder mache, wenn nicht das Außerordentliche des Geschehens, er würde vielleicht so antworten: Wichtig ist für mich, dass ich in solchen Ereignissen die Nähe Gottes erlebe, dass der sonst ferne Gott mir nahe kommt.
So kann man formulieren: Wunder sind überraschende Ereignisse, in denen Menschen die Nähe und das Handeln Gottes erfahren – das geschieht auch heute.

Die Auferweckung des Lazarus

Das zentrale Wunder: Jesus lebt!

Entscheidend ist die Frage, ob und in welcher Weise uns Jesus heute begegnet, und wie in dieser Begegnung Gott an uns handelt. Das zentrale Wunder des Neuen Testaments ist die Auferweckung Jesu. Auch hier ist nicht die Frage nach der biologischen Möglichkeit solchen Geschehens wichtig. Vielmehr: Wo wir heute Jesus begegnen, da erleben wir auch seine Auferstehung, da können wir einstimmen in den Osterjubel der Jüngerinnen und Jünger Jesu: »Jesus lebt!«

Wundergeschichten sind Hoffnungsgeschichten
Die Wunder des Neuen und auch des Alten Testaments begegnen uns nicht direkt, sondern sind auf uns in der Gestalt von Wundergeschichten gekommen. Wundergeschichten sind Hoffnungsgeschichten; sie wollen Menschen, die sich in körperlicher und seelischer Not befinden, wieder Hoffnung machen. Wo sie erzählt werden, finden sich Menschen nicht mit Hunger und Durst, Leid und Tod ab.

Jesus weckt Vertrauen auf Gott
In den Evangelien wird berichtet, dass Jesus in Nazareth kein Wunder tun konnte; als Grund wird angegeben, dass er bei den Menschen, die ihn von Jugend auf kannten, keinen Glauben, kein Vertrauen fand: Das weist auf den Zusammenhang von Wunder und Glaube hin. In den ältesten Schichten der Überlieferung der Wundergeschichten findet sich immer wieder der Satz: Dein Glaube hat dich gerettet. Es ist also nicht einfach Jesus, der durch Zauberkraft mirakulöse Taten vollbringt. Jesus weist auf Gott, der Tote lebendig, Kranke wieder gesund, Lahme gehend machen kann. Menschen können diese heilende Kraft Gottes erfahren, wenn sie sich vertrauensvoll auf ihn einlassen.

Wunder sind Zeichen
Auch hier steht der Jude Jesus in der Tradition seines Volkes. Für den frommen Juden besteht das Wunder darin, dass er das Wirken Gottes in der Welt erlebt. Bei Jesus sind die Wunder nicht Selbstzweck; sie weisen über das vordergründige Geschehen hinaus. Sie sind Zeichen, Hinweise auf die Verwandlung der Welt zur neuen Welt Gottes; zugleich nehmen sie schon diese neue Welt Gottes vorweg, allerdings nur ansatzweise: Wo Menschen heil werden, da verwirklicht sich schon ein Stück weit das endgültige Heil. Verkündigung des Anbruchs der Gottesherrschaft und Wunder gehören bei Jesus unmittelbar zusammen: Wo Jesus Menschen von bösen Mächten befreit, da ist deren Macht schon ein Stück weit besiegt, verwirklicht sich die endgültige Herrschaft Gottes über das Böse schon ansatzweise.

Heilung des ganzen Menschen
Auch wenn in den Wundergeschichten die konkreten Geschehnisse über sich hinausweisen, so darf das nicht dazu verleiten, die Wunder rein symbolisch zu verstehen, etwa als die Befreiung von geistiger Blindheit; allerdings ist dies durchaus immer mitgemeint. Das Heil, das Jesus den Menschen bringt, das Reich Gottes, betrifft nicht nur das Geistige, sondern den ganzen Menschen. Die urchristlichen Wundergeschichten bezeugen den Gott, der die Tränen abwischen kann, der den Gefangenen Befreiung bringt, den Armen die frohe Botschaft; der die Hungrigen satt macht, die Geizigen zum Teilen bringt und die Toten ins Leben ruft. (*Vgl. Lk 4,18f.*)

Jesus hat Wunder gewirkt
Die Wundertradition ist in den Evangelien des Neuen Testaments mit der Jesustradition so eng verbunden und in zweifellos vorösterlichen Texten verankert, dass man zu dem historischen Urteil kommen muss, dass Jesus von Dämonen besessene Menschen aus ihren Fesseln befreit und Kranke geheilt hat.

Wunder geschehen heute
Es kommt nicht so sehr darauf an, was damals geschah, sondern darauf, was heute geschieht, darauf, dass die Begegnung mit dem Auferstandenen sich heute ereignet. Wundergeschichten vermitteln diese Begegnung mit Jesus, in der das Reich Gottes immer neu »schon jetzt« Wirklichkeit wird, sodass es im Leben eines Menschen, in dem die Dunkelheit herrscht, wieder hell wird, sodass das Leben noch einmal neu beginnen kann.

Wie Wunder wirken

Der Bibelwissenschaftler Gerd Theißen erzählt in seinem Buch »Der Schatten des Galiläers« von Jesus. Allerdings tritt Jesus nie direkt in Erscheinung:

Andreas, ein junger jüdischer Olivenhändler, wird von Pilatus dazu gezwungen, Material über die Jesusbewegung zu sammeln. Andreas gerät in Galiläa in die Gefangenschaft von Zeloten. Bei seiner Freilassung wird er von einem Zeloten gebeten, seinen Eltern und Geschwistern in Kapernaum einen Brief und Geld zu überbringen; er ist wegen der erdrückenden Armut zu Hause zu den Zeloten gegangen. In Kapernaum findet Andreas die Familie – sie wohnt in einem kleinen Fischerhaus am See – in gedrückter Stimmung vor; die 12-jährige Mirjam ist sehr krank; Eltern und Geschwister befürchten, dass sie stirbt:

Hanna, die Mutter Mirjams, und Andreas stehen am Bett der Todkranken, die Andreas fragt, ob er den Messias gesehen habe. Andreas erzählt:
Mirjam murmelte: »Warum ist er nicht hier? Warum macht er mich nicht gesund?«
Die Mutter setzte sich zu Mirjam auf den Boden: »Er hat gesagt: Blinde sehen und Lahme gehen, Aussätzige werden rein und Taube hören, Tote werden auferweckt und die Armen erhalten eine gute Botschaft.«
»Wenn er doch käme!«, flüsterte das Kind.
Hanna wickelte ihre Tochter in ein Tuch und nahm sie auf den Schoß: »Ich kann ihn nicht herbeiholen. Glaub mir, ich kann es nicht. Aber ich kann dir eine Geschichte von ihm erzählen, willst du?« Mirjam nickte und Hanna begann:
»Eine Frau litt zwölf Jahre lang an Blutungen. Sie hatte schon viel durchgemacht, hatte viele Ärzte besucht und ihr ganzes Vermögen dafür aufgebraucht. Aber es hatte nichts genutzt …«
Mirjam hatte begierig zugehört, als wäre alles zu ihr gesagt. Aber jetzt hielt sie nicht mehr an sich. Sie schrie: »Warum kommt er nicht? Warum kann ich ihn nicht berühren wie die Frau, damit ich gesund werde?« Und sie fing an zu weinen.
Da hatte ich einen Einfall: Ich ging zu ihr hin, legte meine Hand auf ihre Stirn und sagte:
»Mirjam, du bist wie die Frau in der Geschichte. Du glaubst, dass Berührungen gesund machen. Aber hast du nicht gehört, was Jesus am Ende gesagt hat? Er hat gesagt: Dein Glaube hat dich gerettet. Er hat nicht gesagt: Deine Berührung hat dich gerettet!«
Mirjam schaute mich dankbar an. Sie wurde ruhiger. Sie bat um mehr Geschichten. Hanna erzählte. Sie erzählte von einer Frau, die für ihr kleines Töchterchen Jesus um Heilung gebeten hatte – und Jesus hatte es aus der Ferne geheilt, ohne zu ihr zu kommen. Und dann erzählte sie von Blinden, die wieder sehend geworden waren, von Aussätzigen, die geheilt wurden, von Lahmen, die wieder gehen konnten. Ihre Geschichten wurden immer wunderbarer und unwahrscheinlicher. Mirjam sog jede Geschichte in sich hinein. Es waren ihre Geschichten. Sie war blind und wurde sehend. Aus jedem Wort schöpfte sie neue Hoffnung.
Auch ich hörte gebannt zu: Manches in diesen Geschichten stieß mich ab. Es klang abergläubisch und primitiv. Aber ich wurde mit der Zeit nicht weniger von ihnen gepackt als Mirjam. Ich merkte: In diesen Geschichten lag die ganze Hoffnung dieser armen Leute. Ich hörte aus ihnen ihr Aufbegehren gegen Leid und Tod.

Es ist Sabbat. Andreas hat einen Bruder Mirjams und seine zwei Reisebegleiter zu dem griechischen Arzt Hippokrates geschickt. Inzwischen kommen Gamaliel und

Daniel, zwei Schriftgelehrte, in die Fischerhütte am See Genezareth: Sie machen Mattathias, dem Vater von Mirjam, deswegen Vorwürfe. Andreas erzählt weiter:
Gamaliel begann: »Dein Sohn ist mit ein paar Fremden am Sabbat zum Fischen gefahren! Weißt du nicht, dass es verboten ist, am Sabbat zu arbeiten?« Mattathias beruhigte ihn: »Sie fuhren nicht zum Fischen. Sie wollten nach Tiberias, um einen Arzt für Mirjam zu holen. Niemand hat den Sabbat übertreten!«
Daniel wandte ein: »Konntest du nicht warten, bis der Sabbat vorüber ist?« Ich schaltete mich ein: »Ich habe sie geschickt. Mirjam braucht Hilfe. Wenn es um eine Heilung geht, ist es erlaubt, die Sabbatregeln außer Kraft zu setzen.«
»Nein!«, widersprach Daniel. »Nur, wenn es keine andere Möglichkeit gibt.«

Synagoge von Kapernaum

Gamaliel sagte nachdenklich: »Es gibt erlaubte Fälle: Wenn am Sabbat ein Schaf in den Brunnen fällt, so darf es rausgeholt werden!«
Daniel protestierte: »Da bin ich anderer Meinung. Wenn Gott will, dass das Schaf überlebt, wird es überleben! Man darf sich erst nach dem Sabbat darum kümmern.« Gamaliel widersprach: »Wie kann es denn überleben. Es wird ertrinken. Willst du Gott ein Wunder vorschreiben? Die meisten Schriftgelehrten stimmen mit mir überein, dass die Rettung eines Tieres am Sabbat erlaubt ist. Wenn es erlaubt ist, ein Tier zu retten, wieviel mehr ist es erlaubt, einen Menschen zu heilen!«
Mirjam rief dazwischen: »Auch Jesus hat Menschen am Sabbat geheilt! Mama, erzähl doch die Geschichte!«
Hanna war es sichtlich peinlich, vor den beiden Besuchern von Jesus zu reden. Doch welche Mutter hätte in dieser Situation ihrem Kind eine Bitte abgeschlagen? Also erzählte sie:

Jesus kam am Sabbat in eine Synagoge. Dort war ein Mensch mit einer verdorrten Hand. Und die Leute lauerten darauf, dass er den Sabbat bricht …

Alle hatten ihr aufmerksam zugehört. Gamaliel sagte freundlich:
»Mirjam, ist das nicht ein anderer Fall als unser Schaf im Brunnen? Das Schaf würde ertrinken, wenn man es nicht sofort rausholt. Aber könnte der Mann mit der verdorrten Hand nicht einen Tag warten?«

Daniel warf ein: »Da siehst du, was daraus wird, wenn man Zugeständnisse macht. Sie werden ausgenutzt. Dieser Jesus weiß genau: Alle Schriftgelehrten stimmen mit ihm darin überein, dass am Sabbat einem anderen Menschen geholfen werden darf. Und das legt er nun extrem aus: Jeder könne entscheiden, wann er die Sabbatregeln zu beachten habe und wann nicht.«
Hanna hatte ungeduldig zugehört: »Der Sabbat wurde für den Menschen geschaf-

fen und nicht der Mensch für den Sabbat. Menschliches Leben ist mehr wert als der Sabbat.«
Gamaliel verteidigt sich: »Was heißt hier helfen? Jemand könnte sagen, ich will meinem Nachbarn bei der Ernte helfen. Also darf ich die Sabbatregeln verletzen. Nein, es ist wichtig, dass wir die einzelnen Fälle genau regeln.«

Nach einigem Hin und Her mischt sich Andreas in die Diskussion ein:
»Darum lasst uns doch wenigstens für diesen Fall festhalten: Es ist erlaubt, am Sabbat nach einem Arzt zu schicken.« Das hätte ich nicht sagen sollen! Daniel fiel gleich über mich her: »Hippokrates – ein heidnischer Arzt! Ein Fremder! Gibt es denn keine jüdischen Ärzte in Tiberias? Nein, das ist wirklich zu viel. Erst den Sabbat brechen, dann die Reinheitsgebote verletzen. Weißt du nicht, dass Fremde und Juden sich nicht berühren sollen?« Ich entgegnete trotzig: »Hippokrates behandelt in Tiberias Juden. Wieso nicht in Kapernaum?«
Demonstrativ drehte uns Mattathias den Rücken zu, holte sich einen Hocker und setzte sich zu Hanna, die immer noch das fiebernde Kind auf dem Schoß hielt.
Gamaliel sagte ernst: »Die in Tiberias nahmen es mit den Reinheitsregeln nie so genau. Als Herodes Antipas die Stadt gründete, wusste er, dass diese Siedlung gegen unsere Gesetze verstieß. Denn Tiberias wurde auf vielen Gräbern gebaut. Unser Gesetz sagt, dass solche Siedler unrein sind. Aber niemand beachtete das. Dieses Tiberias ist eine unreine Stadt!«
Daniel unterstützte ihn: »Die Nachlässigkeit breitet sich jetzt auf dem Lande aus. Die Jesusanhänger vernachlässigen den Unterschied zwischen rein und unrein.«

Gamaliel, Daniel und Andreas diskutieren über die Frage, ob Jesus die Unterschiede zwischen rein und unrein aufhebt, wenn er sagt: »Nichts, was von außen in den Menschen hereinkommt, kann den Menschen verunreinigen. Sondern was aus dem Menschen herauskommt, das verunreinigt den Menschen!«
Mattathias wird unwillig über die Diskussion. Er hält Daniel und Gamaliel scharfe Worte Jesu gegen Schriftgelehrte und Pharisäer entgegen. Die beiden verstehen dieses als Hinauswurf und verlassen die Fischerhütte.

Am Sabbatmorgen nach dem Synagogengottesdienst unterhalten sich Andreas und der pharisäische Schriftgelehrte Gamaliel über die Auslegung des Gesetzes. Andreas, der Olivenhändler, nimmt Stellung zu dem Einwand, die Kaufleute seien an einer Abschaffung der vielen Feiertage interessiert:

»Keiner unter uns will diese vielen Ruhetage abschaffen! Warum aber die vielen Regeln im Einzelnen? Warum die Aufregung, wenn nicht alle gehalten werden?«
»Keiner will sie abschaffen! Aber viele Reiche hätten gerne, dass ihre Sklaven, ihre Dienerinnen, ihre Pächter am Sabbat für sie arbeiteten! Zumal sie sehen, wie ihre heidnischen Konkurrenten ihre Leute ausnutzen und auch am Sabbat arbeiten lassen. Sie wollen gewiss nicht den Sabbat abschaffen, aber sie würden ihn aushöhlen. Wenn es um Geld geht, muss man mit ganz scharfen Bestimmungen gegenwirken.« »Befürchtest du denn, dass Leute wie Jesus den Sabbat in diesem Sinne aushöhlen?«
»Absichtlich tut er es gewiss nicht. Im Gegenteil! Reiche und Mächtige finden bei ihm wenig Unterstützung! Aber was er zu wenig bedenkt: Sein Beispiel könnte Schule machen. Andere könnten das in ihrem Sinne ausnutzen.«
»Ist es nach deiner Meinung verboten, was Jesus tut?«

»Das kann man nicht sagen. Alles, was Jesus zum Sabbat und zu den Reinheitsgeboten lehrt, könnte auch einer von uns sagen. Gewiss hat er eine radikale Auffassung.« »Aber warum gibt es immer Streit um seine Lehre?«
»Er denkt zu wenig an die Konsequenzen. Er sieht nicht, dass jede Durchlöcherung der Sabbatregeln später dazu führen könnte, dass wir wie die Heiden leben! Und diese Unbesonnenheit findet sich oft bei ihm! Dieser Jesus könnte mein Schüler sein! Er könnte alle seine Meinungen vertreten. Aber ich würde ihn zwingen, die Konsequenzen für unser Volk und das alltägliche Leben zu durchdenken … Die Meinungen, die Jesus vertritt, können von uns Pharisäern und Schriftgelehrten vertreten werden. Wir sind gewohnt, viele Meinungen zu diskutieren. Aber Jesus entzieht sich unseren üblichen Diskussionsmethoden. Er äußert seine Meinung nicht als eine Meinung neben anderen. Er diskutiert sie nicht mit Gründen und Gegengründen. Er tut so, als spreche Gott selbst aus ihm! Diese Missachtung unserer Formen – das ist das Anstößige an ihm.«
Ich kehrte mit Gamaliel in die Hütte des Mattathias zurück. Gamaliel brachte Früchte mit, um sie Mirjam zu schenken: »Am Sabbat soll Friede unter uns sein«, sagte er. Und Mattathias antwortete: »Schalom! Friede sei mit dir!«
Der gestrige Eklat war ausgeräumt. Bald kamen auch die Jungen mit Hippokrates aus Tiberias. Er untersuchte Mirjam und meinte: »Das Schlimmste ist wohl vorbei!«
Da wurde es wieder hell in der kleinen Hütte, als finge das Leben noch einmal von vorne an.

Die Heilung der gekrümmten Frau (Evangeliar Ottos III.)

Zur Entstehung der ersten drei Evangelien

Welche Schlussfolgerungen über die Entstehung des Lukasevangeliums können Sie aus diesem Text ziehen?

Da es nun schon viele unternommen haben, einen Bericht von den Ereignissen zu verfassen, die sich unter uns zugetragen haben, wie sie uns die überliefert haben, die von Anfang an Augenzeugen und Diener des Wortes gewesen sind, hat es auch mir gut geschienen, der ich allem von Anfang an genau gefolgt bin, es dir, vortrefflichster Theophilus, der Reihe nach zu schreiben, damit du die Zuverlässigkeit der Dinge erkennst, in denen du unterrichtet worden bist.

Lk 1, 1–4

Jesus stillt den Sturm – ein synoptischer Vergleich

Mt 8, 18.23–27	*Mk 4, 35–41*	*Lk 8, 22–25*
Als aber Jesus eine Volksschar um sich sah, befahl er, wegzufahren ans jenseitige Ufer. Und ihm, der ins Boot stieg, ihm folgten seine Jünger.	Und er sagt ihnen an jenem Tage, als es Abend geworden war: Fahren wir hinüber ans jenseitige Ufer! Und sie lassen die Volksschar stehen und nehmen ihn, wie er war, im Boot mit, und andere Boote waren mit ihm.	Es geschah aber an einem der Tage, und er selbst stieg ins Boot und seine Jünger, und er sprach zu ihnen: Fahren wir hinüber ans jenseitige Ufer des Sees! Und sie liefen aus.
Und siehe, ein gewaltiges Beben geschah im Meer, sodass das Boot bedeckt wurde von den Wellen. Er selbst aber schlief.	Und es geschieht ein gewaltiger Sturmwind, und die Wellen warfen sich auf das Boot, sodass schon vollschlug das Boot. Und er selbst war im Heck, auf dem Kopfkissen schlafend.	Während sie aber (im Boot) dahinfuhren, schlief er ein. Und es fiel ein Sturmwind ein auf den See, und sie liefen voll und gerieten in Gefahr.
Und sie traten herzu und weckten ihn, indem sie sagten: Herr, rette (uns), wir gehen zugrunde! Und er sagt ihnen: Was seid ihr verzagt, (ihr) Kleingläubigen!	Und sie wecken ihn und sagen ihm: Lehrer, liegt dir nichts daran, dass wir zugrunde gehen?	Sie traten aber herzu und weckten ihn auf, indem sie sagten: Meister, Meister, wir gehen zugrunde!
Dann, auferweckt, drohte er den Winden und dem Meer und es geschah gewaltige Stille.	Und (ganz) auferweckt, drohte er dem Wind und sprach zum Meer: Schweig! Verstumme! Und es legte sich der Wind und es geschah gewaltige Stille. Und er sprach (zu) ihnen: Was seid ihr so verzagt? Wie? Habt ihr keinen Glauben?	Der aber (ganz) auferweckt, drohte dem Wind und dem Gewoge des Wassers: und sie beruhigten sich. Und es geschah Stille. Er sprach aber (zu) ihnen: Wo (ist) euer Glaube?
Die Menschen aber wunderten sich, indem sie sagten: Was für einer ist dieser, dass sogar die Winde und das Meer ihm gehorchen?	Und sie überkam Furcht, gewaltige Furcht, und sagten zueinander: Wer ist denn dieser, dass sogar der Wind und das Meer gehorchen – ihm?	Sie aber überkam Furcht und sie wunderten sich, indem sie zueinander sagten: Wer ist denn dieser, dass sogar den Winden er gebietet und dem Wasser und sie gehorchen ihm?

Stellen Sie Unterschiede und Übereinstimmungen der drei Fassungen der Geschichte fest. Übertragen Sie eine der Fassungen in gutes Deutsch.

Wörtliche Übertragung aus dem griechischen Urtext

Die Zweiquellentheorie

1. Mk ist mit geringen Ausnahmen sowohl in Mt als auch in Lk enthalten; es gibt Übereinstimmungen in der Reihenfolge und im Wortlaut der Perikopen.

   Welche Schlussfolgerung kann man daraus ziehen?

2. Mt enthält viele wichtige Abschnitte, die nicht in Mk und Lk enthalten sind. Lesen Sie dazu Mt 13, Mt 18, Mt 20 und Mt 25.

   Welche Schlussfolgerung kann man daraus ziehen, dass Lk wichtige Abschnitte des Mt nicht in sein Evangelium aufgenommen hat?

3. Lk enthält viele wichtige Abschnitte, die nicht in Mt enthalten sind. Lesen Sie dazu Lk 2, Lk 15, Lk 16, Lk 18 und Lk 19.

   Welche Schlussfolgerung kann man aus 1–3 für die Abhängigkeit der ersten drei Evangelien untereinander ziehen?
   Welche Schlussfolgerung kann man daraus ziehen, dass Mt wichtige Abschnitte des Lk nicht in sein Evangelium aufgenommen hat?

4. Mt und Lk haben viele Abschnitte gemeinsam (oft wörtliche Übereinstimmung), die nicht in Mk vorkommen. Lesen Sie dazu Lk 11//Mt 6; Lk 6//Mt 8; Lk 10//Mt 10.

   Welche Schlussfolgerung kann man daraus ziehen?

5. Aus den Punkten 1–4 kann man eine Theorie über die Entstehung der ersten drei Evangelien entwickeln. Man nennt diese Theorie üblicherweise »Zweiquellentheorie«.

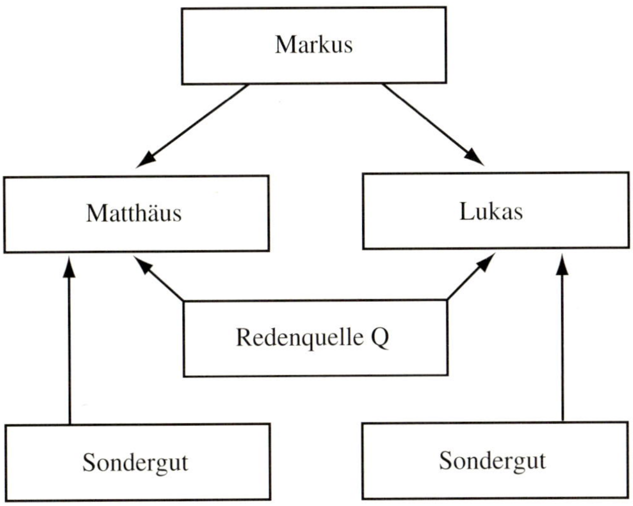

Freiheit bei Paulus

Leben des Apostels

Paulus stammte aus einer jüdischen Familie der Diaspora. Er wurde etwa im Jahre Null in Tarsus im südöstlichen Kleinasien geboren. Von seinem Vater hatte er das römische Bürgerrecht geerbt. Zeit seines Lebens war er stolz auf seine jüdische Herkunft. Er gehörte zur Gruppe der strenggläubigen Pharisäer und studierte die Tora bei dem Gelehrten Gamaliel in Jerusalem. Zwei Formen seines Namens sind überliefert: die griechische (lateinische) Form Paulus und die hebräische Form Saulus.
Er war ein eifernder Verfolger der jungen christlichen Gemeinde.
Um das Jahr 32/33 hatte er eine Christuserscheinung vor Damaskus und wurde zum Apostel der Völker (= der Nichtjuden) berufen. Sein ganzes künftiges Leben widmete er diesem Auftrag. Über Paulus und seine Tätigkeit erfahren wir aus seinen Briefen, die in den Jahren 50–60 n. Chr. geschrieben wurden, und aus der Apostelgeschichte. Auf mehreren Missionsreisen verbreitete Paulus die Christusbotschaft. Wahrscheinlich wollte er bis zum Wiederkommen Christi, das er in naher Zukunft erwartete, die ganze damalige Welt mit dem Evangelium konfrontieren. Er konnte allerdings sein Ziel, in Spanien das Evangelium zu verkündigen, nicht mehr realisieren. Er wurde in Jerusalem verhaftet und zum Prozess nach Rom gebracht; dort wurde er wahrscheinlich unter Nero hingerichtet.
Über die Pläne des Paulus können Sie in Röm 15, 22–33 nachlesen.

Konflikt in Jerusalem

Paulus predigte vor allem Nichtjuden das Evangelium. So geriet er in Konflikt mit jüdischen Christen, die weiterhin am jüdischen Gesetz festhielten. Im Jahr 48 kam es in Jerusalem zu einem Treffen zwischen Vertretern der judenchristlichen Gemeinde von Jerusalem und der heidenchristlichen Gemeinde aus Antiochia, zu der Paulus gehörte. Über diese Ereignisse berichtet Paulus im Galaterbrief.

Petrus und Paulus

Das folgende »Telefoninterview« versucht den Konflikt auf die heutige Zeit zu übertragen.

Moderator: Jerusalem kommt nicht zur Ruhe. Letzte Woche Unruhen unter der jüdischen Bevölkerung, die von der römischen Besatzungsmacht blutig niedergeschlagen wurden. Nun ein Kongress einer Sekte, die das Gottesreich aufrichten will. Der Verdacht liegt nahe, dass revolutionäre Ideen ausgebrütet werden. Die Römer werden das nicht gerne sehen. Am Telefon bin ich jetzt verbunden mit unserem Mitarbeiter Matthias Wiest in Jerusalem: Herr Wiest, muss man denn wieder mit Unruhen und harten Reaktionen der Besatzer rechnen?

Matthias Wiest: Nein, das glaube ich eigentlich nicht, denn das, was hier im Moment stattfindet, ist eine Konferenz der führenden Leute unter den Nazarenern oder Christen, wie die Sekte auch genannt wird, und vom Gottesreich ist da im Augenblick übrigens nicht viel zu merken, ganz im Gegenteil; die Teilnehmer der Konferenz sind voll und ganz mit internen Streitereien beschäftigt.

Moderator: Also mit Sicherheit keine Gefahr für den Frieden in der Stadt?

Matthias Wiest: Hoffentlich nicht, aber so ganz genau weiß man das nie, denn das hängt in diesem Fall vor allem mit Paul Tarsen zusammen. Der hat ja früher in der Partei der Pharisäer eine wichtige Rolle gespielt und ist dann unter etwas merkwürdigen Umständen zu den Nazarenern übergelaufen – und er gilt als ein Hitzkopf, der die Dinge auf die Spitze treibt.

Moderator: Wie ist denn Ihre Prognose, Herr Wiest, wird man sich einigen, wird der Streit sich ausweiten oder kommt es doch noch zu Tumulten?

Matthias Wiest: Also, innerhalb der Sekte sind zwei Gruppierungen aneinandergeraten, deren Auffassungen eigentlich völlig gegenläufig sind. Da sind einmal die jüdischen Traditionalisten und auf der anderen Seite die progressiven Hellenisten. Die Traditionalisten wollen, dass die jüdischen Religionsgesetze korrekt eingehalten werden, und wer dazu nicht bereit ist, der fliegt raus. Und Tarsen auf der anderen Seite hat mittlerweile völlig andere Ansichten: Nichtjuden, die will er auf keinen Fall an die Gesetze binden. Also zwei in entscheidenden Fragen entgegengesetzte Positionen.

Moderator: Wie ist Ihre Prognose?

Matthias Wiest: Ja, wenn Sie mich direkt nach einer Prognose fragen, dann scheint mir ganz sicher, dass die Sekte sich zerstreiten und in verschiedene Gruppen auseinanderfallen wird. Und diese einzelnen Cliquen werden früher oder später in die Bedeutungslosigkeit sinken.

Moderator: Ja, aber wenn es nur um einen Streit innerhalb dieser Sekte geht, dann kann man doch eigentlich hoffen, dass sich die Römer da raushalten?

Matthias Wiest: Ja, mit der Spaltung rechnen wohl auch die römischen Ordnungshüter, denn sie haben gar nicht versucht, die Versammlung zu verhindern.

Moderator: Was gibt's denn bisher für Erfahrungen mit den Nazarenern?

Matthias Wiest: Das ist schwer zu sagen, denn die Gruppierung ist dazu eigentlich noch zu jung und einschätzen kann man sie nur von ihrer Lehre her – und darin spielen Begriffe wie Liebe oder Brüderlichkeit eine wichtige Rolle; und wenn sie es jemals schaffen sollten, diese Ideale zu verwirklichen, dann wäre das so etwas wie ein »Gottesreich«, auf jeden Fall eine neue Religion, und zwar viel umfassender als das, was man bisher kennt. Keine einzelnen Grüppchen mehr, die sich gegeneinander abgrenzen, sondern tatsächlich eine Religionsgemeinschaft.

Moderator: Wäre das so etwas wie eine Kirche?

Matthias Wiest: Man könnte sie »Volkskirche« nennen. Für die Menschen hat sie eine Anleitung parat, wie man friedlich unter einem Dach leben kann. Man muss sich das mal vorstellen: Die Römer würden aufhören, die Juden zu unterdrücken, die Serben könnten friedlich mit den Kroaten zusammenleben, eine schöne Utopie, doch realistisch betrachtet, sieht es im Moment etwas anders aus.

Moderator: Krach im Innern der Parteien sorgt dafür, dass die Welt bleibt, wie sie ist. Das ist jedenfalls besser als blutige Unruhen. Vielen Dank an Matthias Wiest nach Jerusalem.

Vergleichen Sie das »Interview« mit den in Apg 15 und Gal 2 berichteten Ereignissen. Wo verkürzt das Interview? Wie beurteilen Sie die Prognose des Berichterstatters?

Konflikt in Antiochia

Die Konflikte bleiben auch nach dem Apostelkonvent bestehen. Lesen Sie dazu Gal 2, 11–16.

Epaphras

Er ist Heidenchrist; er steht auf der Seite des Paulus. Er fand es gut, dass Petrus die Gemeinde in Antiochien besuchte und zusammen mit den Heidenchristen aß und das Herrenmahl feierte. Er war ganz ergriffen davon, wie Petrus von seinen Erlebnissen mit Jesus erzählte und bezeugte, wie ihm der Auferstandene erschienen ist. Aber jetzt ist er von Petrus tief enttäuscht. Er findet, dass sein Verhalten der Abmachung von Jerusalem widerspricht. Er ist froh darüber, dass Paulus ihn gestellt hat und ihn einen Heuchler nannte.

Für ihn geht es in dem Streit nicht um etwas Nebensächliches, sondern ums Ganze, um das Heil. Und hier hat für ihn Paulus Recht: Das Heil bekommt der Mensch nicht durch das Halten des Gesetzes, sondern durch den Glauben an Christus. Und wenn man jetzt zusätzlich zum Glauben auch noch die Einhaltung des Gesetzes verlangt, dann ist Christus umsonst erschienen und umsonst gestorben. Paulus hat Recht, wenn er »Freiheit vom Gesetz!« fordert.

Sie können ein Rollenspiel gestalten. Theophilus, Andreas und Epaphras, drei Christen aus Antiochia, unterhalten sich.

Andreas

Er ist seiner Abstammung nach Jude. Über Jahre hinweg hat er in Antiochia zusammen mit den nichtjüdischen Christen an einem Tisch gegessen. Dabei hatte er aber oft ein ungutes Gefühl. Als er Petrus dann beim gemeinsamen Mahl sah, wurde ihm klar, woher dieses ungute Gefühl kam. Es ist den Juden streng verboten, unreine Speisen zu essen.
Er ist froh, dass Brüder aus Jerusalem, die es ganz ernst meinen mit dem Gesetz und die sich damals beim Besuch von Paulus und Barnabas in Jerusalem nicht durchsetzen konnten, nach Antiochien gekommen sind. Sie haben dem Petrus und damit auch ihm klargemacht, dass sie sich als Juden so nicht verhalten dürfen. Er kann heute gar nicht mehr verstehen, warum er sich von Paulus beeinflussen ließ und das jüdische Gesetz vergaß. Er findet es auch nicht gut, dass Petrus sich einmal so und dann wieder ganz anders verhalten hat. Aber Petrus kam ja noch rechtzeitig zur Einsicht. Ihm, Andreas, ist jetzt klargeworden, dass er als Jude das Heil verspielt, wenn er das Gesetz nicht hält.

Theophilus

Er ist Heidenchrist und möchte, dass kein Streit herrscht. Er ist der Meinung, dass der Kompromiss von Jerusalem eine tragfähige Grundlage für ein friedliches Zusammenleben zwischen Judenchristen und Heidenchristen bildet: Die Juden dürfen als Christen Juden bleiben. Die Nichtjuden aber müssen, wenn sie Christ werden wollen, das jüdische Gesetz nicht übernehmen. Entscheidend dafür, ob einer Christ ist, ist der Glaube an Jesus. Für die Judenchristen soll Petrus, für die Heidenchristen Paulus verantwortlich sein. Das einzige, was Paulus zusagte, war, dass die heidenchristlichen Gemeinden eine Opfersammlung für die arme Jerusalemer Gemeinde durchführen sollten. Das findet Theophilus in Ordnung, weil alles von Jerusalem ausging und dort die erste Gemeinde entstanden ist.
So lange Judenchristen und Heidenchristen in verschiedenen Gemeinden leben – das war die Ausgangsbasis in Jerusalem –, ist alles klar: Die Judenchristen können weiterhin die jüdischen Bräuche einhalten, die Heidenchristen brauchen das nicht zu tun. Aber wenn Judenchristen und Heidenchristen wie in Antiochien in einer Gemeinde zusammenleben, dann braucht man eine Lösung, bei der beide ein gutes Gewissen haben können.Theophilus ist für einen Kompromiss. Für ihn denkt Paulus viel zu grundsätzlich. Wenn es in Antiochia nicht zwei christliche Gemeinden geben soll, dann müssen die Heidenchristen ein wenig Rücksicht nehmen und den Judenchristen entgegenkommen. Sie müssen ja nicht unbedingt alle Speisegebote einhalten. Er meint, dass Barnabas ganz ähnlich denkt.

Wahrscheinlich hat sich in der Gemeinde später die Meinung durchgesetzt, die Theophilus vertrat. Mit der Zeit spielte dieser Konflikt keine große Rolle mehr, weil die Kirche immer mehr eine Kirche der Heidenchristen wurde. Das grundsätzliche Problem der Freiheit vom Gesetz blieb freilich bestehen.

Freiheit – ein Leben ohne Forderungen?

Wer sich aus seinen Leistungen versteht, will Anerkennung, aber er will sie nicht geschenkt, sondern er meint, er könne sie beanspruchen. Wer sich nicht aus seinen Leistungen versteht, sondern sich auf den verlässt, der auch die Gottlosen gerecht macht, den erkennt Gott an, bloß deswegen, weil er ihm vertraut.

Röm 4, 4–5 in der Übersetzung von Jörg Zink

Jörg Zink übersetzt Röm 4, 4–5 anders als Martin Luther. Wie versteht er die Freiheit vom Gesetz? Wo muss sich in unserer Leistungsgesellschaft die »Freiheit vom Gesetz« bewähren?

Die »Freiheit vom Gesetz« wurde in der Geschichte der Christenheit weitgehend antijüdisch verstanden. Viele Christen sagten und sagen noch heute, das Judentum sei eine freudlose, gesetzliche Religion, deren Anhänger unter der Last von Hunderten von Geboten und Verboten seufzten. Die Christen dagegen verlangten von ihren Anhängern nicht viel, alles sei Gnade. Hier werden sowohl das Judentum wie das Christentum verzeichnet.

Überlegen Sie:
Welche Folgen hat es für einen Menschen, wenn von ihm keine Leistung gefordert und wenn seine Leistung nicht anerkannt wird? Welche Folgen hat es für einen Menschen, wenn er nur aufgrund seiner Leistungen anerkannt wird? Was sagen dazu die beiden biblischen Gleichnisse Lk 18, 9–14 und Lk 19, 11–28? Was bedeutet Freiheit vom Gesetz für die Frage der Noten in der Schule und speziell für die Noten im Fach Religion? (Vgl. S. 49 f.)

Konflikt in Korinth

Gespräch zwischen Jochanan und Philippos in Korinth:

Jochanan: Wir haben da ein Problem: Du weißt, ich bin mit meiner Familie Christ geworden, als du zu uns nach Korinth gekommen bist. Seither gehen wir nicht mehr in die Synagoge. Nun haben wir große Schwierigkeiten mit dem Essen. Du weißt, dass das Fleisch, das man in Korinth beim Metzger kauft, oft von Tieren stammt, die im Tempel geschlachtet worden sind. Für uns Juden war dieses Fleisch verboten, da es unrein ist. Wir aßen nur Fleisch, das nach den Vorschriften der Tora geschlachtet war. Aber nun sind wir Christen und gehen nicht mehr in die Synagoge; wir kaufen unser Fleisch nicht mehr beim jüdischen Metzger. Manchmal habe ich ein schlechtes Gewissen, wenn ich Fleisch esse, das von einer heidnischen Opferhandlung stammt. Geht das nicht gegen das erste Gebot? Wie sollen wir uns verhalten, wenn wir bei einer Einladung bei Nichtchristen solches Fleisch bekommen? Oder wie sollen wir uns zu Christen verhalten, die sogar an Familienfeiern und Vereinsfesten im Tempel teilnehmen? Wie denkst du darüber, Philippos? Du hast die Götter verehrt, bevor du durch die Predigt des Paulus Christ wurdest.
Philippos: Ich kann deine Probleme gar nicht verstehen, Jochanan. Ich bin so froh, dass ich Christ geworden bin und mich wirklich frei fühlen kann. Als ich noch ein Verehrer der Isis war, da gab es viele Vorschriften, vieles war verboten. Aber jetzt bin ich frei. Alles ist erlaubt, weil Christus uns von solchen Vorschriften befreit hat. Darum kann ich auch bedenkenlos alles Fleisch essen, auch wenn es von Opfern im Tempel stammt. Ich kann auch an Feiern im Tempel teilnehmen, selbst wenn man bei den Feiern dort die Götter anruft und ihnen opfert. Wir wissen doch, dass es diese Götter gar nicht gibt; es gibt nur einen Gott, den Vater Jesu Christi.

Wie Paulus darüber denkt, können Sie in 1 Kor 8 und 1 Kor 10, 25–33 nachlesen.

»Alles ist erlaubt, aber nicht alles dient zum Guten.
Alles ist erlaubt, aber nicht alles baut auf.
Niemand suche das Seine,
sondern was dem andern dient.«

(1 Kor 10, 23 f.)

Überlegen Sie, ob sich dieser Satz des Paulus auf das nachstehende Beispiel anwenden lässt. Suchen Sie weitere Beispiele.

In den Ferien ist Julia (16) bei ihrer Großmutter zu Besuch. Sie lernt Markus (17) kennen. Beide verlieben sich unsterblich ineinander. Die Eltern von Markus sind für einige Tage verreist. Er lädt Julia ein, ihn zu besuchen und bei ihm zu übernachten. Julias Großmutter ist dagegen. Sie sagt: In deinem Alter übernachtet man nicht bei einem Freund. Ich habe die Verantwortung für dich. Ich möchte nicht, dass du das tust. Julia will nicht nachgeben: Meine Eltern hätten sicher nichts dagegen. Ich weiß, bevor sie verheiratet waren, lebten sie zusammen, gegen den Willen ihrer Eltern. Die Großmutter kann sich gegenüber Julia nicht durchsetzen. Julia geht zu Markus. Als sie beieinander sitzen, klingelt das Telefon. Markus hebt ab. Julias Großmutter ist am Apparat. Nur mit Mühe kann sie das Weinen unterdrücken: »Markus, ich bitte dich, lass Julia nicht bei dir übernachten.«

Die Offenbarung des Johannes

Ermutigung für Pergamon

Die göttliche Verehrung des Kaisers wurde unter dem Kaiser Domitian (81–96 n. Chr.) zur offiziellen Staatsreligion. Allerdings konnten und sollten die Untertanen neben der Verehrung des Kaisers durchaus ihren Göttern weiterhin Verehrung entgegenbringen. Für Juden und Christen war die göttliche Verehrung des Kaisers Götzendienst; sie war mit ihrem Bekenntnis zu dem einen Gott nicht vereinbar.
Für die Juden gab es eine gesetzliche Ausnahmeregelung: Sie durften auf die göttliche Verehrung des Kaisers verzichten, übernahmen aber die Verpflichtung, für das Wohl des Herrschers im Gottesdienst zu beten; diese Regelung galt zunächst auch für die Christen. Je mehr sich Christentum und Judentum auseinander entwickelten, desto deutlicher stellte sich für die Christen die Alternative: Christus oder der Kaiser.

Der gekreuzigte Gott

In der Stadt Pergamon in Kleinasien gibt es eine große christliche Gemeinde. In dieser Stadt steht aber auch der Zeusaltar, »Thron des Satans« genannt, an dem man dem Kaiser Opfer darbringt. Es gibt Gemeindeglieder, die meinen, sie könnten am christlichen Gottesdienst teilnehmen und weiter die Tempel der Götter besuchen. Es gibt aber auch Christen, die standhaft bleiben. Aufsehen erregt der Fall des Christen Antipas. Er hat sich durch nichts dazu bewegen lassen, vor dem Kaiserbild zu opfern. Für ihn wäre es gegen Gottes Gebot gewesen, einen Menschen als Gott zu verehren. Er wurde von übereifrigen Vertretern des römischen Staates umgebracht.
Besonders besorgt ist man in der Gemeinde darüber, dass der Kaiser seit jüngster Zeit seine Erlasse sogar mit »Herr und Gott« unterzeichnet und dass ihn die Untergebenen mit »Herr« anreden müssen. Herr kann für die Christen nur einer sein, Jesus Christus.
Für die Christen stellt sich die Frage, ob man dem Kaiser, dem Herrn der Welt, untertan sein muss; denn – wie Paulus sagt – man soll der Obrigkeit untertan sein, da sie von Gott ist. Wie soll man sich aber gegenüber der Obrigkeit verhalten, wenn sie ihrem göttlichen Auftrag, ein friedliches Zusammenleben zu gewährleisten, nicht mehr gerecht wird; wenn sie nicht mehr Gott dient und sich selbst zum Gott macht?
Wird dann die Obrigkeit nicht von einer Dienerin Gottes zu einer Dienerin des Satans? Die Christen in Pergamon fragen sich: Kann es der Wille Gottes sein, dass der Kaiser sich gegen die Christen wendet? Oder kann der Kaiser gegen den Willen Gottes handeln? Wer ist der Herr der Welt, Christus oder der Kaiser?
Wie sollen sie sich in den schweren Zeiten der Verfolgung verhalten?
Die Gemeinde von Pergamon hat sich im Haus des Lucius, eines reichen Gerbers, versammelt. Sein Haus ist größer als das der meisten Christen in Pergamon; deshalb eignet es sich besonders gut für die abendlichen Versammlungen der Christen. Bis zu 100 Menschen sind es in den letzten Jahren gewesen, die hier zusammenkamen. Aber seit einigen Monaten hat der Besuch stark nachgelassen.
Heute abend sind nur etwa 20 Personen gekommen. Sie stehen etwas verloren im großen Innenhof des Hauses. Auf den Tischen sind Speisen aufgestellt. Einige haben etwas zum Essen mitgebracht. Gemeinsam singen sie das Lied: Glaube, Liebe, Hoffnung … Lucius begrüßt die lieben Schwestern und Brüder.

Er hat ein Trostschreiben von dem allen bekannten, altehrwürdigen Presbyter Johannes erhalten: Bevor sie miteinander essen und trinken, liest er den Abschnitt vor, in dem die Gemeinde von Pergamon direkt angesprochen ist.

Und dem Engel der Gemeinde in Pergamon schreibe: Dies sagt der, der das zweischneidige, scharfe Schwert hat: Ich weiß, wo du wohnst: wo der Thron des Satans ist; und du hältst meinen Namen fest und hast meinen Glauben nicht verleugnet, auch in den Tagen des Antipas, meines treuen Zeugen, der bei euch, wo der Satan wohnt, ermordet worden ist. Aber ich habe ein weniges gegen dich, dass du solche dort hast, welche die Lehre Bileams festhalten, der den Balak lehrte, eine Falle vor die Söhne Israels hinzustellen, sodass sie Götzenopfer aßen und Unzucht trieben. So hast auch du solche, die in gleicher Weise die Lehre der Nikolaiten festhalten. Tu nun Buße! Wenn aber nicht, so komme ich dir bald und werde Krieg mit ihnen führen mit dem Schwert meines Mundes. Wer ein Ohr hat, höre, was der Geist den Gemeinden sagt! Wer überwindet, dem werde ich von dem verborgenen Manna geben; und ich werde ihm einen weißen Stein geben und, auf den Stein geschrieben, einen neuen Namen, den niemand kennt, als wer ihn empfängt. (Offb 2, 12ff.)

Es war still geworden. Nach einer Pause liest Lucius ein weiteres Stück aus dem Trostschreiben vor:

Und ich sah aus dem Meer ein Tier aufsteigen, das zehn Hörner und sieben Köpfe hatte, und auf seinen Hörnern zehn Diademe und auf seinen Köpfen Namen der Lästerung. Und das Tier, das ich sah, war gleich einem Panther, und seine Füße wie die eines Bären und sein Maul wie eines Löwen Maul. Und der Drache gab ihm seine Kraft und seinen Thron und große Macht. Und [ich sah] einen seiner Köpfe wie zum Tod geschlachtet. Und seine Todeswunde wurde geheilt und die ganze Erde staunte hinter dem Tier her. Und sie beteten den Drachen an, weil er dem Tier die Macht gab, und sie beteten das Tier an und sagten: Wer ist dem Tier gleich? Und wer kann mit ihm kämpfen? Und es wurde ihm ein Mund gegeben, der große Dinge und Lästerungen redete; und es wurde ihm Macht gegeben, zweiundvierzig Monate zu wirken. Und es öffnete seinen Mund zu Lästerungen gegen Gott, um seinen Namen und sein Zelt und die, welche im Himmel wohnen, zu lästern. Und es wurde ihm gegeben, mit den Heiligen Krieg zu führen und sie zu überwinden; und es wurde ihm Macht gegeben über jeden Stamm und jedes Volk und jede Sprache und jede Nation. Und alle, die auf der Erde wohnen, werden ihn anbeten, [jeder,] dessen Name nicht geschrieben ist im Buch des Lebens des geschlachteten Lammes von Grundlegung der Welt an. Wenn jemand ein Ohr hat, so höre er! (Offb 13, 1ff.)

Zeusaltar von Pergamon

Die Offenbarung des Johannes war ein Trostbuch in der Zeit der Verfolgung unter Domitian. Diskutieren Sie, wie dieses Schreiben auf die Gemeinde in Pergamon gewirkt hat. Um nachzuempfinden, in welcher Lage sich die Gemeinde von Pergamon befand, können Sie die geschilderte Szene spielen.

Ein Pfarrer berichtet aus der Zeit des »Dritten Reiches«: Meine Bauern in Ostpreußen haben die Offenbarung des Johannes ganz unmittelbar verstanden.
Lesen Sie Offb 13,1–10 vor dem Hintergrund des Gedichtes über den Führer.

Bekenntnis zum Führer

Wir hörten oftmals deiner Stimme Klang
und lauschten stumm und falteten die Hände,
da jedes Wort in unsre Seelen drang.
Wir wissen alle: Einmal kommt das Ende,
das uns befreien wird aus Not und Zwang.
Was ist ein Jahr der Zeitenwende!
Was ist da ein Gesetz, das hemmen will –
Der reine Glaube, den du uns gegeben,
durchpulst bestimmend unser junges Leben.
Mein Führer, du allein bist Weg und Ziel!

Baldur von Schirach

Berliner Sportpalastkundgebung der Deutschen Christen am 13. 11. 1933

Das Alte Testament für Christen?

Die Bibel des Paulus

Denn als erstes habe ich euch weitergegeben, was ich auch empfangen habe:
Dass Christus gestorben ist für unsre Sünden nach der Schrift;
und dass er begraben worden ist;
und dass er auferstanden ist am dritten Tage nach der Schrift;
und dass er gesehen worden ist von Kephas, danach von den Zwölfen.

1 Kor 15,3–5

Worauf beruft sich Paulus?

Für die ersten Christen war die hebräische Bibel die grundlegende und verbindliche Urkunde des Glaubens:

1. Sie fanden darin den Gott, der ihnen in der Person Jesu Christi begegnete.
2. Die Weisungen der Tora galten ganz selbstverständlich auch für die Christen. Auch für Jesus zeigten die heiligen Schriften, bei aller Kritik an der Auslegung einzelner Vorschriften, den Willen Gottes, des Vaters.
3. Die Christen sahen Jesus als den im Alten Testament erwarteten und verheißenen Messias. Sein Leben und sein Wirken fanden sie vorausgesagt. So erkannten sie z. B. in den Gottesknechtsliedern (vgl. Jes 53) oder in den Psalmen (z. B. Ps 22) Hinweise auf Jesus von Nazareth.

Schon bald aber waren, insbesondere für Christen, die nicht aus dem Judentum kamen, viele Gebote der Tora nicht mehr verbindlich. Die Speise- und Reinheitsgebote traten in ihrer Bedeutung gegenüber den ethischen Geboten zurück. Statt des Sabbats feierte man den ersten Tag der Woche, den Herrentag, den Tag der Auferstehung Jesu.

Neben die Schriften der hebräischen Bibel traten mit der Zeit neue Schriften. Die Briefe des Paulus und anderer Apostel wurden in den Gemeinden weitergegeben und immer wieder vorgelesen. Dazu kamen später die Evangelien, die im Licht der Auferstehung über Leben und Wirken Jesu erzählten. Aus diesen Schriften entwickelte sich das Neue Testament, die grundlegende Schrift des christlichen Glaubens.

Jetzt gab es zwei große Sammlungen von heiligen Schriften: die hebräische Bibel, die man dann Altes Testament nannte, und das christliche Neue Testament. Immer wieder stellte sich die Frage, in welchem Verhältnis beide zueinander stehen.

Römische Kaiser (Münzen 1. Jh.) – Paulus (Byzantinische Buchmalerei 9. Jh.)

Diskutieren Sie: Warum haben die ersten Christen z. B. die Zehn Gebote weiterhin als verbindlich anerkannt? Bei den Speisegeboten haben sie sich anders entschieden.

Missverständnisse

Das Verhältnis zwischen Altem und Neuem Testament hat im Christentum immer wieder zu Missverständnissen geführt.

Missverständnis Nr. 1: *Für Christen gilt das Alte Testament nicht mehr.*

Großes Aufsehen erregte Marcion, ein christlicher Reeder, der im 2. Jh. in Kleinasien lebte. Er sagte: Für uns Christen spielt das Alte Testament keine Rolle mehr. Es bezeugt den jüdischen Gott der Rache. Das Neue Testament dagegen bezeugt den Gott Jesu, den Gott der Liebe. Die Schriften des Neuen Testaments, die noch dem Alten Testament verhaftet sind, sind für uns Christen nicht mehr wichtig. Verbindlich waren für Marcion deshalb nur das Lukasevangelium und die Briefe des Apostels Paulus.
Marcion konnte sehr viele Anhänger für seine Sache gewinnen; seine Kirche wurde zur wichtigsten Konkurrentin der katholischen Kirche. Nachdem das Christentum im 4. Jh. offizielle Staatsreligion geworden war, wurden die Marcioniten verfolgt. Die offizielle Kirche hielt an der Einheit von Altem Testament und Neuem Testament fest. Die Ideen Marcions fanden allerdings im Laufe der Kirchengeschichte immer wieder Anhänger.

Aus der Entschließung, die die 20 000 Anwesenden der Sportpalastkundgebung am 13. November 1933 in Berlin – bei einer Gegenstimme – angenommen haben: »… Wir erwarten, dass unsere Landeskirche als eine deutsche Volkskirche sich frei macht von allem Undeutschen in Gottesdienst und Bekenntnis, insbesondere vom Alten Testament und seiner jüdischen Lohnmoral.«

Was erfahren Sie aus folgenden Bibelstellen über den Gott des Neuen Testaments und des Alten Testaments: Jona 4, 10; Jes 43,12; Röm 1,18; 5 Mose 32, 35; Röm 12, 19; 2 Mose 20, 1–6?

Missverständnis Nr. 2: *Das Alte Testament bringt nur Verheißungen, das Neue ist die Erfüllung.*

Häufig wird das Verhältnis zwischen Altem Testament und Neuem Testament vereinfacht so gesehen: Was im Alten Testament verheißen wurde, ist im Neuen Testament in Erfüllung gegangen. Diese Anschauung beruft sich auf das Neue Testament, das immer wieder aufzeigt, wie in Jesus Christus in Erfüllung ging, was im Alten Testament geweissagt wurde.

»AT und NT sind Bücher der Verheißungen und Erfüllungen.« Lesen Sie dazu folgende Bibeltexte aus dem Alten und dem Neuen Testament: 1 Mose 12, 1–3 und Jos 24, 13; Offb 21, 1–8.

Das Alte Testament weist über sich hinaus

Die Christen lesen das Alte Testament als ein Buch, das über sich hinausweist auf Christus: Was im Alten Testament angelegt ist, ist für den Glaubenden in Jesus Christus fortgeführt worden und zur Vollendung, Erfüllung gekommen.
Das darf aber nicht so verstanden werden, dass im Alten Testament Jesus, seine Geburt, sein Leben und Sterben, in vielen Einzelheiten vorausgesagt wurde; Textstellen des Alten Testaments können nicht als Beweise für die Messianität Jesu herangezogen werden. Historisch gesehen war es eher umgekehrt.
Die ersten Christen glaubten: Jesus ist der Messias. Deshalb fanden sie im Alten Testament überall Hinweise auf Jesus. Diese dienten oft als Vorlage dafür, Einzelheiten des Lebens Jesu zu beschreiben. So kommt es zu oft verblüffenden Übereinstimmungen zwischen alttestamentlichen Verheißungen und neutestamentlichen Erfüllungen.

Wurzel Jesse

Jüdisch-christlicher Dialog

Vor allem seit der Katastrophe des Holocaust kam es in Deutschland zu einem Dialog zwischen Christen und Juden. In diesem Dialog geht es auch darum, wie das Verhältnis Altes Testament/Neues Testament gesehen wird. Dazu hat die Badische Landessynode 1984 erklärt:
In unserem Bemühen um ein neues Verstehen stellen wir dankbar fest, dass das Alte Testament gemeinsame Grundlage für Glauben und Handeln von Juden und Christen ist.
Wir sehen den unlösbaren Zusammenhang des Neuen Testaments mit dem Alten Testament neu.
Wir lernen deren Verhältnis zueinander von der Verheißung Gottes her verstehen: Gott gibt, erfüllt und bekräftigt sie neu.
Das »Neue« ersetzt nicht das »Alte«!

Wie wird hier das Problem Verheißung und Erfüllung gesehen?

Warum brauchen wir das Alte Testament?

- Ohne das Alte Testament ist Jesus nicht zu verstehen, der in dem Glauben Israels verwurzelt war und in den Traditionen seines Volkes lebte.
- Ohne das Alte Testament kann man nicht die Deutung erfassen, die Jesu Person und Werk in den neutestamentlichen Schriften der frühchristlichen Gemeinde gefunden hat. Man kann die vom Alten Testament geprägten Titel Jesu nicht ohne Substanzverlust durch andere ersetzen (vgl. den Versuch, den Messias- oder Christustitel durch das Wort »Führer« zu ersetzen).
- Ohne das Alte Testament fehlt dem Glauben an Jesus die geschichtliche Dimension. Jesus ist nicht unvorbereitet, gleichsam wie ein Blitz erschienen, sondern sein Kommen war vorbereitet im Laufe einer langen Geschichte Gottes mit seinem Volk. Wenn die Offenbarung nicht als geschichtliches Ereignis gesehen wird, kann sie nicht verstanden werden.
- Ohne das Alte Testament fehlt dem christlichen Glauben die Einbeziehung der ganzen Lebenswirklichkeit. Die Aussagen über Gottes Verhältnis zur Natur als Schöpfer und Erhalter der Welt treten im Neuen Testament zurück. Das ist ohne Schaden möglich, weil das Neue Testament auf dem Zeugnis des Alten Testaments aufruht. Konkretes Beispiel hierfür ist der »Segen«, dessen Auswirkung in den verschiedenen Lebensbereichen im Alten Testament deutlich wird, während es dem Neuen Testament wesentlich um den »geistlichen Segen in himmlischen Gütern durch Christus« geht (Eph 1, 3).
- Ohne das Alte Testament fehlen uns wertvolle Hilfen zur Lebensbewältigung, die uns seine praktische Glaubenserfahrung und sein nüchterner Wirklichkeitssinn vermitteln können. So ist z. B. die soziale Dimension des menschlichen Lebens im Alten Testament besonders ausgeprägt. Das Alte Testament entstand in einer langen Geschichte, die viel Erfahrung mit sich brachte, während das Neue Testament nur einen Zeitraum von einigen Jahrzehnten umfasst. So ist das Alte Testament eine notwendige Ergänzung des Neuen Testaments.

Evangelischer Erwachsenenkatechismus

Glossar

***A**bsurdität* Widersinnigkeit, Sinnlosigkeit.

Ästhetik gr.; Lehre vom Schönen; urspr. die Lehre von der sinnlichen Erkenntnis.

Affekt lat.; heftige Erregung, Zustand einer außergewöhnlichen seelischen Angespanntheit.

Alzheimer, Alois (1864–1915) deutscher Psychiater und Neurologe. Die nach ihm benannte Alzheimersche Krankheit ist ein Nachlassen der geistigen Fähigkeiten infolge von Hirngewebeschwund.

androgyn gr.; mit männlichen und weiblichen Merkmalen versehen.

Anomalie gr.; Abweichung vom Normalen, Missbildung.

anorexia nervosa gr./lat.; allg. für Magersucht. Eigentlich bedeutet anorexia Mangel an Appetit. Magersüchtige leiden aber meistens nicht an Appetitmangel, sondern beschäftigen sich ständig mit Essen, dessen Genuss sie sich aber nicht gestatten. Häufig geht die a. n. in Bulimie, die sog. »Fress-Kotzsucht«, über. Die Betroffenen schlingen übermäßig viel Essen in kürzester Zeit in sich hinein, um es dann so schnell wie möglich gewaltsam wieder zu erbrechen.

Apokalypse gr. »Enthüllung«, »Offenbarung«. In der Religionswissenschaft versteht man unter Apokalyptik eine religiöse Geschichtsdeutung, in der visionäre Aussagen über die Zukunft gemacht werden, der Gesamtverlauf der Welt gedeutet und das Weltende, die Endzeit, bestimmt und in Bildern und Symbolen beschrieben wird. Fabeltiere, magische Zahlen, gefallene Engel, Naturkatastrophen, Kriege, Weltgericht und Weltende sind Gestalten und literarische Grundelemente apokalyptischer Darstellung. In der Bibel bei den Propheten Hesekiel, Jesaja, Sacharja, Joel, Maleachi, Daniel, Jeremia und in der Offenbarung des Johannes.

Assoziation lat.; Verknüpfung von Vorstellungen, die einander hervorrufen.

***B**abylonisches Exil* In den Jahren 598 und 587 v. Chr. wurde Jerusalem durch den babylonischen König Nebukadnezar erobert und zerstört. Teile der Bevölkerung des Reiches Juda wurden zur Zwangsarbeit nach Babylonien deportiert. 539 eroberte der Perserkönig Kyros das babylonische Reich und erlaubte den Juden die Rückkehr.

***C**hromosomen* gr.; in jedem Zellkern vorhandenes, fadenförmiges Gebilde in artspezifischer Anzahl und Gestalt, das das Erbgut eines Lebewesens trägt.

***D**eutsche Christen* Abk. DC; Gruppe evangelischer Christen im »Dritten Reich«, die Nationalsozialismus und Christentum miteinander verbinden wollten. Die DC hatten ihre größten Erfolge 1933, dem Jahr der Machtergreifung. Sie verlangten u. a., dass kein Christ jüdischer Herkunft Pfarrer in der evangelischen Kirche sein dürfe. Nach einer großen Kundgebung im Berliner Sportpalast vom 13. 11. 1933 erkannten viele Anhänger, dass nicht wenige DC den Boden des christlichen Glaubens verlassen hatten, und traten aus.

***E**galitarismus* lat.; Theorie von der (möglichst) vollkommenen Gleichheit in der menschlichen Gesellschaft bzw. deren Verwirklichung.

Emanzipation lat.; 1. Befreiung aus einer die eigene Entfaltung hemmenden Abhängigkeit; 2. rechtliche und gesellschaftliche Gleichstellung.

Embryo gr.; Leibesfrucht von der vierten Schwangerschaftswoche bis zum Ende des zweiten Schwangerschaftsmonats.

emphatisch gr.; mit Nachdruck, stark, eindringlich.

empirisch gr.; erfahrungsgemäß, aus der Erfahrung, der Beobachtung, dem Experiment als Erkenntnisquelle stammend.

Eschatologie gr.; Lehre von den Letzten Dingen, vom Endschicksal des einzelnen Menschen und der Welt.

Ethik gr.; 1. Lehre vom sittlichen Wollen und Handeln des Menschen; 2. System von Normen der Lebensführung.

Ethos gr.; sittliche Gesamthaltung eines Menschen oder einer Gesellschaft.

Euthanasie gr. »gutes Sterben«; 1. Erleichterung des Sterbens, z. B. durch schmerzlindernde Medikamente (passive E.); 2. beabsichtigte Herbeiführung des Todes bei unheilbar Kranken durch Anwendung von Medikamenten (aktive E.).

Evangelium gr. »gute Botschaft«; Bezeichnung der christlichen Heilsbotschaft; zugleich Bezeichnung für die ersten vier Schriften des NT, die Leben und Werk Jesu Christi vom Glauben an den Auferstandenen her darstellen.

Evolution lat.; Lehre von der Entstehung und Entwicklung des Lebens bzw. der einzelnen Arten.

Exodus gr. »Auszug«; Bezeichnung für die Befreiung der Israeliten aus der ägyptischen Sklaverei. E. ist auch der Name für das 2. Buch Mose, das von dieser Befreiung berichtet.

explizit ausdrücklich, ausführlich erklärt.

exzentrisch außerhalb eines Mittelpunkts (Zentrums) liegend; auch: besonders ungewöhnlich, unkonventionell.

F*ertility and Genetic Research Inc.* engl. »Fruchtbarkeits- und Vererbungsforschung«.

Fetisch lat.; 1. Gegenstand, dem schützende und heilende Kraft zugesprochen wird (Naturvölker); 2. Abgott.

Fetozid lat.; Tötung des Fötus.

Fetus/Fötus lat.; Leibesfrucht vom dritten Schwangerschaftsmonat an.

Finissage franz.; Endbearbeitung, Fertigstellung.

frivol lat.; 1. leichtfertig, bedenkenlos; 2. das sittliche Empfinden, die geltenden Moralbegriffe verletzend, schamlos, frech.

G*alaxie* gr.; Milchstraße, auch allg. für Sternensysteme.

Gen gr.; Erbfaktor, kleinste Einheit auf dem Chromosom. Die Gesamtheit der Gene eines Menschen legt seine vererbten und vererbbaren Merkmale fest.

Genese Entstehung, Entwicklung.

Gluonen Teilchen im Atomkern, die die Quarks (= Grundbausteine von Protonen und Neutronen) zusammenhalten.

H*aggada* hebr. haggid »erzählen«; eine typische Textkategorie des Talmud. Zu ihr gehören v. a. erbauliche Erzählungen und Beschreibungen von jüdischem Glauben und Leben. Die andere Textkategorie des Talmud heißt Halacha (hebr. »Norm, Regel«). Sie umfasst die verschiedenen Weisungen für das jüdische Leben.

Halacha siehe Haggada.

Harmagedon Ort, an dem nach den letzten Visionen des Sehers Johannes das blutige Endgericht Gottes stattfinden wird; vgl. Offb 16, 16.

Heidenchristen siehe Judenchristen.

heroisch gr.; heldenmütig, heldenhaft, erhaben.

hierarchisch gr.; einer pyramidenförmigen Rangordnung entsprechend.

humanistisch lat.; am Bildungsideal

der klassischen, griechisch-römischen Antike (Streben nach vollkommener, ganzheitlich gebildeter und sich entfaltender Menschlichkeit) orientiert.

Hypothese gr.; Annahme, Voraussetzung, Unterstellung; unbewiesene, zu beweisende Grundlage eines (natur-)wissenschaftlichen Erkenntnisprozesses.

idiosynkratisch gr.; überempfindlich, von unüberwindlicher Abneigung erfüllt.

Implikation lat.; Einbeziehung einer Sache in eine andere.

Indoktrination lat.; weltanschauliche (»ideologische«) Beeinflussung.

Inflation lat. »Aufblähung«; Wertverfall; wirtschaftlich: Preissteigerungen, durch die Geldwert geringer wird.

Infusion lat.; Einführen größerer Flüssigkeitsmengen in den Organismus über die Blutwege oder das Unterhautgewebe.

Initiation lat.; Einführung, Einweihung (etwa durch einen Initiationsritus) in einen höheren Stand, in eine neue Lebensphase, in die Zugehörigkeit zu einer bestimmten Gruppe.

instrumentalisieren lat.; (z. B. einen Menschen) wie ein »Instrument«, ein Mittel oder Werkzeug behandeln bzw. verwenden.

Islam arab. »Hingabe« (an den Willen Allahs); Bezeichnung für die Religion, die durch den Propheten Mohammed (570–632 n. Chr.) gestiftet wurde. Die Anhänger dieser Religion bezeichnet man als Muslime oder Moslems, fälschlicherweise oft auch als Mohammedaner.

Judas vgl. dazu: Mt 26, 14–16. 20–29. 47–50; 27, 3–10.

Judenchristen Bezeichnung für Juden, die Christus als Heil der Welt bekennen. »Heiden«christen dagegen sind Christen, die nicht aus dem Judentum stammen.

Kanon gr. »Richtschnur«; Liste der anerkannten, richtungweisenden Schriften im Judentum und Christentum, die im »Alten« und Neuen Testament enthalten sind.

kohärent lat.; zusammenhängend.

Kontingenz lat.; Zufälligkeit, Unverfügbarkeit eines Geschehens; in der scholastischen Philosophie die innere Endlichkeit des Seienden, das als solches nicht notwendig ist, sondern seine Begründung und seinen Sinn von einem anderen hat.

Konvention lat.; 1. Übereinkunft, Abkommen, Vereinbarung; 2. Herkommen, Brauch, Förmlichkeit.

konventionell lat.; die Konvention (2.) betreffend, herkömmlich.

Korrelation lat.; Wechselbeziehung, Aufeinanderbezogensein von zwei Begriffen; Zusammenhang.

Kosmologie gr.; Lehre von der Welt, insbesondere von ihrer Entstehung und ihrer Ordnung, Struktur.

latent lat.; verborgen, verdeckt, versteckt.

legitim lat.; 1. gesetzlich anerkannt, rechtmäßig; 2. berechtigt, begründet, allg. anerkannt, vertretbar.

Marcion (85–165 n. Chr.); Gründer einer frühchristlichen Gruppe, die das Alte Testament ablehnte. Marcion wurde aus der christlichen Gemeinde in Rom ausgestoßen.

Marduk sumerisch »Jungstier des Sonnengottes«; Stadtgott Babylons. Nach dem babylonischen Mythos hat M. die Urschlange Tiamat, das personifizierte Meer, getötet und aus ihrem Körper die Welt erschaffen.

Marineinfanterie für den Einsatz an Land ausgebildete Truppe der Kriegsmarine, häufig Elitetruppe.

Metaphysik gr.; urspr. die Schriften des Aristoteles über die ersten Ursachen (»prima philosophia«), die man hinter (gr. meta) dessen Bücher der »Physik« angeordnet hatte; später Bezeichnung für das philosophische

Interesse, über die naturwissenschaftlichen Begründungszusammenhänge hinauszugehen; heute allgemein Lehre vom »Wesen des Seins«.

metaphysisch siehe Metaphysik.

Mikrokosmos gr.; die Welt im kleinsten; die kleinsten Elemente und Strukturen der Welt (Gegenbegriff: Makrokosmos).

Moral lat.; 1. ein auf Tradition, Gesellschaftsform, Religion beruhendes System von sittlichen Grundsätzen und Normen, das zu einem bestimmten Zeitpunkt das zwischenmenschliche Verhalten reguliert; Sitte, sittliche Lehre; 2. Fähigkeit und Bereitschaft, sich für etwas einzusetzen; sittliche Haltung.

Moratorium lat.; Aufschub, Aufhalten, Innehalten.

Mythologie gr.; Lehre von den Mythen; Überlieferung der Götterlehre eines Volkes.

Mythos gr. »Erzählung« über göttliche Figuren; Ausdrucksform fast aller Religionen, v. a. in der Frühzeit der Völker, um das Heilige zu beschreiben und verständlich zu machen; in vielen Religionen gibt es z. B. Schöpfungsmythen.

Mystik gr. »sehen«, »Schauen«, aber auch »geheimnisvoll«; religiöse Geheimlehre / besondere Art des religiösen Erlebens, das den Menschen durch Hingabe und Versenkung zur persönlichen Vereinigung (unio mystica) mit Gott zu bringen sucht.

***n**arrativ* lat.; erzählend, erzählerisch.

neoromantisch / neuromantisch Wiederbelebung von Idealen der romantischen Ära (1790–1830). Romantik bezeichnet heute allg. alle von Gefühlen und Phantasien erfüllten Verhaltensweisen. Das romantische Beziehungsideal basiert dementsprechend auf der reinen Gefühlsebene.

neurologisch gr.; die Nerven und ihre Erkrankungen betreffend.

Neurose gr.; durch Fehlentwicklung des Trieblebens und unverarbeitete psychische Konflikte mit der Umwelt entstandene krankhafte, aber heilbare Verhaltensanomalie mit psychischen und körperlichen Störungen.

Nihilismus lat. nihil »nichts«; philosophische Haltung, in der dem Glauben an Gott und der Bedeutung gesellschaftlicher Werte und Sinngebungen mit Skepsis begegnet wird, bis hin zu ihrer völligen Leugnung.

***O**rgantransplantation* lat.; Überpflanzung eines lebenden Organs von einem Organismus in einen anderen.

orthodox gr.; rechtgläubig, strenggläubig.

Orthodoxe Kirchen aus den Kirchen im Osten des Byzantinischen Reiches hervorgegangen (Osteuropa, östlicher Mittelmeerraum); lehnen den Anspruch des römischen Bischofs (Papst) auf absolute Autorität in Glaubensfragen ab sowie die Klausel des Glaubensbekenntnisses, wonach der Heilige Geist nicht nur vom Vater, sondern auch vom Sohn ausgehe. Für die O. K. hat das Konzil der Bischöfe die höchste Autorität, das über die Wahrung der »heiligen Tradition« zu wachen hat. Die O. K. sind unter den jeweiligen Patriarchen hierarchisch gegliedert. Der Patriarch von Konstantinopel ist erster unter Gleichen. Wesentliche Merkmale ihrer Frömmigkeit sind die Feier der »göttlichen Liturgie«, die sieben Sakramente und die Verehrung der Ikonen.

***p**aranormal* gr.; übersinnlich, nicht auf natürliche Weise erklärbar.

Pergamon antike Stadt im Nordwesten Kleinasiens, heute Türkei; ein Zentrum der hellenistischen Kultur. Nach der Stadt Pergamon ist das »Pergament« benannt.

Pessach hebr. »Vorüberschreiten«; eingedeutscht: Passah; das erste der drei jüdischen Wallfahrtsfeste zu Beginn der Gerstenernte in Israel. Es erinnert an die Befreiung des Volkes Israel aus der ägyptischen Sklaverei.

Piktogramm gr.; graphisches Zeichen, Symbol mit international festgelegter Bedeutung.

polymorph gr.; vielgestaltig, verschiedengestaltig.

Positivismus lat.; philosophische Denkweise, die nur in dem unmittelbar Wahrgenommenen eine sichere Grundlage der Erkenntnis sieht.

projizieren lat.; entwerfen, auf einer Fläche darstellen, Bilder mit einem Bildwerfer (Projektor) auf eine Leinwand, einen Bildschirm »werfen«; in der Psychologie: unbewusst eigene Wünsche, Ängste, Aggressionen o. ä. auf ein Gegenüber übertragen.

Q*uantität* lat.; Menge, Anzahl.

Quarks Bausteine, aus denen die Bestandteile des Atomkerns (Protonen und Neutronen) gebildet werden.

R*ationalist* lat.; verstandes-/vernunftbezogen urteilender und handelnder Mensch.

Reformierte Kirchen gehen auf die Schweizer Reformatoren Zwingli (1484–1531) und Calvin (1509–1564) zurück; Besonderheiten in der Abendmahlslehre (symbolische Gegenwart Christi), strenge Kirchenzucht, schlichte Gottesdienstform, Kirchenleitung durch Presbyterien und Synoden.

Relevanz lat.; Bedeutung, Wichtigkeit, Erheblichkeit.

Relikt lat.; Überbleibsel, Rest(bestand).

S*äkularisiert* lat.; verweltlicht, losgelöst von kirchlichen Bindungen (urspr. Umwandlung kirchlichen Besitzes in weltlichen).

Salomo König in Israel (965–926), berühmt für Reichtum und Weisheit.

Schamane Zauberpriester bei asiatischen Naturvölkern, der Verbindung zu bösen Geistern und Verstorbenen aufnehmen kann.

Seder hebr. »Ordnung«; das große Festmahl in der Familie am ersten Abend des Pessachfestes (Seder-Abend), das nach einer bestimmten Ordnung abläuft.

Seligkeit Zustand der vollkommenen Lebenserfüllung, wie er im Gefühl der Freude und des Friedens zum Bewusstsein kommt. Christlich: Vollkommener Frieden des wahren Lebens, in dem der Mensch in Gemeinschaft mit Gott die Erfüllung seiner schöpfungsmäßigen Bestimmung gefunden hat.

Sozialisation lat.; Prozess der Einordnung bzw. des Hineinwachsens des Individuums in die Gesellschaft.

stagnieren lat.; stocken, stehen bleiben

Suizid lat.; Selbsttötung.

Synopse gr. »Zusammenschau«; Buch, in dem die Evangelien des NT in Spalten nebeneinander gedruckt werden.

Synoptiker Bezeichnung für die Evangelisten Matthäus, Markus und Lukas. Die drei ersten Evangelien des NT, die synoptischen Evangelien, stimmen wegen ihrer literarischen Abhängigkeit in vielen Teilen überein.

T*abu* polynesisch »intensiv gemerkt«; Bezeichnung für primär bei Naturvölkern zu beobachtendes Verbot, z. B. bestimmte Personen, Tiere, Pflanzen oder religiöse Gegenstände anzurühren oder zu verletzen, bestimmte Orte zu betreten oder Namen von z. B. Königen oder Göttern auszusprechen, um zu vermeiden, dass höhere Mächte Unheil bewirken. Tabus haben die Funktion, das soziale Handeln innerhalb der jeweiligen Gesellschaft zu regeln. Heute wird der Begriff »Tabu« in verallgemeinerter Bedeutung für »verbotene« Themen verwendet, für Dinge, die »man« nicht sagt oder tut.

Talmud hebr. »Lehre«; schriftliche Sammlungen der mündlichen Auslegungen der Schriftgelehrten zur Tora, den fünf Büchern Mose. Um 400 n. Chr. entstand der palästinische oder Jerusalemer Talmud, 100 Jahre später der babylonische. Wird noch heute im Judentum zusammen mit späteren Talmudkommentaren studiert.

Testament lat. »Anordnung, Verfügung, Bezeugung«. Im biblischen Sinn bedeutet dieses Wort Bund. Das »Alte« Testament bezeugt den Bund Gottes mit seinem Volk, das Neue Testament bezeugt den Neuen Bund.

Tora hebr. »Weisung«; Bezeichnung für den wichtigsten Teil der hebräischen Bibel, die fünf Bücher Mose, die die Weisungen Gottes an sein Volk enthalten.

Transfer lat.; Übertragung, Überführung.

Transformation lat.; Umformung, Umwandlung, Umstimmung.

Transzendenz lat. transcendere »überschreiten«; Bezeichnung der Bereiche jenseits sinnlicher Erfahrung und menschlichen Vorstellungsvermögens, auch verwendet für die Jenseitigkeit Gottes oder synonym für Gott selbst.

U*nio mystica* gr./lat.; geheimnisvolle Vereinigung der Seele mit der Gottheit; siehe auch Mystik.

Utopie gr. ou »nicht« und topos »Ort«; Schilderung eines erdachten (meist erhofften) idealen Gesellschaftszustands; wegen geringer oder nicht vorhandener Realisierbarkeit ist utopisches Denken von jeher umstritten.

W*issenschaftlich-positivistisch* auf empirischen Erkenntnissen beruhend; siehe auch Positivismus.

Wurzel Jesse nach Jes 11, 1 (vgl. Röm 11, 18) Bezeichnung für die Familie Isais, des Vaters von König David, aus der der Messias kommen wird. In der christlichen Kunst wird die Darstellung des Stammbaums Jesu als Wurzel Jesse bezeichnet.

Textverzeichnis

Bibelzitate – wenn nicht anders angegeben – aus: Die Bibel. Nach der Übersetzung Martin Luthers. Revidierte Fassung von 1984, Deutsche Bibelgesellschaft, Stuttgart

Nach Religion fragen

8 Tagebuchaufzeichnungen. Aus: Dietrich Bonhoeffer, Widerstand und Ergebung, Chr. Kaiser Verlag, Gütersloh, S. 132.159.174.135.155

10 »Die Dinger sind im Moment wahnsinnig in«. Aus: Frankfurter Rundschau vom 28. Mai 1993, S. 20

11 Phil Collins: Another day in paradise, © 1989 by Phil Collins Ltd./Hit & Run Music (Publ.) Ltd.; Deutsche Rechte : Hit Runner Edition c/o Neue Welt Musikverlag GmbH, München

15 Britmila (jüdische Beschneidungsfeier). Aus: Allgemeine Jüdische Wochenzeitung, Nr. 23 vom 6. Juni 1991, S. 8

16 Lied »Segne dieses Kind«. Melodie: Erna Woll. Text: Lothar Zenetti. Aus: Lieder vom neuen Leben, © Fidula Verlag Holzmeister GmbH, Boppard

17 Konfirmation. Aus: Kirchen in Nordrhein-Westfalen. Wörterbuch kirchlicher Begriffe. © 1990 Bonifatius GmbH Druck-Buch-Verlag Paderborn und Luther-Verlag Bielefeld

18 Zeiten ritueller Übergänge. Aus: William E. Paden: Am Anfang war Religion. Die Einheit in der Vielfalt, Gütersloher Verlagshaus, Gütersloh 1990, S. 137.140.141

19 Unser Wort zur Jugendweihe. Aus: Die Christenlehre 8/1991, S. 349

20 Humanistische Jugendfeier 1993. Aus: Informationsblatt der Freigeistigen Landesgemeinschaft Nordrhein-Westfalen, Dortmund

23 Abends mit Kindern beten. Aus: Volker Fritz, Mit Kindern im christlichen Glauben leben. In: Glauben und Lernen, 6. Jg., H. 2, 1991, S. 173–175

24 Fulbert Steffensky / Dorothee Sölle, »In diesem toten Leben bleibe ich nicht«. Aus: Publik Forum Extra: Frömmigkeit 1988, S. 8–10

25 Die alljährliche Erneuerung der Werte. Aus: William E. Paden (wie Angaben für S. 18), S. 127 ff.

26 Odo Marquard, Moratorium, Unterbrechung des Alltags. Aus: Das Fest. Eine Kulturgeschichte von der Antike bis zur Gegenwart. Hg. von Uwe Schultz, Verlag C. H. Beck, München 1988

27 Günter Eich, Armer Sonntag. Aus: Die Gedichte. © Suhrkamp Verlag, Frankfurt am Main 1973. Rose Ausländer, Sabbat II. Aus: Dies., Mein Venedig versinkt nicht. Gedichte. © S. Fischer Verlag GmbH, Frankfurt am Main 1982

28 Rexrodt: Mehr Sonntagsarbeit. Aus: Westfälische Rundschau vom 12. Juni 1993, S. 1

28 f. Sabbat und Sonntag (S. 28) / Das Sabbatjahr (S. 29). Aus: Jürgen Ebach, Schöpfung in der hebräischen Bibel. In: Ökologische Theologie. Perspektiven zur Orientierung. Hg. von Günter Altner, Kreuz-Verlag, Stuttgart 1989, S. 123

29 Dieter Grützner: Ungerechtfertigte Privilegien. Aus: Westfälische Rundschau 1993

30 »Der Sonntag repräsentiert den Sinn«. Aus: Robert Spaemann, Wer von Kosten redet, spekuliert mit dem siebten Arbeitstag. In: Frankfurter Rundschau. Dokumentation vom 16. September 1988, S. 24

32 Die Perle. Aus: Jules Verne, 20.000 Meilen unter dem Meer

33 Die Eigenart des religiösen Wahrheitsanspruchs. Aus: Richard Schaeffler, Der Wahrheitsanspruch der Religion. In: Studientexte Funkkolleg Religion, Beltz Verlag, Weinheim und Basel 1985, S. 70 f.

34 Der schwache Punkt der Rationalisten. Aus: Albert Einstein, Aus meinen späten Jahren. 1. Teil: Naturwissenschaft und Religion, DVA, Stuttgart 1952

35 f. Asyl für den Herrgott. Aus: Der Spiegel 52/1992, S. 202 f.

37 f. Jenseits von Eden. Ein Gespräch zwischen Siegfried v. Kortzfleisch und Harald Uhl. Aus: Deutsches Allgemeines Sonntagsblatt, 18/1992,

39 Kadidja Wedekind, Parabel vom modernen Menschen, zit. nach W. Trutwin: Forum Religion 1. Rechenschaft vom Glauben. Patmos Verlag, Düsseldorf 1985, S. 29

40 Heinz Zahrnt, Leben, als ob es Gott gibt … Piper Verlag, München 1992, S. 13 f.

44 Was ist ein Symbol? Aus: Paul Tillich: Recht und Bedeutung religiöser Symbole. In: Paul Tillich, Gesammelte Werke, Bd. 5, Evangelisches Verlagswerk, Stuttgart 1964 (= de Gruyter, Berlin ^{2}1978), S. 237–239

47 Das Leben ist mehr als Beruf und Leistung. Aus: ru intern, Nr. 4, 1985, S. 13

49 f. Lehrplan für Evangelische Religionslehre, Sekundarstufe I/Gymnasium, Nordrhein-Westfalen (Entwurf)

51 Sich-gebunden-Wissen an eine höhere Macht. Aus: H. J. Schoeps, Religionen. Wesen und Geschichte, Gütersloher Verlagshaus o. J., S. 13 f. – Untauglicher Versuch der Gotteserkenntnis. Aus: Karl Barth, Kirchliche Dogmatik I/2, § 17

51 f. Illusionäre Wunscherfüllung. Aus: Sigmund Freud, Die Zukunft einer Illusion. In: Ders., Studienausgabe, Bd. 9, S. Fischer Verlag GmbH, Frankfurt am Main, S. 164

52 Projektion einer übermenschlichen Erfahrung. Aus: Peter L. Berger, Der Zwang zur Häresie. Religion in der pluralistischen Gesellschaft, Herder Verlag, Freiburg 1992, S. 65

52 Praxis der Kontingenzbewältigung. Aus: Niklas Luhmann, Funktion der Religion, Suhrkamp Verlag, Frankfurt am Main 1977, S. 80

52 Sozialintegratives Glaubenssystem. Aus: Günter Kehrer, Religionssoziologie, Verlag Walter de Gruyter, Berlin 1968, S. 8 f.

Die Antwort, die ich lebe

57 Eine neue Weltordnung. Aus: FAZ vom 18. Januar 1991

59 Das Reich Gottes ist wie eine Hochzeit. Aus: Jörg Zink, Wie die Farben des Regenbogens, Kreuz-Verlag, Stuttgart 1986, S. 176 f., 184–186

60 Apocalypse now. Aus: H. R. Unger, Die apokalyptischen Reiter. In: Schmetterlinge-Liederbuch »Die letzte Welt«, Wien o. J., S. 5–9

62 f. Manfred Otzelberger, Suizid eines 17-jährigen. Aus: Deutsches Allgemeines Sonntagsblatt, Nr. 46, 13. November 1992, S. 6

64 Judas in uns. Aus: Vera Wollenberger, Virus der Heuchler. Innenansichten aus Stasi-Akten, Elefanten Press, Berlin 1992

66 Die Informationsschwemme. Aus: Neil Postman: Wir informieren uns zu Tode. In: Die ZEIT, 2. Oktober 1992

67 Horst Nitschke, Wo das mal passiert. Aus: Horst Nitschke, Jesus: Ihr seid meine Freunde, Gütersloh 1977, S. 53 f.

68 Wilhelm Willms, Wussten Sie schon. Aus: Wilhelm Willms, Der geerdete Himmel, Butzon & Berker, Kevelaer

69 Das wunderbare Erwachen der Freiheit. Aus: Eugen Drewermann, Das Markusevangelium. Erster Teil: Bilder der Erlösung, Walter Verlag, Düsseldorf ^{3}1988, S. 371–375 (Auszüge)

71 f. Wenn Essen zur Qual wird. Aus: Stern, Heft 37, 1992, S. 38.42

73 Das Rätsel der Magersucht. Aus: Hilde Bruch, Der goldene Käfig. Das Rätsel der Magersucht, S. Fischer Verlag GmbH, Frankfurt am Main ^{12}1994, S. 20–22

74 Liebe. Aus: Edward W. Beal/Gloria Hochman, Wenn Scheidungskinder erwachsen sind, © 1991 by Edward W. Beal, M.D. und Gloria Hochman, © 1992 S. Fischer Verlag GmbH, Frankfurt am Main, S. 161

74 Fass mich nicht an. Aus: Mädchen, Nr. 22, 1991, S. 35

74 Erich Fried: Was es ist. Aus: Ders., Es ist was es ist, Verlag Klaus Wagenbach, Berlin 1983

75 Hermann Hesse, Stufen. Aus: Ders., Das Glasperlenspiel, © Suhrkamp Verlag, Frankfurt am Main

75 Abschiednehmen. Aus: Waldemar Pisarski, Anders trauern, anders leben, Chr. Kaiser Verlag, München 1982, S. 92–96

76 Erfolg. Aus: Günter Klempnauer, Was allen Einsatz lohnt. Spitzensportler über ihren Glauben, Herder Verlag, Freiburg 1984, S. 85–87 (Auszüge)

77 Mein Ausweg ist die Aktion. Aus: Jeder Berg ist ein zerstörter Traum. André Müller spricht mit Reinhold Messner. In: Die ZEIT, Nr. 49, 30. November 1990, S. 65

79 Max Frisch, Homo Faber, Suhrkamp Verlag, Frankfurt am Main

80 Andreas Henatsch: Hauptsache, es macht Spaß. Aus: Dossier Moral-Kurs. Kursbuch 60, 1980

80 Dem Unausweichlichen ins Angesicht sehen. Aus: Ulrich Horstmann, Das Untier. Kontur einer Philosophie der Menschenflucht, Suhrkamp Verlag, Frankfurt am Main 1985, S. 7 f.

82 Zur Geschichte von der Versuchung Jesu. Aus: Erich Fromm, Haben oder Sein, DVA, Stuttgart ^{16}1990

82 f. Wer ist der Nächste? Aus: Ursula Haucke, Papa, Charly hat gesagt ..., Bd. 4, rororo 4645, © 1980 by Rowohlt Taschenbuchverlag GmbH, Reinbek

84 Ehrfurcht vor dem Leben. Aus: Albert Schweitzer, Die Ehrfurcht vor dem Leben, Verlag C. H. Beck, München ^{6}1991, S. 21–23

85 f. Was ich hasse, sind der Tod und das Böse. Aus: Albert Camus, Die Pest, © Rowohlt Verlag, Reinbek

86 f. Das Leben bleibt Fragment. Aus: Henning Luther, Leben als Fragment. In: Wege zum Menschen, 43. Jg., Vandenhoeck & Ruprecht, Göttingen 1991, S. 268 f.

88 Religion und Glaube – ein Zeichen der Schwäche. Aus: Friedrich Nietzsche, Die fröhliche Wissenschaft (1882), Fünftes Buch, Abschn. 347

88 Wonach sehnen sich Menschen? Aus: Dorothee Sölle, Die Hinweise, Kreuz-Verlag, Stuttgart 1975, S. 167–185 (Auszüge)

92 Die Communauté de Taizé. Aus: Ruth Weisweiler, Auf der Suche nach dem verlorenen Land, in: ru 4/1990, S. 142 f.

93 ff. Lebendige Partnerschaft. Aus: Hans Jellouschek, Die Kunst als Paar zu leben, Kreuz-Verlag, Stuttgart ^{6}1994

96 Wolfgang Dietrich, Spielräume entdecken. Aus: Ders., Sabbat halten – Arbeit loslassen, Reihe: Die Zehn Gebote, © 1987 Verlag am Eschbach, Eschbach/Markgräflerland

Vor der Entscheidung

99 »Das transparente Ei« und »Vom rein technischen Standpunkt ...« (S. 100) von Monica Botskor

103 Tim Schleider, Tötung auf Verlangen. Aus: Deutsches Allgemeines Sonntagsblatt, Oktober 1993

105 Tabus und Gebote. Aus: Robert Schuster, Die Menschengebote, in: Das missionarische Wort, 4/1989, S. 139 (gekürzt)

108 Andreas Malessa, Glaubst du echt ans Material, © Pila Music 72133 Dettenhausen

109 Die Seele des Dekalogs ist sein »Du«. Aus: Martin Buber, Moses, Verlag Lambert Schneider, Heidelberg, ^{2}1952, S. 150 f.

110 Wenn die Schüler Messer tragen. Aus: Elke Sölle, Sucht nach Gewalt? In: Evang. Gemeindeblatt, 7. März 1993, Nr. 10, S. 18

111 Ergänzunngsbedürftig? Aus: Martin Buber (wie Angaben zu S. 109)

111 Gebote der Jugend? Aus: Jugend vom Umtausch ausgeschlossen, panther 5555, hg. vom Jugendwerk der deutschen Shell, © 1984 by Rowohlt Taschenbuch Verlag GmbH, Reinbek
Ergänzungsbedürftig? Aus: Martin Buber (wie Angaben zu S. 109)

112 Ein Jugenderlebnis. Aus: Albert Schweitzer, Aus meiner Kindheit, Verlag C. H. Beck 1991, S. 36

113 Gewissensentwicklung aus psychodynamischer Sicht. Aus: Sigmund Freud, Abriss der Psychoanalyse, S. Fischer Verlag GmbH, Frankfurt (Fischer Bücherei 47), S. 10 u. 114 f.

114 Das Muss-Gewissen und das Sollte-Gewissen. Aus: Gordon W. Allport, Das Werden der Persönlichkeit, Hans Huber Verlag, Bern, S. 69

115 Nicht versetzt. Aus: Peter Weiss, Abschied von den Eltern, Suhrkamp Verlag, Frankfurt am Main

117 Ich weiß, wo meine Grenzen sind. Aus: Hans Bernhard Kaufmann, Auf der Suche nach Glaubensgewissheit,

Neukirchener Verlag, Neukirchen 1988, S. 57 f.

118 f. Ich geh da nicht mehr hin. Aus: Christa Wolf, Kindheitsmuster, Luchterhand Verlag, Darmstadt 1977

120 Befreites Gewissen. Aus: Gerhard Ebeling, Glaube und Unglaube, Verlag J. C. B. Mohr (Siebeck), Tübingen, ³1967, S. 40 f.

121 Ein Beispiel. Aus: Carl Amery, Das Ende der Vorsehung, Rowohlt Verlag, Reinbek 1972, S. 231

122 f. Der Götze »Leistung« wackelt/Mehr Schwierigkeiten mit der Liebe. Aus: Jörg Bopp, Wir machen es jetzt, in: Kursbuch 60 »Moral«, Rotbuch Verlag, Berlin 1980, S. 24 f.

124 Lebenssinn: Maßvoll glücklich. Aus: Jugend vom Umtausch ausgeschlossen, panther 5555, hg. vom Jugendwerk der deutschen Shell, © 1984 by Rowohlt Taschenbuch Verlag GmbH, Reinbek

125 »Ordnung und Moral in der europäischen Geschichte«. Aus: Ethik und Unterricht, Nr. 3, 1990, S. 24

126 Norbert Hörster, Minimalmoral. Aus: Glück und Moral, hg. von Michael Baurmann/Hartmut Kliemt. Arbeitstexte für den Unterricht, Reclam Verlag, Ditzingen

127 f. Ich aber sage euch. Aus: Manfred Fischer, Einmischung in innere Angelegenheiten, Quell Verlag, Stuttgart, ²1981, S. 143 ff.

129 Bibeltext aus: Die Heilige Schrift des Alten und des Neuen Testaments, Verlag der Zürcher Bibel, Zürich

130 Wie Bettler vor Gott. Aus: Günter Bornkamm, Jesus von Nazareth, Kohlhammer Verlag, Stuttgart ¹¹1977, S. 68

130 f. Der Kern der Bergpredigt. Aus: Franz Alt, Frieden ist möglich, Piper Verlag, München, S. 86 ff.

132 Leben nach der Bergpredigt: gewaltfrei? Aus: Dorothee Sölle/Fulbert Steffensky (Hg.), Nachtgebet in Köln, Kreuz-Verlag / Matthias Grünewald Verlag, Stuttgart / Mainz 1969, S. 2 f.

132 Chefs forderten Kinderlosigkeit. Aus: Haller Tagblatt vom 15. Januar 1993

133 Joseph Blank, Blinder Gehorsam oder ethischer Egoismus? Aus: Concilium 3 (1967), S. 360 f.

135 Erwin Brezing, Ein Christ sei das Salz der Erde. Schülerarbeit im ejw, Stuttgart

136 f. Martin Jankowski, Gedanken zu einem Kirchentagsplakat. Aus: Notation. Zeitschrift für Popularmusik in der Kirche, Reutlingen, April 1993
Bibeltext: Freie Übersetzung

138 Zur Freiheit berufen. Eine Auslegung zu Gal 5,13–15. Aus: Helmut Gollwitzer, Predigt zum 1. August 1965, in: Rundfunkpredigt, Evang-Luther. Sendungen über den Bayerischen Rundfunk, hg. vom Evang. Presseverband für Bayern, München 1965, Nr. 32
Bibeltext: Freie Übersetzung

139 f. Beten und Handeln: Das Vaterunser. Aus: Sigrid Berg/Horst Klaus Berg (Hg.), Biblische Texte verfremdet 8, Calwer Verlag/Kösel Verlag, Stuttgart/München S. 64 ff.

Die Bibel

141 Kurt Marti, Ein Buch? Aus: Ders., Die gesellige Gottheit. Ein Diskurs, © Radius-Verlag, Stuttgart 1989

142 Warum mir die Bibel wichtig ist. Aus: Bibel. Das Magazin zum Buch. Herausgegeben für das Jahr der Bibel, Stuttgart 1992

146 Franz Kafka, Der Aufbruch (1922). Aus: Ders., Sämtliche Erzählungen, hg. von Paul Raabe, S. Fischer Verlag, Frankfurt am Main, S. 321

147 Lied »Wir ziehen aus«. Melodie: Oskar Gottlieb Blarr. Text: Eckart Bücken. Alle Rechte im tvd-Verlag, Düsseldorf
Bibeltext aus: Einheitsübersetzung der Heiligen Schrift, Katholische Bibelanstalt GmbH, Stuttgart

151 Die andere Seite. Nach einer Dia-Serie des Evang. Missionswerks in Südwestdeutschland e. V., Stuttgart: »Und nähme doch Schaden an seiner Seele«; Text: Bärbel von Wartenberg

168 ff. Wie Wunder wirken. Aus: Gerd Theißen, Der Schatten des Galiläers, Chr. Kaiser Verlag, Gütersloh

178 Freiheit – ein Leben ohne Forderungen? Röm 4,4–5 nach der Übersetzung von Jörg Zink, Kreuz-Verlag, Stuttgart

Abbildungsverzeichnis

Nach Religion fragen

Die Antwort, die ich lebe

83 Ernst Barlach, Selig sind die Barmherzigen (1916), © Ernst und Hans Barlach Lizenzverwaltung Ratzeburg
87 Der ganze Mensch im Weltgefüge. Miniatur des Codex Latinus 1492, Biblioteca Governativa di Lucca
89 Fotos: © Sabine Vielmo/Greenpeace
90 © amnesty international
92 Kirche der Versöhnung in Taizé. Foto: Sabine Nitzschke
94 Foto: Peter Senzer. Aus: Wolfgang Dietrich, Exemplarische Bilder, Mappe 10, Bild 78

Vor der Entscheidung

97 © Herbert Wentscher
99 Leihgebärmutter. Aus: Die ZEIT; © Grey
101 Fruchtbarkeitsfigur aus Ghana; © Musée royal de l'Afrique Centrale, Tervuren, Belgien
103 Entfliegender Patient. © Gerhard Mester. Aus: Deutsches Allgemeines Sonntagsblatt, Nr. 10, 5. März 1993
104 Lucas Cranach: Adam und Eva (1537). © Stiftung Preußischer Kulturbesitz, Berlin
105 Jean Yves Hamel, »Marionette«, Becker-Derouet, Hamburg
107 Marc Chagall: Moses nimmt die Tafeln des Gesetzes in Empfang, © VG Bild-Kunst, Bonn 1994
110 Foto: © Peter Sylent Press Agency
111 Hans-Jürgen Starke: Endlich Ego-kratie; © Starke
113 e. o. plauen, »Vater und Sohn«: © Südverlag GmbH Konstanz 1982 (ren.). Mit Genehmigung der Gesellschaft für Verlagswerte GmbH, Kreuzlingen / Schweiz
114 Zeichnung: Angelica Guckes
117 Zeichnung von Jacques Armand Cardon, © VG Bild-Kunst, Bonn 1994
120 Dik Browne: Hägar, »Ist Gefräßigkeit Sünde?«; © 1994 KFS/DISTR. BULLS
121 Liebe im Wald. Aus: Jan P. Schniebel, Ich bin eine Wolke, © 1978 by Rowohlt Taschenbuch Verlag GmbH, Reinbek
122 Lucas Cranach: Der Jungbrunnen (1546); © Bildarchiv Preussischer Kulturbesitz, Berlin
124 Pieter Breughel d. Ä., Bauernhochzeit (um 1568), Kunsthistorisches Museum, Wien
125 Zeichnungen aus: Ethik und Unterricht, 1. Jg. (1990), Nr. 3, S. 24
127 Otto Pankok: Die Bergpredigt. © Eva Pankok, Hünxe
129 Foto: Associated Press
131 Karikatur: © Mester
132 Foto Kinderarbeit. Aus: Beatrix Saadi-Varchim/Jochim Varchim: Kinderarbeit ist verboten, Burckhardthaus-Verlag/Jugenddienst-Verlag 1984, S. 49; Foto: S. Sezer, Hamburg
134 Plakat des Evangelischen Missionswerkes, Hamburg
135 Karikatur Jupp Wolter; © Deutsches Allgemeines Sonntagsblatt, Nr. 1, 3. Januar 1993
136 f. Gesamtplakat Deutscher Evangelischer Kirchentag: Prof. Joachim Jansong, Freiberg/Sachsen; Fotos »Frauen« und »Schuttbedeckter Altar«: Agentur Bilderberg, Hamburg
138 © Rudolf Hausner
140 George Grosz, Vaterunser. © VG Bild-Kunst, Bonn 1994

Die Bibel

141 Foto: Dieter Petri
142 André Agassi und Witta Pohl. Aus: Bibel. Das Magazin zum Buch, © Geschäftsstelle für das Jahr mit der Bibel, Stuttgart.
144 Zeichnung aus: Calwer Historisches Bilderbuch, Calwer Verlag Stuttgart
146 Foto: © Poss
148 David Wander, Red Sea, aus: The Wolloch Haggadah; Pessach Haggadah. In Memory of the Holocaust, Goldman's Art Gallery, Israel
149 Die Bücher der Bibel: Die Liederdichtung, hg. von R. Rahlwer. Zeichnungen von E. M. Lilien, Benjamin Harz Verlag, Berlin/Wien (1909)
150 Foto: © dpa
151 Foto: © dpa
154 Übersichtskarte: Dieter Petri
156 Foto: Dieter Petri
157 »Mirjam – Schwester und Prophetin«, Ausschnitt aus dem Misereor-Hungertuch »Biblische Frauengestalten – Wegweiser zum Reich Gottes«, ©

1990, Misereor Medienproduktion und Vertriebsgesellschaft mbH, Aachen

158 f. Karikaturen: Werner »Tiki« Küstenmacher

160 Aus: Diego Arenhoevel, So wurde Bibel, © Verlag Katholisches Bibelwerk, Stuttgart [5]1986

165 Robert Hammerstiel, Jesus heilt den Blinden. Aus: Ders., Galiläa und Jerusalem. Skizzen und Holzschnitte, Texte von Dieter Petri und Jörg Thierfelder, © Verlag im Unteren Tor, Bietigheim-Bissingen

169 Foto: Dieter Petri

171 Evangeliar Ottos III., Bayerische Staatsbibliothek München, Clm 4453 fol 175 v

174 Foto aus: W. P. Eckert / D. Steinwede/ H. N. Loose, Bildwerk zur Kirchengeschichte, Burckhardthaus-Laetare Verlag / Christophorus Verlag / Kaufmann Verlag, Offenbach / Freiburg / Lahr

176 Foto aus: Sprechende Bilder, Fotomappe für Schule und Gemeinde, hg. vom Katechetischen Amt der Evangelisch-Lutherischen Kirche in Bayern.

178 Foto: epd-Bild Stuttgart, Wiese

180 Foto: Dieter Petri

181 Foto: Dieter Petri

182 Foto: Landesbildstelle Berlin

183 Foto: Dieter Petri

185 Die Wurzel Jesse (um 1480), Bayerische Staatsbibliothek München, Clm 15711, fol. 31v

9876543